安達峰一郎

日本の外交官から世界の裁判官へ

柳原正治
篠原初枝
[編]

東京大学出版会

本書は山形大学の助成を得て刊行された

Mineitciro Adatci and International Legal Order
Masaharu YANAGIHARA, Hatsue SHINOHARA, Editors
University of Tokyo Press, 2017
ISBN978-4-13-036259-7

はしがき

安達峰一郎は、その国際社会での活躍に比して、これまであまり知られてこなかった。しかし、安達の生涯やその業績を振り返ることで、我々は多くのことを学ぶことができる。それは安達が、日本の外交官として当時優れた功績を残したからである。安達が外務省に入省した一八九二年からオランダ、アムステルダムで客死する一九三四年までの期間は、日本にとっても世界にとっても変化の著しい重要な時代であった。日本は日露戦争や第一次世界大戦を経て世界の「一等国」となった一方で、国際社会は人類最初の総力戦である第一次世界大戦を経験し、ヨーロッパは未曾有の戦禍に見舞われた。安達はそのような起伏の激しい時代を駆け抜けたのであった。

本書は、この安達を分析や叙述の対象とするが、安達の学問的基盤や彼が直面した課題を検討するだけではなく、広く安達を取り巻いた時代状況についても考えてみたい。安達が携わった外交上の案件や関係諸国の状況に目を配ることで、安達についての理解が深まるだけではなく、当時の国際関係がどのような状況にあったか、また日本がどのような国際的課題に直面していたかが理解できる。

安達の外交官生活のなかで最も華々しい活躍を見せた戦間期は、国際秩序の変化という点で二〇世紀の国際関係史において意義深い時代といえる。一九世紀終わり頃から始まった国際関係において組織や制度を設立しようとする動きは、第一次世界大戦を契機にさらに発展し、国際連盟が設立され、常設国際司法裁判所が設けられた。このような組織設立や問題の解決に当たり、エキスパート（専門家）の存在やその知識が脚光を浴び始めた時代でもあった。安達の活躍やその業績は、このようなダイナミックな動きをみせる国際関係の流れに多重に絡むものだったのである。

第一次世界大戦を経て、大国の関係や序列に変化が見え始めていたが、国家を中心とする国際関係は重要であり、欧米の大国が重要な役割を担っていた。イギリス、アメリカ、フランスといった大国が中心となる国際社会に、日本はアジアの大国として自らの地位を築こうとしていた。さらに、そのような国家を中心とする国際秩序に加えて、国際連盟という国際組織が成立したことで国家と国家が作る関係とは異なる国際関係の在り方が生まれた。国際連盟は国家が加盟国であり、その議論は国益の集積に過ぎないという見方がある一方で、組織としての国際連盟は独立した存在として、諸問題を解決しようとしたのであった。さらに、紛争を裁判によって解決しようという試みが強化され、常設国際司法裁判所が設立された。安達には、日本という国家を代表する外交官としての一面、国際連盟を支える人物としての一面、また国際法専門家として常設国際司法裁判所の判事および所長として紛争の解決に努力するという一面があったのである。

安達が活躍した戦間期の国際秩序にとって重要な原理や原則は、戦争や軍拡といった「力による支配」ではなく、外交や調停を重視し、国際会議や国際裁判によって国際協調を確立し、平和な世界を作ろうとするものであった。パリ講和会議で多くの条約が締結され、その後、常設国際司法裁判所が設立され、軍縮条約が締結されたように、この時代は、国際関係における「法の支配」を目指す動きが以前の時代にも増して重要となった。このような時代の文脈のなかで、安達の存在は輝きを放つものとなったのである。安達は、学問上および実務上、国際法と国際政治（外交史）の両分野に習熟していた。安達は外交史の講義を行ったこともあり、また日本の外交官であったので、国際政治や外交の仕組みやその実行について造詣が深かった。他方で、安達は専門的に国際法学を修め、常設国際司法裁判所に深くかかわったように、法律家として専門知識を備えており、実務的な経験も積んでいた。安達が関わった事例によっては、たとえば、法律的知識と政治的考慮が複雑に絡むようなものもあったのである。

また、安達には国際連盟を盛り立てようとする気持ちと、日本の外交官であるという二つの側面があり、このような二つの立場は安達自身のなかに葛藤や緊張関係を生み出した。安達は、ポーツマス会議、パリ講和会議、国際連盟という日本の外交にとって大事な局面に参加し、日本が世界の一等国として国際政治の場で地位を上げていくその過程を経験した。このような外交の現場で、安達は、その語学力と国際法の知識によって日本の交渉力を高め、実際に多くの外交的成果を残してきた。他方で、安達は国際連盟の重要性を理解し、和解や協調が大事であることを他の諸国に説いた。安達が国際協調派外交官と言われるのはこのためである。

このように、安達峰一郎について理解を深めることは、ひとりの国際法学者や外交官の評価に終わるものではなく、いろいろな問題を考えることにつながる。たとえば、国際関係における法と政治、国際協調とは何なのか、国際組織や国際裁判の在り方、安達が過ごしたヨーロッパの精神世界、日本外交のあり方といった問題を考察できるのではないだろうか。

以上のような問題意識に立脚し、本書は四部構成、一一の章から成っている。

第I部「安達峰一郎とその時代」は、安達を基軸に据えその時代状況を描くものとなっている。第一章「安達峰一郎の生涯」（柳原正治）は、安達の生い立ち、業績、学問的基盤を叙述し、安達の全体像を提示する。第二章「安達峰一郎と国際協調外交の確立」（井上寿一）は、外交官としての安達の経験や思想を基軸とし、安達と日本の政治家とのつながりに触れつつ、日本の国際協調外交を再評価する。第三章「安達峰一郎と日本の国際法学」（明石欽司）は安達の国際法に関する著作や他の国際法学者との交流を描くもので、安達を国際法学の視点から考察する。

第II部「安達峰一郎と欧米の国際秩序」は、安達を広く国際情勢のなかに位置づけようとする試みである。第四章「安達峰一郎と戦間期ヨーロッパの協調」（牧野雅彦）は、ヨーロッパの第一次世界大戦後の国際環境における変化を視野に入れ、日本が置かれた状況に安達を位置づけている。第五章「安達峰一郎とフランス」（黒田俊郎）は、安達と縁の深かったフランスに焦点をあて、安達とフランス政治家との交流やフランスの情勢を描いている。第六章「安達峰一郎とアメリカ」(三牧聖子)は、アメリカにおける紛争の司法的解決をめぐる動きや思想状況を大枠として、「司法官」としての安達像を浮かび上がらせる。

第Ⅲ部「安達峰一郎と国際連盟」は、安達の国際連盟における活躍に焦点をあてる。第七章「戦間期日本と普遍的国際組織」(植木俊哉)は、国際連盟という組織の特性を考察しつつ安達の連盟観を描き、その現代的意義をも問いかける。第八章「国際連盟理事会における安達峰一郎」(篠原初枝)は、安達が連盟理事会において「報告者」として紛争解決に努力した姿を記している。第九章「安達峰一郎と国際連盟の判事選挙」(後藤春美)は、安達が常設国際司法裁判所判事に選ばれるまでの外交的状況をイギリスに焦点をあて論じる。

第Ⅳ部「安達峰一郎と国際裁判」は、常設国際司法裁判所で活躍した安達を焦点とする。第十章「安達峰一郎と国際裁判制度」(李禎之)は、戦間期における国際裁判制度の在り方という視点から、安達の法律家諮問委員会から常設国際司法裁判所での活躍を描いている。第十一章「安達峰一郎と国家間紛争の解決方式」(柳原正治)は国際紛争解決方式としての仲裁裁判や国際裁判の発展という文脈を踏まえ、応訴義務、不戦条約、満州事変に安達がどのように対応していたかを叙述するものである。

巻末には、今後の安達研究がさらに進むように、安達に関連する一次史料のリストを付記している。

このようにあたかも枝葉のように伸びた各章を読み進めることで、大樹のような安達峰一郎の業績とその意義が明らかになれば幸いである。

篠原初枝

目次

第Ⅲ部 安達峰一郎と国際連盟

第I部　安達峰一郎とその時代

大礼服姿の安達峰一郎（安達峰一郎記念財団提供）

第一章　安達峰一郎の生涯

柳原正治

安達峰一郎の名前は、現在の一般の日本国民に、あるいは、国際法の専門家にさえも、それほど知られているわけではない。しかしながら、外交官、常設国際司法裁判所所長・判事、さらに国際法学者として、「仁により正を持し、もって萬邦の平和を期[1]」したかれの活動は、多方面にわたっており、もっと注目されてしかるべきものである。ここではかれの生涯の概要について述べることにしたい[2]。

一　幼少時代

安達峰一郎は、明治二年六月一九日（一八六九年七月二七日）羽前国村山郡高楯村（現　山形県東村山郡山辺町）に生まれた。祖父の久左衛門（對賢斎（たいけんさい））は寺子屋「對賢堂」において近所の子弟たちの教育に尽力し、父の久は小学校の教員や山辺町の町長などを務めた、名士であった。こうした環境のなかで安達は、いろいろな形で初等教育を受けていった。四歳のときに寺子屋「鳳鳴館」で石川尚伯医師の指導で和漢を習い始め、一八七九年に山野辺学校上等小学第八級卒業後は、東子明（東海林寿庵）塾に入門して漢学の勉強をしている。六歳で東京の雑誌に詩文を寄せ、褒賞を受けたという記録も残されている。もっとも安達は勉強にのみ没頭していたわけでない。年上の子供らを家来にし

第１高等中学校時代〔1886 年〕
（安達峰一郎記念財団提供）

山形県山辺町の生家（安達峰一郎記念財団提供）

て隣村の子供たちと石合戦をするなど、その腕白ぶりは近所に知れ渡っていたようである(3)。

安達の人生の大きな転機となったのは、一八八一年に設立された山形法律学社に入塾したことである。高澤佐徳や重野謙次郎らが設立者である、この塾は、山形の人々に法律を教えるために設立された。この設立は、前年に起きた「関山新道事件」（関山新道開削反対運動に対する弾圧事件）を契機としていた。同塾で一年半ぐらい勉強した後、一八八二年九月に山形県中学師範学予備科に入学した。しかし、この学校は二年足らずで廃校となったため、安達は法学をさらに学ぶため上京を決意する。そして、一八八四年一〇月司法省法学校予科に入学した。志願者は一五〇〇人に及び、最年少で、二番の成績であったという。

この当時の安達の心境はいくつかの書簡からうかがい知れる。たとえば、一八八四年四月の中学師範学予備科の同級生加藤幹雄宛の書簡のなかでは、「抑モ吾カ家祖先ハ最上義光ナレバ勉励シテ其偉業ヲ恢復スベシト祖母父親常ニ教訓有之候ニ付、大ニ感慨シ」と記している(4)。また、同年四月九日の父に宛てた書簡のなかでは、司法省法学校へ入学して法学を勉強したい熱意を縷々書き綴り、「法律ハ天下ノ大経ナリ」と記している。また、司法省法学校を優等で卒業できれば、フランスに五年間留学させてもらい、博士号を取得できることも記している(5)。

安達の座右の銘は、「学不可安小成（学は小成に安んずべからず）」であった。安達が東京に出て行くさいに、生家の戸板に書いたものである。また、一八九〇年九月二五日付けの、親戚の安達英次郎宛の書簡では、「田舎に居れバ小成ニ安ずるの気を生ず」と記している[6]。

司法省法学校（学制改革により、その後、東京法学校、東京大学予備門、第一高等中学校へと改称されていった）では猛勉強をした。「博士は非常に健康で勉強する時は毎夜一二時一時頃まで勉強し、その翌朝も人一倍早く起き少しの疲労の跡も見せなかった[7]」という。司法省法学校ではフランス語での教育が行われており、安達は第一外国語としてのフランス語の習得に全力を注いだ。二カ月ほどの間だけだが、フランス語での日記も残されている[8]。フランス語以外にも、第二外国語として英語、さらにはラテン語も勉強したと記録されている。それ以外では、国語・漢文、地理、歴史、理財学、法学通論、哲学、体操を修めたと第一高等中学校の卒業証には記載されている[9]。

二　大学時代

安達は一八八九年九月帝国大学法科大学法律学科に入学した。このときには、法律のなかでも国際法を中心に勉強したいという意志が固まっていた。その大きな契機の一つは、一八八六年一〇月のノルマントン号事件であったと推測される。入学直前に記したとみなされるのが、「志を書シテ清鑑ヲ仰ク」と題される、穂積陳重・法科大学教授宛の書簡である。安達の妻・鏡子（かねこ）が、「武府（ブリュッセル）占領中、昭和一五年（西暦一九四〇年）七月二九日」書写したものが、今に伝わっている。このなかで安達は、「其ノ万国公法、国際法等ヲ精究シテ、大ニ国家ノ為ニ力ヲ致サントスルモノニ至リテハ、其数寥々トシテ晨星モ啻ナラズ」と記し、国際法を究めようとする気概と覚悟を伝えている[10]。

一八九二年七月に安達は，若槻礼次郎に次いで順位二番で，帝国大学法科大学法律学科を卒業した。その卒業証には，ローマ法・民法原理・法理学を穂積陳重，国際法を熊野敏三，民法総論をボアソナード（Gustave Émile Boissonade de Fontarabie）に学んだほか，富井政章，寺尾亨，穂積八束などからも教えを受けたことが記されている。(11)

大学時代の安達は，実にさまざまな活動をしている。法学やフランス語，イタリア語，英語などの語学の勉強に力を注いだのはいうまでもない。それ以外にも，『両羽之燈』第二号（一八八九年二月発行）に，太宰治の『走れメロス』の原典となっている物語を翻訳し紹介した「警世談林」を掲載している。(12) また，村山会という地元出身者の会の活動に従事したり，一八九〇年五月一三日付けの『山形日報』に発刊祝辞を寄せたり，(13) 地元とのつながりを大事にしていた。明治法律学校の創設者の一人，宮城浩蔵は天童の出身で，東京での安達の身元保証人であった。一八九三年二月に宮城が逝去したとき，弔辞のなかで安達は「生みの親にも等しい大恩」を受けたと記している。(14) 宮城の最大の貢献は，安達にパテルノストロ（Alessandro Paternostro）を紹介したことであろう。

パテルノストロは，一八八九年から一八九二年まで司法省の法律顧問として，条約改正や大津事件の処理にあたったほか，多くの国際法の諸問題についての意見書も執筆した。なかでも特筆すべきなのは，明治法律学校において一八八九年から一八九二年にかけて行った国際法の講義である。この講義はフランス語でなされたと推測されるが，これを口述翻訳したのが安達であった。パテルノストロは講義の最後に，「諸君，国際法の原則は今日未た全く実際に行はれす，然れとも此原則を将来全く実際に行はしむることに尽力す可きは吾々法学者の責任たることを忘る可からす」と述べて，日本の若者たちを鼓舞した。出版された講義録のあとがきのなかで安達は，「此学に従事して日本国民の真地位真利福を暢達せしめん」と決意を語っている。(15)

一八九〇年元旦付けの高澤鏡子に宛てた書簡のなかで安達は，「博士パテルノストロ氏の来朝して明治法律校にて法理学を講演せらるゝや，之に関する余の訳文ハ通暢明快なりとの喝采を博し，加ふるに，パ氏の知遇を得て，毎日曜日、同氏の邸ニ至り、法学の談を為し、伊太利語を学びて会食するの栄を得、又、屢々伊国遊学のことを勧めらる」と、高揚した調子で記している[16]。

長く司法省雇であった（外務省事務顧問なども兼務）ボアソナードにも安達は心酔していた。授業を受講したり、翻訳をしたりするだけではなく、一八九二年一〇月一七日付けの徳富蘇峰宛の書簡では、「毎週両度位ボ氏へ会合致事」と記されている[17]。また、一八九七年六月二九日付けの杉村虎一宛の書簡のなかでボアソナードは、安達は自分の生徒であった、そして現在に至るまでかれとはとても良好な関係を続けてきている、と記している[18]。

日本人との交流も多岐にわたる。小川平吉、織田萬、水野錬太郎、若槻礼次郎ら同級生のほか、徳富蘇峰とは第一高等中学校時代から交友関係があり、それは生涯に亘るものであった。かなり多くの書簡のやり取りをしており、それらの書簡からは、その折々の安達や蘇峰の心情をうかがい知ることができる[19]。

安藤正楽との交流も注目される。安藤は近時非戦論者としてその名前が知られるようになってきている人物である。明治法律学校でパテルノストロの講義を聴講したおりに安達とも知り合いとなり、二人の交流も生涯を通じてのものとなった。たとえば、一九三二年晩秋の書簡で、常設国際司法裁判所所長となった安達を讃える、「左手持衡右手鉡」に始まる七言律詩を送っている[20]。安藤は明治法律学校を卒業後、国際法をさらに研究するにはどのような書物を読むべきかを安達に尋ねている。安達は、一八九三年三月三一日付けの書簡のなかで、まずイタリアのフィオレが良いとし、その他には、フランスのプラディエ＝フォデレ、ドイツのヘフター、ロシアのマルテンス、イギリスのフィリモア、アメリカのフィールドを挙げている。そして、「呉々も遺懐の御志、御廃止無之候様、奉祈上候」と結んでいる[21]。

一八九二年八月、大学を卒業した翌月、そして外務省に入省する一月前に、安達は高澤鏡子（一八七〇年生まれ）と結婚した。二人の最初の出会いは、一八八一年に安達が山形法律学社に入学した頃のことであった。鏡子の父高澤佐徳が設立者の一人であった学校である。高澤家は天童織田藩家老の家柄であった。鏡子は、山形県尋常師範学校付属練習小学、東京女子高等師範学校で学んだ才女であり、一八九一年四月からは、山形県尋常師範学校女子部で教鞭をとっていた。二人の間には一男二女が生まれた。長女功子（いさお）の夫武富敏彦は、オランダ公使、トルコ大使などを務めた外交官である。

三　外交官時代

安達は一八九二年九月に外務省試補となった。一九三〇年一二月に大使を免ぜられるまでの三八年間のうち、本省勤務は、一八九二年から一八九三年まで、一九〇三年から一九〇八年まで、そして一九一五年から一九一七年までの計三回で、通算八年弱であった。それ以外の三〇年弱は、イタリア、フランス、メキシコ、そしてベルギーの在外公館勤務であった。本省の担当官として、日本国を代表する外交官として、さらには、国際機関の各種の会議や委員会の長として、安達が果たした役割は実に多方面にわたっている。

最初の在外勤務はイタリアであった。鏡子は妊娠していたこともあり、当初は安達単身での渡航であった。横浜港からイタリアまでの約五〇日間の船旅の間に、安達は二七通の書簡を鏡子に送っている。そのなかには、欧米諸国の奴隷状態に置かれているアジアの状況が赤裸々に記されている(22)。

ローマでは、一年前に帰国していたパテルノストロ夫妻が借家のことなども含めてさまざまな支援をしてくれた。ローマ滞在当初は公務がそれほど多くなく、大学の講義に週三時間通うのが楽しみであったようである。また、語学の習得にも力を入れ、ローマに到着して二ヵ月も経たないうちに、「伊語の如きモ仏語同様柔かニ耳ニ響く様ニ相成申候」と鏡子に書き送っている(23)。

一八九六年一月からは駐伊臨時代理公使となり、スペインとの不平等条約の改正にも取り組むようになり、翌年一月には条約改正が成立した（イタリアとの条約改正は一八九四年になされていた）。

一八九七年二月からはフランス在勤となった。在勤中のもっとも大きな任務は、一九〇〇年のパリ万国博覧会の準備であった。英国留学途上の夏目漱石の同年一〇月二四日の日記には、「一二時半より安達氏方に赴き昼食の饗応あり。六時頃帰宅。宿にて晩餐を喫す。就寝」とある[24]。昼食は鏡子が作った日本料理であったのかもしれない。

一九〇〇年九月にはパリ日仏協会が設立され、ボアソナードが名誉会長となった。安達はこの協会の終身会員となっている[25]。

一九〇三年五月には一〇年ぶりに帰国した。この後、一九〇八年一〇月までの約五年半の間本省勤務となる。安達にとってもっとも長い本省勤務であった。この間、外務省参事官、ポーツマス講和全権委員随員、取調課長、人事課長、条約改正取調委員、ロンドン海戦法規会議準備委員、さらには戦時処分求償事件調査委員などの職務を遂行している。外交官としてだけでなく、外務省職員としても有能であった[26]。

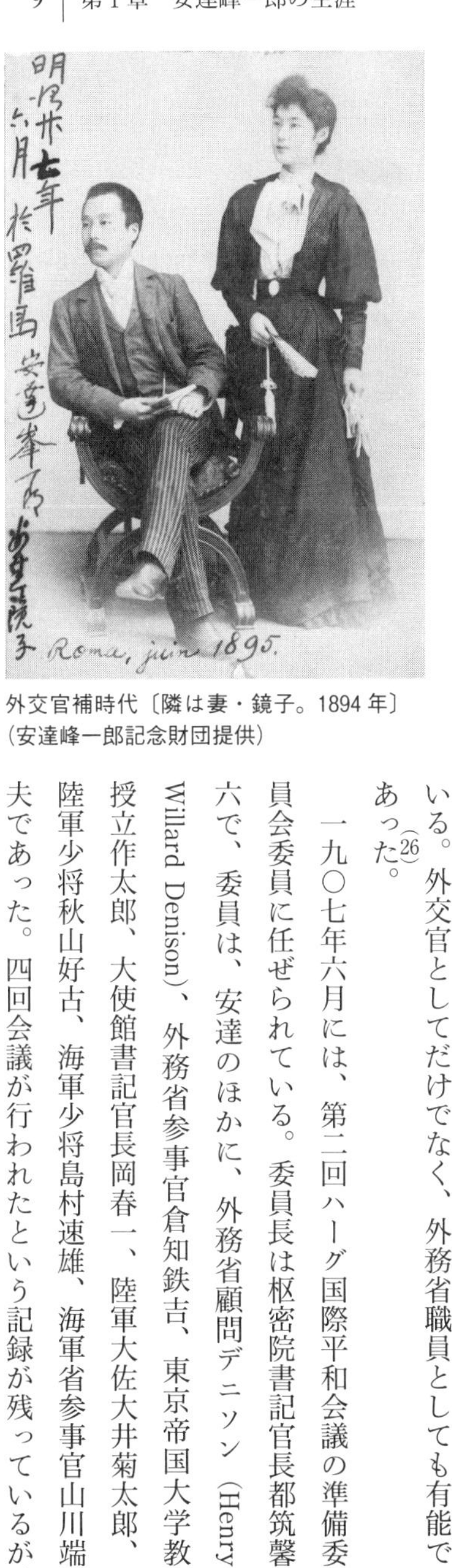

外交官補時代〔隣は妻・鏡子。1894年〕
（安達峰一郎記念財団提供）

一九〇七年六月には、第二回ハーグ国際平和会議の準備委員会委員に任ぜられている。委員長は枢密院書記官長都筑馨六で、委員は、安達のほかに、外務省顧問デニソン（Henry Willard Denison）、外務省参事官倉知鉄吉、東京帝国大学教授立作太郎、大使館書記官長岡春一、陸軍大佐大井菊太郎、陸軍少将秋山好古、海軍少将島村速雄、海軍省参事官山川端夫であった。四回会議が行われたという記録が残っているが、

ポーツマス講和会議〔日本側の左端が安達，3番目が小村寿太郎。1905年〕（毎日新聞社提供）

デニソンは会議には出席していなかった。安達が委員会の決議をデニソンに報告する役割を担っていたのである(27)。

この間のもっとも華々しい活躍はしかし、ポーツマス日露講和会議に全権委員随員として参加したさいのことである。会議では、全権委員小村寿太郎に、フランス語での発言の通訳のメモを渡すという、重要な役割を果たした。また、条約起草委員会の委員として、デニソンらとともに条約案起草の難しい交渉をまとめている。ロシア側の委員には、当時の著名な国際法学者フョードル・マルテンス（Fedor Martens）もいた。安達は、会議後に日本の国際法学会において講演をし、そのなかで「国際法の議論などは流石のマルテンス先生などよりも別段御出しにはなりませんでした」と述べている(28)。

日露戦争の関連で安達が携わった、もう一つの仕事が捕獲審検所である。海上で拿捕された外国の船舶や貨物を捕獲できるかを評定する裁判所が、佐世保と横須賀に設置され、安達は、一九〇四年二月から佐世保捕獲審検所、三月からは横須賀捕獲審検所で評定官としての任務を遂行した。担任評定官として、露船コチック号、独船パロス号、英船イースビーアベー号事件を受け持ったほか、露船タリヤ号事件など四件の事件にもかかわった(29)。

この間の安達のもう一つの活動は、一九〇六年から一九〇八年まで東京高等商業学校専攻部講師として外交史を講義し、領事科学生に国際公法を研究指導したことである。矢田部保吉、来栖三郎、川島信太郎、伊藤述史などが学生であった。川島は「教授に熱心であり、又如何に同博士の教授方法が趣味に富み、蘊蓄の深きを示されたか」と回顧している。タレーラン、ビスマルクなどの主要人物の話がなされ、主要外交事件の裏面に必ず幾多の美人が活動していたとの説明があったという。また、安達は「酒量と健啖との点に於いては他の同僚諸氏に負けぬ」と豪語していたとのことである(30)。

一九〇八年一〇月には二度目のフランス在勤を命じられた。一九一二年九月までの四年近くの滞在のなかで、もっとも大きな業績は一九一一年八月の日仏通商航海条約、日仏通商関係ニ関スル暫定協約、そして同年一二月の同暫定協約延期ノ協約（安達とフランスの三大臣が署名）である。

一九一三年一月には特命全権公使メキシコ駐在を拝命した。当時メキシコは革命のまっただ中であった。自国民保護を理由として各国が軍艦をメキシコに派遣するなかで、日本も軍艦出雲を派遣した。一九一四年六月その出雲訪問の帰途、安達は列車襲撃事件に遭遇し一〇日間行方不明となった。この間に重症の急性肝臓病に罹ってしまう。結局一九一五年一〇月には帰国した。この革命と遭難事件については、一九一六年六月二〇日の横浜市教育会での講演「メキシコ革命とサユラでの遭難」があるほか、「墨国遭難記」という随筆も発表している(31)。

フランスから太郎に宛てた絵葉書〔1910年〕（国立国会図書館・憲政資料室提供）

帰国してから一九一七年五月に駐ベルギー特命全権公使に任ぜられて、同年九月にベルギーに向けて出発するまでの、約二年間は病上がりということもあったのであろう、比較的ゆったりとした生活を送ることができたようである。目立った活動としては、一九一五年一二月にロシア皇族ジョールジェ・ミハイロウィッチ大公が来航したさいに、接伴員を拝命していることである。その接伴の詳細な報告書が残されている[32]。

翌年八月には、閑院宮載仁親王のロシア差遣随行を仰せつかり、ロシアへの出張を行っている。この随行の報告書も残されている[33]。

一九一七年九月のベルギー行きは困難な旅であった。当時は第一次世界大戦中であり、ベルギーの大半はドイツ軍に占領され、ベルギー国王アルベール一世はベルギー最西端の町ドゥ・パンヌ（De Panne）に滞在していた。安達は鏡子、長男太郎、長女夫妻、そして家政婦松本とみとともに、シベリア経由でベルゲンに到着し、そこからアバティーンへと行き、北海を船で渡って、フランスのル・アーヴルに到着した。この船旅では、一九艘の艦隊のうち安達たちを乗せた一艘以外はドイツ海軍により撃沈された。スウェーデンとデンマークの新聞では安達夫妻が死去したと報じられたほど危険な状況であった。しかし、一行は全員無事であった。安達は一九一七年一一月九日ベルギー臨時政府の置かれていたル・アーヴルでブロックヴィル（Charles Broqueville）首相兼外務大臣と会い、ベルギー支援のために一〇〇万フランの援助を申し出ている。そして、一一月一一日には、国書を奉呈することができた[34]。その後安達一家はル・アーヴルに、ドイツ軍がベルギーから撤退する一九一八年一一月まで居住した。後に駐日大使となるバッソンピエール（Albert de Bassompierre）は当時ベルギー外務省職員（政治局長）であり、ル・アーヴルで安達と交流の機会を多く持ったことを書き残している[35]。

メキシコ公使時代〔右から２番目が安達〕（安達峰一郎記念財団提供）

安達らの尽力により、ベルギー日本公使館は、一九二一年五月ベルギー日本大使館へと格上げとなり、安達は初代の駐ベルギー特命全権大使に就任した。一九二七年一二月に駐仏特命全権大使に任ぜられるまで、駐ベルギー公使・大使を通算して一〇年間務めたことになる。

この間のもっとも大きな業績の一つは、一九二四年六月の日白通商航海条約の締結である。ベルギーとの間ではいろいろな事情で条約改正が十全な形で実現できていなかったが、この条約により不平等条約は改正されることになった。

第一次世界大戦中に徹底的に破壊された、ルーヴェン・カトリック大学図書館の復興は、ヴェルサイユ講和条約第二四七条に規定され、各国がそのために尽力した。アメリカ合衆国が一番の寄付国であったが、日本も、安達らの提案の下、六万円の寄付を財閥から受け、図書一万三六八二冊を贈呈した。この図書のかなりの部分は現在はルーヴァン・カトリック大学（ルーヴァン＝ラ＝ヌーヴ）図書館に所蔵されている(36)。

ベルギー大使時代〔皇太子裕仁親王の訪欧を迎える。左はアントワープ市長。1921年〕（毎日新聞社提供）

日本とベルギーの友好関係は、安達の尽力もあり、安達が公使・大使である間に強化されていった。一九二一年六月には皇太子裕仁親王が五日間ベルギーに滞在され、安達大使はその接伴役を務めた。一九二二年には、ベルギー・日本協会が復興された。一九二三年の関東大震災のさいには、日本救援委員会が組織され、総額で二六四万フランが日本に送金された。これは米、英に次ぐ金額であった。一九二七年七月には安達は、ルーヴェン・カトリック大学法学部から名誉博士号を授与されている。アルベール一世は、安達はベルギー人よりもフランス語が達者であり、安達の名前はどのベルギー人も知っていると語っていたという。[37] 安達もベルギーに親近感を覚えていた。ベルギーを離任した後の、一九二八年三月一二日付けのハイマンス（Paul Hymans）ベルギー外相に宛てた書簡のなかで安達は、「いつでも、どこにいても、多少はベルギー人であると感じるでしょう」と伝えている。[38]

駐仏特命全権大使としてパリに赴任したのは一九二八年二月であった。三度目のフランス駐在である。同年八月二七日パリで行われた不戦条約の調印式には安達夫妻が参列した。また、安達は若い頃から美術に対して深厚な理解を持ち、有島生馬、藤田嗣治、ロダン、エミール・バース、佐藤友太郎、内藤秀因などとの交流があった。パリの官舎は、「絵画を以て充満し、恰も博物館以上とも言ひ得た」[39]とのことである。

フランス側が大使としての安達をどのように見ていたのかの一端は、一九二七年二月二一日付けの駐ベルギー仏大使のエルベット（Maurice Herbette）がブリアン（Aristide Briand）外相に宛てた書簡からうかがい知れる。「安達氏は深い教養を持ち、とても洗練された人物です。その意見表明はときに過剰に見えることもあります。当地ではどこでもかれは、とても友好的です。かれの考えを見通すことは難しいのですが、フランスびいきだと信じています。かれは、とても働き者で、とても思いやりがあり、とても繊細で、とりわけ法律問題と国際連盟について関心を持っています。かれは、同国人と同じく少し距離を置いた感じがして、とても日本人的で、その曖昧な微笑は、しばしば西洋に対する少しの軽蔑をのぞかせています。[40]」また駐仏大使を任じられた後の、同年一二月二一日の書簡ではエルベットは、「大臣閣下は安達氏のことは個人的にご存知です。わたくしの同業者の能力、法律の世界でのかれの権威をご存知でないわけはありません。しかし大臣閣下はまた、かれが生来近寄りがたい人物であること、かれの『ヨーロッパ的な』感覚はとても弱いこともご存知です。ジャスパール（Henri Jaspar）〔ベルギー〕首相は、外相として長くかれと直接関係を持っていましたが、ごく最近もまた、かれに対して警戒心を持つことをやめることは決してできなかったということをわたくしに隠そうとはされませんでした[41]」と記している。フランス側が、さらにはベルギー側も若干の警戒感を持っていたことが、この書簡からはうかがえる（ジャスパールが本当にそのような意見であったかは確認できないが）。これには、後述する、一九二四年のジュネーヴ議定書のさいの「日本事件」が関係しているのかもしれない。

安達は若い頃から筆まめであった。水野錬太郎が一九二七年に記しているところによれば、安達は「仏文日本文の手紙を一日少くも二〇通は自ら書いていた。」[42] 駐仏大使当時の書簡のタイピング複写は、現在「駐仏当時大使館関係紅ファイル」（安達峰一郎記念財団所蔵）として、全部で二六三七通残されているが、当時は秘書にフランス語で口述してタイピングさせていたようで、日本人宛の書簡もフランス語で書かれている。

駐ベルギー公使・大使時代、また、駐仏大使時代を通じて、安達は、国際的な場でも目覚ましい活躍をした。まず、一九一九年一月からのパリ講和会議において、全権委員随員（代表代理）に任命され、開戦責任及制裁調査委員会（責任委員会）、港湾水路及鉄道に関する国際研究委員会（交通委員会）、新興国に関する特別委員会などの委員を務めた。もともとこの代表団に安達は加えられていなかった。安達としては、この講和会議へ参加したい一心で、前総理の寺内正毅に直接書簡を送り、委員に加えてもらうように陳情している。[43]

日本政府は、全権代表西園寺公望、次席全権大使牧野伸顕ら、六〇余名の全権団を送った。ときに「サイレント・パートナー」と呼ばれることがあるように、[44] このときの日本代表団は、日本そのものにかかわらないことには沈黙を守るという態度であるとして各国の批判を浴びることもあった。安達はしかし、責任委員会では、同じ委員であった立作太郎と連名で報告書に対する留保を提出するなど、[45] 活発な活動を行った。

国際連盟が発足してからの安達の活躍には目を見張らされる。一九二〇年の国際連盟総会では日本代表随員であったが、その後一九二一年の第二回から一九二九年の第一〇回まで、連続して日本代表を務めた。また、一九二七年には国際連盟理事会の日本の代表となっている。そして、国際連盟のさまざまな会議で議長などの要職をこなした。

「ル・スワール」紙（1928年9月11日）に掲載された風刺画〔左手のパイプを喫っているのが安達〕

たとえば、一九二一年のバルセロナ国際連盟交通会議の副議長、一九二二年の国際連盟国際紛争調停手続研究委員会の議長、一九二四年のコルフ島問題法律家委員会の委員長、一九二九年の上部シレジア少数民族問題小委員会の議長、一九二九年の国際連盟理事会（マドリード会議）の議長などである(46)。これ以外にも、一九二〇年からヴェルサイユ講和条約実施委員（一九二七年からは委員長）としてドイツ軍の軍縮問題に取り組んだほか、ドイツ賠償問題でも大きな役割を果たした。一九二九年には賠償問題で対立する英仏の代表を茶会に呼び、和解に導いている(47)。また、イタリアがギリシア領コルフ島を砲撃した、コルフ島事件については、公平な判断をしたということで、ギリシアでは安達は救世主のようにみなされたという(48)。安達自身も、この問題の公平な解決が「国際紛争の平和的解決への大きな一歩となる」と期待していた(49)。

さらに、一九二二年の第四回国際労働総会、翌年の第五回国際労働総会の日本代表委員も務めた。ことに第五回総会では議長を務め、一九二三年の労働監督勧告（ＩＬＯ勧告第二〇号）の採択に尽力した。

もっとも、安達が一番華々しい活躍をした国際会議は、一九二四年の国際連盟総会である。一〇月二日の総会において満場一致で採択されたのが、ジュネーヴ議定書（国際紛争平和的処理議定書）である。これは、平和的解決に訴える義務（常設国際司法裁判所の強制管轄権を含む）、軍縮の実現、そして制裁をあわせて規定する、画期的な条約であった。ただ英国などの反対のため最終的には未発効に終わった。日本政府もそもそもこの議定書に消極的であり、ことに移民問題などの国内管轄事項に関する紛争であると連盟理事会が認めた場合、その紛争に連盟は関与できないことになるものの、さきに攻撃した国家は侵略国とみなされるという原案に反対であった。安達は、国内管轄事項に関する紛争であっても、当事国は連盟に対して紛争解決の処理案を示すように求めることができるという修正案を提出した。紆余曲折はあったが、結局、ギリシア代表のポリティス（Nikolaos Politis）らの支持を受けて、この安達案を基礎とする案が採択されるに至った。当時これは「日本事件（Japanese Incident）」と呼ばれた。安達自身は、非常な騒ぎとなった修正案について、結局採択されたことは「良き識見が勝利をしめました」と自負している[50]。この会議で安達の流暢なフランス語での演説を聞いた新渡戸稲造が「安達の舌は国宝だ」と評価したことは良く知られている[51]。

各国代表団との会議〔第9回国際連盟。1928年〕（安達峰一郎記念財団提供）

国際的な場面での安達の活動は各国の賞賛を得た。「小弱国の主張を維持し、国際正義を維持せられた[52]」と言われることもあるが、イタリアやフランスなどの大国も含む、一二カ国から一九個の勲章を授与されている。勲章制度を新たに制定して、その第一号を贈った国もあったようである。ただし、英米からの叙勲はない[53]。また一九二五年には、グロティウスの『戦争と平和の法』刊行三〇〇年を記念して、国際法や国際連盟や国際平和のために貢献した者に対して、金製メダルが二名に、ブロンズ製メダルが八名に贈られたが、安達はその八名の一人であった[54]。

駐仏大使であった一九三〇年二月安達夫妻は、一時帰国のためパリを離れた。一三年振りの故国であった。三月二四日に神戸港に到着し、六月一四日に離日しているので、約三カ月間の日本滞在であった。この間安達は、残されている記録で確認できるだけで、以下の五回の講演を行っている。①五月八日、日本工業倶楽部での講演「欧州の近情並に世界当面の重要諸問題」、②五月一六日、第一〇回国際連盟協会通常総会での講演「安達大使の演説」、③五月一七日、貴族院予算委員会での講演「国際連盟の現状と常設国際裁判所判事の来秋総選挙」、④五月二〇日、東京銀行倶楽部（東京銀行集会所）での講演「世界大戦後の外交と二箇の重要事件」、⑤国際連盟協会東京帝大支部での講演（日付け不明）「国際連盟の発達は健全なりや」。

これらの講演は内容的に完全に重なる部分がほぼなく、準備にどれだけの時間をかけたのかが想像される。安達夫妻は、一九一六年五月に購入していた、渋谷常盤松の自宅にとどまり、故郷に帰る機会はなかった。父は一九一八年、母は一九二八年に逝去していたが、墓参りもなしえなかった。安達の母親の身内が四月に上京して揮毫（きごう）してもらったのが、「故里の春を偲びてなき親の墓を訪ひたく心せかる丶　昭和五年初春於常盤松峰一郎」である。[55]

日本滞在中の四月三〇日には天皇の解任状が発出され、六月一〇日にはフランス駐在を免じられている。安達は、九月に予定されている常設国際司法裁判所判事選挙に当選することに全力を集中することになったわけである。[56]

四　常設国際司法裁判所所長・判事

一九三〇年九月の選挙で安達は第一位で当選し、判事たちの互選により就任当初から所長の大役を担うことになった。ローデル（Bernard Loder　オランダ）、フーバー（Max Huber　スイス）、アンツィロッティ（Dionisio Anzilotti　イタリア）に続く、第四代の、アジアから初の所長であった。所長の互選がどのように行われたのかの公式の記録は公表されていないが、その様子を垣間見ることができる書簡がある。駐ハーグ・仏公使カムレ（Albert Kammerer）の一九三一年一月二六日付けのブリアン外相宛の書簡である。「去年のわたくしの書簡のなかで、その当時の［常設国際司法］裁判所の構成が不都合であり、その不都合はフランスにとって深刻であること、また、古くからの国家の、どのような破棄院とも同等の法的発展状態にすでに到達していると信じられている国際機構〔＝常設国際司法裁判所〕が発足当初は法的とはみなしがたいあり様であったことをはっきりと指摘しました。政治的交渉に熟練し、また三〇年間にわたって国際社会の現実に溶け込んできた、安達氏のあり様はまったく別であり、また、かれの忠誠心は広く知られているところです。ただ、かれが黄色人種であるということで非難されることがありましたし、また、かれの共感はフランスに向いているようであるということでもまた、反対もされてきました。また、長老の法学者たちの一群は、前所長で、卓越した理論家にして国際法学者であるアンツィロッティ氏（イタリア）が引き続き担当することを望み、再選されることを望んだようです。残念ながら、かれのフランスに対する性向は、同じように知られているのですが。しかし、選挙は深刻な議論を引き起こすことなく、安達氏が選任されました[57]。」

安達自身は、判事に当選できるかどうかそのものについて疑念を持っていた。それは、常設国際司法裁判所の義務的管轄権（応訴義務）問題に関連している。常設国際司法裁判所を設立する条約（常設国際司法裁判所規程）案は、一九二〇年六月から七月にかけて行われた法律家諮問委員会によって起草された。委員長はベルギーの国務大臣デカン（Édouard-Eugène François Descamps）、一〇名からなる委員の一員が安達であった。委員会は裁判所の義務的管轄権を認める原案を採択した。明確に反対したのは、日本政府の指示に基づいて発言した安達一人であった。ところがこの原案は、英などの反対のため、連盟の理事会と総会において否定され、管轄については任意受諾の方式（選択条項）を採用することになった[58]。

安達自身がこの当時裁判所の義務的管轄権について個人的にどのように思っていたのかを探るのは容易ではない。義務的管轄権案を推進した、米国のルート（Elihu Root）に宛てた、一九二一年一月二五日付けの書簡のなかでは安達は次のように将来の発展性を予感するようなことを記していた。「絶対に確信のあることなのですが、［一九二〇年一二月一三日に］国際連盟［総会］のすべての構成国によって全会一致で承認された［常設国際司法裁判所］規程に、

オランダ在住時の住居（安達峰一郎記念財団提供）

わたくし自身と同様に、貴下も完全に満足されていることでしょう。このようにして、裁判所を発展させていきさえすればいいのでありまして、裁判官がうまく選任され、良識と正義に満ちた、一定の数の判決が積み重なっていけば、世界中のすべての国家は喜んで義務的管轄権を認めるようになるだろうことに、なんらの疑念もありません。[59]」

一九二二年に常設国際司法裁判所が発足して、第二期の判事選挙が行われたのが一九三〇年である。この間に、常設国際司法裁判所はかなりの数の判決と勧告的意見を積み重ねた。また、選択条項を受け入れる国家は次第に増えていった。選挙の行われる一年前の一九二九年には、イギリス、フランス、イタリアなど一五カ国が受諾を表明した。[60]ところが、日本は頑なにこの受諾をしなかった。「裁判嫌い」と呼ばれることもある現象である。[61]

安達はこうした国際的な状況をよく理解していた。一九三〇年に一時帰国したおりに行った、五つの講演ではこの問題についての発言は微妙に異なっている。「わたくしは即座に之に応ずべきもので無いと考へて」と明言していることもあった。[62]ところが、親しい人たちに個人的に語っているところでは、義務的管轄権を認めるべきとの主張であったと受け取られる。[63]安達は、日本政府の公式の見解が常設国際司法裁判所の強制管轄権を否定するものであるということは十分認識しつつも、世界平和の実現のために国際裁判所が果たす役割がはなはだ大きくなってきているという事実を強調しようとしていた、とまでは言っても良いであろう。[64]

安達は、一九三一年一月二〇日に行われた最初の公式会議において、「理念は永遠であり、制度は存続します。しかし、人は交替します」と述べたうえで、判事の心構えを明確に伝えた。裁判所の信用と権威を前任者から受け継いだままの状態で、あるいは可能であれば増大させて後継者に伝えていく義務があるということであった[65]。また所長になって一年半ほど経った一九三二年八月三日付けの、常設国際司法裁判所の書記オーケ・ハマーショルド（ハンマルシェルド）（Åke Hammarskjöld）に宛てた覚書のなかでは、「裁判官——特任裁判官も含めて——の役割は、何に対してであれ完全に独立であるという、厳格な義務を課している。また、こうした条件の下で、裁判官の母国政府を、われわれ判事自身の『妻（femme）』とみなしてはならない、ということに留意すべきことがわたくしの義務である」と記している[66]。

所長として安達は、二つの判決（東部グリーンランドの法的地位、ハンガリー・チェコスロヴァキア混合仲裁裁判所の判決の上訴）に直接かかわり、上部シレジアのドイツ人少数者学校への入学、ドイツ・オーストリア関税同盟事件などの七つの勧告的意見を与えた。そのほか、日本が当事国であったため所長ではなく一判事として担当したのが、メーメル領域規程の解釈事件である。判事間の議論は公表されていないため、所長や判事としての安達が実際にどのような役割を果たしたのか通常は明らかではない[67]が、多忙であったことは間違いない。一九三一年六月三〇日付けの徳富蘇峰宛の書簡のなかでは、「小生モ年甫国際法院ニ長タルヲ諾シ候以来、コレマデ感シタルコトナキ重責ヲ感シ且ツ今春以来意外ニモ国際紛争重要事件多数持込マレ年末マデ一日ノ休ナク開廷審理ヲ要シ」と記している[68]。また、ケロッグ（Frank B. Kellogg）、アンツィロッティ、ゲレーロ（José Gustavo Guerrero）、王寵恵などの判事から二期目の所長を求められていることからして[69]、所長としての執務が評価されていたのは間違いないであろう[70]。

所長としての苦労がうかがえるのが、ケロッグ判事とのやり取りである。一九三二年七月九日のケロッグ宛の書簡のなかで安達は、パリやジュネーヴでのケロッグ判事の行動に、判事として不適切な部分があるのではないかとの懸念を伝えている。これに対してケロッグは、七月二五日の返信で、報道では自分の行動は誇張されすぎているのであり、判事として、はずれたことはしていないつもりであると回答している[71]。この後の経緯は明らかではないが、安達がハマーショルドに宛てた、一九三二年九月二七日および二八日の書簡からすると、一件落着となったようである。[72]

所長であった安達が一番頭を悩ませたのが、一九三一年九月一八日に勃発した満州事変であったことは間違いない。これについての安達の考えをうかがい知れる資料となりそうなのが、同年一一月一日のオランダの新聞「デ・テレグラフ」に掲載された、ルイ・ラーマーカース（Louis Raemaekers）の挿絵、安達の何通かの書簡、そして駐オランダ松永直吉公使が伝えている安達の内話である。[73]

五　国際法学者として

外務省職員、外交官、判事以外の安達の、もう一つの側面が、国際法学者である。駐日ベルギー大使を務め、安達と親交の深かったバッソンピエールが一九三五年二月一八日付けのジャパン・タイムズに寄稿した追悼文の副題は、「万人に尊敬され、また愛された、卓抜した能力を持った法律家（Jurist of Exceptional Abilities Respected And Beloved By All）」であった。[74]

たしかに安達が発表した学術的な論文・著作の数は多くない。ただ、若い頃には、①「日本法学の欠点」（一八九二年）、②「世界近代ノ三大『国際法典草案』」（一八九三年）、③「独逸国会ニ於ケル国際裁判論」（一八九三年）、そして④「国際法研究に就て」（一九一二年）などの論文を発表している。[75] また、前述した、一九三〇年の五つの講演録は、国際連盟の役割や国際裁判のあり方などを根源から検討したものとなっている。

万国国際法学会での活動にも注目する必要がある。安達は、一九二一年には準会員、そして一九二四年には正会員となっている。そのなかでもっとも注目されるのは、一九二三年のブリュッセル会期に、ドゥ・ヴィシャーと連名で提出した報告書「国際連盟の組織と規程に関する検討」である。これは、連盟規約第一〇条と第一八条について詳細に検討した報告書である(76)。

一九二四年にはハーグ国際法アカデミー教授を依頼された。もっとも、実際に講義をしたという記録は見あたらない。一九〇七年には、博士会（一八九八年に創設）において学位を授ける学力があると認められて法学博士の学位を授与されている。また、一九二五年に帝国学士院会員、一九三三年にはオランダ科学協会会員となるなど、各国の学者の組織の一員となっている。一八九七年に創設された日本の国際法学会の評議員も務めていた。

安達自身、学者となる夢を持っていたと記したことがある。東京帝国大学の国際法講座の教授であった立作太郎は、三〇年以上に及ぶ親友であった。その立が一九三〇年に刊行した、国家主権に関する著作に、安達は序文を寄せている。そのなかで安達は、自分の生涯のすべてを国際法学の研究に捧げることが「もっとも大事な夢」であったと記している(77)。

六　晩年とその後

安達は、日本の国際連盟脱退の重圧もあり、一九三四年六月初旬から不眠症に悩まされ、それが原因で体調を崩した。七月一一日からベルギーの保養地スパに滞在していたが(78)、心臓病を併発したために八月一八日にはオランダのアムステルダムの病院に移送された。その後一時は快方に向かったものの(79)、一二月二六日早朝には危篤となり、二八日に六五歳の生涯を閉じた。翌年一月三日にはオランダ国と常設国際司法裁判所の合同葬が行われた。

全世界で安達を悼む声が聞かれた。たとえば、ハマーショルドは、一九三五年一月一一日付けのケロッグ宛の書簡のなかで、「安達の死は裁判所にとって大きな損失です。わたくし個人にとっては、さらにもっと大きな損失です」と記している(80)。

オランダ国と常設国際司法裁判所の合同葬〔1935年〕(安達峰一郎記念財団提供)

司法省法学校と大学の同級生若槻礼次郎は、安達を追悼する会で、「天性頗る温厚であって、人に接すること誠に何と申しませうか、極めて深切で、一度安達君と接触した人は、直にその親しみを感ずるといふやうな風がありました」と述べている。(81) 妹きみの子、今井達夫は、「しゃべり方は円転自在で、例のにこにこ笑いと呼びたい笑いが満面にうかんでいる」と記している。(82) また、魚釣りが終生の趣味で、駐仏大使時代にも続けていたというエピソードも、安達の一面をうかがわせる。(83)

安達の死後に鏡子は歌集出版を試みたが、大きな困難に直面した。一九三七年二月二四日付けの、立作太郎から鏡子に宛てた書簡が、その一端を明らかにしてくれる。「御著作出版の件に付、小生の知り居る書肆は、皆々出版を断り、無據、出版書肆の周旋を頼む為め、帝国学士院関係の信用し得る四人程の人〔其中に小野塚博士、佐々木信綱博士も居られ候〕に、貴稿を見せて相談せる所、目下は到底出版の労を執ることを諾する書肆を見出し得ざるへしとの事に有之、其時の皆々の、公平にして忌憚なき説にとは、現在の日本にては、思想は立派なるも、表現方法が問題となり、兎角、批評がましき態度を執る者多き次第故(84)……。」

結局鏡子は、日本の国際連盟脱退に関する安達の苦悩を詠んだ歌のすべてと随筆を削除して、一九三八年から一九四一年にかけて、五冊に分けて東京で歌集を出版した。「英仏と独逸との間の開戦の日」、「英仏独戦争中」、そして「諸公館の方々の離武の〔＝ブリュッセルを離れる〕日」と、原稿を完成した日について、それぞれ戦争との関係を示している。(85)「仁により正を持し、もって萬邦の平和を期」した安達の生涯の目標を想起させられる。

鏡子は、安達の死後ベルギーのブリュッセルに移り住んだが、戦後の混乱もあり、帰国を果たしたのは一九五八年、八七歳のときであった。その二年後には、夫の偉業を顕彰し、また、後進の育成を図るため、全資産を寄付して安達峰一郎記念館を設立した。この記念館は、公益財団法人安達峰一郎記念財団として現在も存続している。安達関連の膨大な資料を保管するとともに、国際法学者を育成するために、安達峰一郎記念奨学金制度と安達峰一郎記念賞を設けている(86)。

その鏡子が逝去する一年前の一九六一年には、「平和を発し自由を求め正義を貫いた信念と苦難に耐え人類最高の栄誉に輝く迄導いた不屈の魂と山河我を生むの鴻恩に報いんと絶叫した熱烈な愛郷心に徹する人心の作興を目的」として、安達峰一郎博士顕彰会が設立された。同会は、二〇一一年に『国際法にもとづく平和と正義を求めた安達峰一郎――書簡を中心として』を刊行した。現在も、安達の生家の保存・整備、関連資料の保存・収集などの活動を行っている(87)。

（1）「先憂後楽依仁持正　以期萬邦之平和　昭和五年四月　於常盤松　安達峰一郎」。後藤禮三「資料　安達峰一郎博士（二）」『研究山邊郷』（山辺町郷土史研究会報）第三号（二〇〇一年三月）一一頁参照。

（2）かれの生涯については、浮村直光編『世界の良心　安達峰一郎博士――生誕百年・その生涯と足跡』（安達峰一郎記念館、一九六九年）、安達尚宏『戦争のない世界平和の確立に生涯を捧げオランダ国葬で送られた安達峰一郎の生涯――世界は彼を「世界の良心」「日本の平和の精神」と呼んだ』（[安達尚宏]、二〇〇九年）、安達尚宏「安達峰一郎史話　九―一三」『くわご』第一一号―第一五号（二〇〇九年一一月―二〇一二年二月）、安達峰一郎記念財団『安達峰一郎、人と業績』（安達峰一郎記念財団、二〇〇九年）、佐藤継雄「やまのべ偉人伝心（安達峰一郎編）」（全二〇回）『広報やまのべ』第六四三号―第六六二号（二〇一〇年一〇月―二〇一二年五月）、安達峰一郎書簡集編集委員会編『国際法にもとづく平和と正義を求めた安達峰一郎――書簡を中心にして』（安達峰一郎顕彰会、二〇一一年）など参照。以下で、最後の著作を引用する場合には『書簡集』と略記する。

（3）安達『戦争のない世界平和』四―五頁参照。
（4）『書簡集』三〇頁。
（5）同右、二八頁。
（6）同右、四三頁。
（7）山辺郷土史研究会編『郷土史読本』（山辺郷土史研究会、一九四〇年）一〇八頁。
（8）「安達峰一郎関係文書（書類の部）」（国立国会図書館・憲政資料室所蔵）一〇五八。
（9）高等中学の卒業証は現在安達峰一郎博士展示室に展示されている。後藤禮三「資料　安達峰一郎博士（一）」『研究山邊郷』（山辺町郷土史研究会報）第二号（一九九八年三月）一三頁も参照。
（10）『書簡集』三六―三七頁。この文書は、安達峰一郎「国際法研究に就て」『国際法外交雑誌』第一一巻三号（一九一二年一一月）二一〇―二一一頁にも掲載されている。安達によれば、穂積は「宜しい、大に遣れ」との返事を送ってくれたという。同右、二一一頁。
（11）大学の卒業証は現在安達峰一郎博士展示室に展示されている。後藤「資料　安達峰一郎博士（一）」一三―一四頁も参照。
（12）『書簡集』三四―三六頁。
（13）同右、三九―四〇頁。
（14）同右、四九―五〇頁。
（15）パテルノストロー（講述）、安達峰一郎（通訳）、中村藤之進（筆記）『国際公法講義　完』増訂第三版（明治法律学校講法会、一八九七年）六五一、六五九頁。
（16）『書簡集』六一頁。
（17）同右、四八頁。なお、翻訳については、法文化研究会「安達峰一郎関係資料目録および略年譜」『法学研究』第七二巻七号（一九九九年七月）六九―七〇頁参照。
（18）Kazuhiro Murakami, "Les lettres de M. Gustave Emile Boissonade à M. Koichi Soughimoura (1)," *Meiji Law Journal*, Vol. 8 (2001) p. 31. 若槻礼次郎がボアソナードの「法理学」の授業について語っていることも参照。若槻礼次郎「大学時代」浮村『世界の良心』一三七―一三九頁。

(19) 安達から蘇峰に送られた二四通の書簡は、徳富蘇峰記念館（神奈川県二宮町）が所蔵している。蘇峰からの書簡は、「安達峰一郎関係文書（書簡の部）」（国立国会図書館・憲政資料室所蔵）に三通、「永久保存書類」（安達峰一郎記念財団所蔵）に一通、確認される。
(20) 「安藤正楽文書」（暁雨館所蔵）四。
(21) 『書簡集』四一頁。
(22) 『書簡集』七二―八五頁。
(23) 「安達峰一郎関係文書（書簡の部）」三〇―六。
(24) 伊藤美喜雄『夏目漱石の実像と人脈』（花伝社、二〇一三年）一九四―一九五頁。
(25) 市川義則「明治期後半における日仏関係――パリ日仏協会を中心として」『アルザス日欧知的交流事業 日本研究セミナー「明治」報告書』（二〇一四年）七、一三頁。
(26) 外務省略歴については、「夫 安達峰一郎 外務省略歴」安達鏡子『歌集 夫 安達峰一郎』（光和出版社、一九六〇年）三七三―三八〇頁。
(27) JACAR（アジア歴史資料センター）Ref. B06150543600（第一五画像目から）、第二回万国平和会議一件 参考書(2.4.1.7-1)(外務省外交史料館)。
(28) 安達峰一郎「ポーツマス講和会議の逸話」『国際法雑誌』第四巻四号（一九〇五年一二月）三頁。
(29) JACAR（アジア歴史資料センター）Ref. A06040059400、捕獲審検所関係文書（国立公文書館）など参照。
(30) 川島信太郎「恩師安達博士を偲ぶ」『外交時報』第七三巻七二七号（一九三五年三月）二〇六―二一五頁。
(31) 安達峰一郎「墨国遭難記」『冒険世界』第一一巻一一号（一九一八年一一月）四五―四九頁。
(32) 「安達峰一郎関係文書（書簡の部）」三〇―三四～三八、四〇。
(33) 同右、三〇―三九。安達峰一郎「訪露雑感」『外交時報』第二四巻二八九号（一九一六年一一月）一七―三三頁も参照。
(34) Archives diplomatiques, Bruxelles, Belgique: 13.584/I, Mr. Adatci: Envoyé Extraordinaire et Ministre Plénip. 1917, 1920: “Télégramme de Service du Roi à Broqueville” 5 Nov. 1917 & “Courrier de l'armée” 10 Nov.1917. 『書簡集』一〇二―一〇四頁も参照。

（35）*The Japan Times*, 18 Feb. 1935.

（36）Willy Vande Walle, *Orientalia: Études orientales et bibliothèques à Leuven et Louvain-la-Neuve*（Leuven: Presses Universitaires de Louvain, 2001）, pp. 65-79.

（37）織田萬「安達諫東を憶うて」『国際知識』第一五巻二号（一九三五年二月）三六―四三頁。

（38）Archives diplomatiques, Bruxelles, Belgique: 13.584/I, S.Exc.M.Adatci nommé Ambassadeur extraordinaire et plénipotentiaire 1921.

（39）川島「恩師安達博士を偲ぶ」二一四頁。有島生馬「芸術愛好家としての安達博士」浮村編『世界の良心　安達峰一郎』一五二―一五六頁も参照。

（40）Archives diplomatiques, La Courneuve, France: Correspondance politique et commerciale, Série E Asie, Sous-série Japon 1918-1940（39 CPCOM）, tome 48, f. 92.

（41）*Ibid.*, f. 100.

（42）水野錬太郎『政治ライブラリー　第二』（政治教育協会、一九二七年）一八四頁。

（43）『書簡集』一一三―一一五頁。

（44）たとえば、篠原初枝『国際連盟――世界平和への夢と挫折』（中公新書、二〇一〇年）五五―七四頁参照。

（45）"Reservation by the Japanese Delegation, April 4, 1919（M. Adatci & S. Tachi）," *American Journal of International Law*, Vol. 14（1/2）（1920）, pp. 151-152.

（46）いくつかの具体的な事例を詳細に検討するものとして、本書第八章「国際連盟理事会における安達峰一郎――『報告者』の役割」参照。

（47）広田弘毅「ハーグ賠償会議時代」浮村編『世界の良心　安達峰一郎』一五六―一六〇頁参照。

（48）「日本人だけが知らない。世界から尊敬される日本人」『週刊ポスト』二〇一六年一月一・八日号、一四九―一五〇頁参照。なお立作太郎は、一九二四年一月三〇日付けの安達宛の書簡に、みずからの論攷「会議外交――附、伊太利のコルフ占領と国際連盟との関係に関する法理」『外交時報』第三九巻四五九号（一九二四年一月）を同封している（「安達峰一郎関係文書〔書簡の部〕」三九九―一二〇）。

(49) Adatci to Hudson, March 1, 1924, Harvard Law School Library, Harvard University, Cambridge, Mass., USA: Manley O. Hudson Papers, Box 5, Folder 5.

(50) 安達峰一郎「ジュネーヴ議定書と余の修正」国際連盟協会編『平和議定書——本文と解説』第三版（国際連盟協会、一九二六年）五〇頁。この論文のフランス語のオリジナル版とみなされるのが、Mineitciro Adatci, "Le protocole de Genève et mon amendement," *Revue Belge*, tome 4(6) (1924), pp. 495-499. 安達はこの論文の原稿を一九二四年一一月一二日付けの書簡で、スコット（James Brown Scott）に送付し、米国の新聞報道にみられる誤解を解くためにも、米国の同僚たち、とくにルートに自分の真意を伝えてほしいと依頼している。Georgetown University Library Special Collections Research Center, Washington, D.C., USA: James Brown Scott Papers, Box 1.

(51)『書簡集』一三四頁。

(52) 川島「恩師安達博士を偲ぶ」二一五頁。

(53) 山辺町史編纂委員会『山辺町史　下巻』（山辺町、二〇〇五年）二六九頁。

(54) *Grondslagen, Samenstelling, Propaganda, Literatuur* (The Hague: Vereeniging voor volkenbond en vrede, [ca. 1928]), p. 36.

(55) 後藤「資料　安達峰一郎博士（二）」一一頁。

(56) 一九三〇年二月二一日付けの書簡で安達はすでに、ハイマンス・ベルギー外相に対して、立候補についての支持を、自分の履歴書を添えて、願い出ている。Archives diplomatiques, Bruxelles, Belgique: 10.659, Cour Permanente de Justice Internationale. Election des membres candidatures 1921-1930. 安達の友人であった、ドゥ・ヴィシャー（Charles de Visscher）は、同年二月二三日付けのハイマンス宛ての書簡のなかで、安達の立候補を全面的に支持している。*Ibid.* 同年二月二一日付けのドゥ・ヴィシャーから安達への書簡も参照。「安達峰一郎関係文書（書簡の部）」九三五—七。

(57) Archives diplomatiques, La Courneuve, France: Société des Nations, Cour Permanente de Justice Internationale (242QO), 2400C.

(58) 一九二一年一月八日付けのフィリモアからルート宛の書簡参照。Manuscript Division, Library of Congress, Washington, D.C., USA: Elihu Root Papers, Box 139.

(59) *Ibid.*, Box 138. 安達鏡子「安達と Elihu Root との交流について」（一九四九年六月二六日）（「安達峰一郎関係文書〔書類の部〕」

一一五五）も参照。

(60) もっとも、イギリスは一九三〇年二月に受諾したが、イタリアとフランスは、選挙が行われた一九三〇年九月の時点では、未批准であった。

(61) 柳原正治「近代日本と国際裁判——『裁判嫌い』は神話なのか」『国際法外交雑誌』第一一三巻三号（二〇一四年一一月）一—二四頁参照。

(62) 安達峰一郎「世界大戦後の外交と二箇の重要事件」『銀行通信録』第八九巻五三二号（一九三〇年五月）二二頁。

(63) たとえば、苅宿俊風（弟の子。東京帝大法学部卒）と妹きみには、日本には応訴義務があると語っていたという。今井達夫「ハーグにささぐ——安達峰一郎とその周囲」浮村編『世界の良心　安達峰一郎』二二四—二二五頁。三宅正太郎「国際司法裁判所創設時代」同右、一四七頁も参照。

(64) 一九二九年八月二日付けの山川端夫宛の書簡（「駐仏当時大使館関係紅ファイル」〔安達峰一郎記念財団所蔵〕五—九九）や一九三〇年六月二四日付けの徳富蘇峰宛の書簡（『書簡集』一九四頁）など参照。また、一九三〇年六月二八日の「一三人委員会（Commission des Treize）」報告書（Commission d'étude sur l'organisation du Secrétariat, du Bureau international du Travail et du Greffe de la Cour permanente de Justice internationale）（A.16.1930）も参照。

(65) *Rapport annuel de la Cour Permanente de Justice Internationale (Publications de la Cour Permanente de Justice Internationale, Série E)*, N° 7 (15 Juin 1930 - 15 Juin 1931) (1931), p. 12.

(66) Kungliga Biblioteket [National Library of Sweden], Stockholm, Sweden: Hammarskjöldska arkivet, vol. 477. Åke Hammarskjöld, "The Late President Adatci," *American Journal of International Law*, Vol. 30(1) (1936), p. 115 も参照。

(67) 立作太郎「安達博士を悼む」『国際法外交雑誌』第三四巻三号（一九三五年三月）八一頁参照。

(68) 『書簡集』二〇二頁。

(69) 同右、二一四頁。同右、二一八頁、一九三三年一二月二〇日付けのケロッグ宛の書簡（Minnesota Historical Society, St Paul, Minnesota, USA: Frank Billings Kellogg Papers, Reel 48, Frames 334-335）も参照。

(70) アイジンガ（Willem Jan Mari van Eysinga）も所長としての安達を評価していたことは、一九三三年一二月二七日のハマーショルド宛の書簡でうかがえる。Hammarskjöldska arkivet, vol. 480.

（71）Kellogg Papers, Reel 46, Frames 53–54, 76–77.
（72）Hammarskjöldska arkivet, vol. 477.
（73）この問題については、本書第十一章「安達峰一郎と国家間紛争の解決方式」参照。
（74）*The Japan Times*, 18 Feb. 1935. ブリュッセルで発行された「レヴァンタイユ（L' Éventail）」紙の記事が二月一〇日の同紙に転載されている。その副題は「日本の偉大な学者（illustre savant）にして外交官、安達峰一郎」である。*Ibid.*, 10 Feb. 1935.
（75）安達の著作物については、本書第三章「安達峰一郎と日本の国際法学」も参照。
（76）Institut de droit international, Session de Bruxelles（1923）, *Examen de l'organisation et des Statuts de la Société des Nations: Rapport de MM. Adatci et Ch. de Visscher.*
（77）Mineitciro Adatci, "Préface," Sakutaro Tachi, *La souveraineté et l'indépendance de l'État et les questions intérieures en droit international* (Paris: Les Éditions Internationales, 1930), p. 7.
（78）七月一四日には、ハマーショルドに書簡を送っている。そのなかでは、状況を立て直そうとしている現所長を賞賛している。また、自分がハーグへ戻るまで、同封したロラン＝ジャックマン（Edouard Rolin-Jacquemyns）とフロマジョ（Henri-Auguste Fromageot）の書簡を預かっておいてほしい旨を伝えている。内容的にもしっかりとしており、また書体もまったく乱れていない。Hammarskjöldska arkivet, vol. 449.
（79）ハースト（Cecil James Barrington Hurst）常設国際司法裁判所所長の一〇月一三日付けの安達宛の書簡には、「お手紙とてもうれしく拝受しました。というのも、これは貴殿が完全に回復されつつあり、すぐにも完璧に健康になられるであろうと確信させるものだからです」と記されている。「安達峰一郎関係文書（書簡の部）」九三一―四。
（80）Kellogg Papers, Reel 49, Frames 521–522. Hammarskjöld, "The Late President Adatci," pp. 114–117も参照。ハマーショルドが書記として所長の安達にいかに尽くしていたのか、また安達がいかにハマーショルドを頼りとしていたのかは、両者間の多くの書簡やメモなどからうかがえる。Hammarskjöldska arkivet, vols. 449, 477, 486参照。また、一九三一年一〇月二四日の織田萬のハマーショルド宛ての書簡も参照。*Ibid.*, vol. 486.
（81）若槻「大学時代」一三五頁。
（82）今井「ハーグにささぐ」二二一頁。

（83）　山辺町（武田泰造）『山辺町郷土概史』（山辺町、一九七〇年）六一九―六二〇頁。
（84）　『書簡集』二六五頁。
（85）　『過ぎし一と影　遠き子等へ（その一）（その二）』（昭和一四年一一月七日―英仏独戦争中）（東京―安達鏡子、一九四一年六月）、『一と端影　遠き子等へ（その一）（その二）』（昭和一四年九月三日―英仏と独逸との間の開戦の日）（東京―安達鏡子、一九四〇年五月）、『二春と一と夏　遠き子等へ』（昭和一三年五月）（東京―安達鏡子、一九三八年八月）。戦後の一九六〇年に合本されて出版された。安達『歌集　夫　安達峰一郎』。
（86）　安達峰一郎記念財団『安達峰一郎、人と業績』一七五―一八〇頁。
（87）　http://www.adachi-mineichiro.jp/index.html 参照。

第二章　安達峰一郎と国際協調外交の確立

井上寿一

一　はじめに

戦後ながらくの間、近代日本外交史研究は「日米戦争への道」を解明することに時間と労力を費やしたといっても過言ではない[1]。その結果として生まれた膨大な研究の蓄積は、軍部対外務省の対立図式で分析することを批判している。代わりに軍部以上に対枢軸国接近を志向した外務省「革新派」の役割が明らかになっている[2]。それでは「日米戦争への道」は外務省内の「革新派」の量的な拡大過程として描くことができるのだろうか。このような理解も図式的にすぎる。なぜならば「革新派」と対抗していたはずの外務省国際協調派に対する研究が不十分だからである。

研究が不十分なのは、国際協調派の外交官としてもっぱら幣原喜重郎に焦点が合わされてきたことも理由の一つだろう。幣原外交は国際協調外交といっても、主に対米協調外交のことだった。

両大戦間期において対米協調と同等程度以上に重要だったのが対国際連盟協調、対欧州諸国協調である。この観点に立つ時、安達峰一郎の経歴の重要性が顕在化する。ここでは国際協調外交を国際連盟における対欧米協調外交と定義する[3]。国際協調外交は経済的な国際協調を志向する外交でもあった。一九二〇年代の日本外交は国際連盟における経済的な国際協調を特徴としていた。

このような国際協調外交は国内の政党と世論の支持を得て確立する。国際協調外交の確立の前提条件は国内における政党内閣システムだった。

本章は安達を中心として、両大戦間期前半における国際協調外交の確立過程を再構成することによって、「日米戦争への道」とは異なる日本外交の可能性を明らかにする試みである。

二　安達峰一郎の国際政治観

外交官をめざしていた安達峰一郎は、大学で国際法を専攻しようとする。安達は一八八九（明治二二）年九月、帝国大学法科大学法律学科入学に際して、穂積陳重教授に書簡を送っている(4)。

この書簡のなかで、安達は法学部の学生を批判する。「都下数千ノ法学生ヲ観ルニ、大抵其志望褊少ニシテ、民刑商法等ヲ暗唱シ、或ハ判事ノ職ヲ得、或ハ代言ノ業ニ従事セントスルモノニ非ザルハ無シ」。安達の批判の要点は、法律学が私的利益追求の立身出世の道具に堕していることだった。

対する安達は専攻する者が少なかった国際法を学ぶことで「大ニ国家ノ為ニ力ヲ致サントスル」決意を固めた。なぜ国際法は民法・刑法・商法よりも重要なのか。安達は書簡のなかで答えて言う。「我邦ハ、当時疑ヒモ無ク弱小ノ国ナリ。小弱ノ国ヲ以テ列国ノ間に介立シ、帝国ノ尊厳ヲ損スルコト無ク、内治外交ノ安全ヲ求メント欲セバ、深ク国際ノ理法ニ通ジ、機変ニ処スル秀才アリモノ外交ノ衝ニ当リ、満腔ノ熱心ヲ以テ、之ニ従事セザルベカラズ」。

安達が列国を中心とする国家間関係を国家権力間関係と理解していたことはまちがいない。その安達にとって国際法は小国日本のパワーの一つだった。なぜ国際法はパワーの一つになり得るのだろうか。

この疑問に対する安達の答えを推測する時、現実主義学派の国際政治学者ハンス・J・モーゲンソーの議論が想起される。モーゲンソーは断言する。「強国によって脅かされている弱国の権利の擁護は、その特定の状況において作用しているバランス・オブ・パワーによって決定される」(5)。これでは不平等条約下の明治国家の生存は、列国のバランス・オブ・パワーに依存することになる。

ところがモーゲンソーは付言する。「現実の状況は、先の分析から想像されるほど暗たんたるものではない、ということが指摘されなければならない」。なぜならば「大多数の国際法規は、実際の強制力がないにもかかわらず、すべての諸国によって一般に遵守されている」からである(6)。安達の議論に引きつけると、国際法は小国のパワー不足を補うパワーの一つということになる。

一八九二年九月から安達のキャリアが始まる。一九〇五年には日露戦争の講和全権委員随員として、ポーツマスに派遣される。講和会議は難航する。八月二九日、本国政府は日本側の譲歩によって、妥協を求める。

安達は実父宛の書簡(同年九月)のなかで、「軟弱ナル元老会議ノ結果」を非難する一方で、「降服ノ恥辱ヲ甘受スベク決意シタリ」と報告している(7)。明治国家のパワーを追求する安達にとって、戦勝国日本が領土の割譲や賠償金を要求するのは当然のことだった。

つぎに一九〇八年からフランス在勤となって取り組んだのは日仏通商航海条約の改正交渉だった。栗野慎一郎(イタリア臨時代理公使の頃の安達の上司)は回想する。「安達君が扱はれたことの中で最も著しく且つ骨が折れたことは仏蘭西との通商条約改正問題である」。栗野によれば、安達はこの問題を一方ではフランス側の商工務省と他方では外務省の主任官との交渉をとおして、解決することができた。栗野は「この事は安達君の功績の中に入れておいても宜しからうと思ふ」と述べている(8)。

再度モーゲンソーを引用する。「国家は、通商条約に基づく義務を無視するのをためらうであろう。なぜなら、その国家が相手締約国によるこの条約の履行から期待する利益は、相手締約国がこちらの条約義務履行に期待するものと対をなすからである[9]」。国際法がパワーであるということは、通商条約もパワーであるということを意味する。安達にとって通商条約の改正は、フランスとの対等な関係を結ぶためのパワーだった。近代日本の国際協調外交は、経済的別の言い方をすれば、国際協調外交とは経済的な国際協調外交を指していた。近代日本の国際協調外交は、経済的な国際協調外交として形成されることになる。

安達が日仏通商航海条約の改正交渉に取り組んでいる時、日本国内で大逆事件が起きる。天皇暗殺容疑で社会主義者や無政府主義者が逮捕された事件に対して、安達も無関心ではいられなかった。

安達は帝大同期で政友会議員の小川平吉に書簡を送っている。「国家之前途最も寒心すべきは此種の思想に有之候間、其の予防策程大切のもの無之と存候。要は法制の末に在らず、教育技術に依頼すべきに非ず、富める者、権ある者、学ある者等総て上流に在る者の心を仁にし行を篤にするに在る事と存じ候。欧米各国家之将に崩れんとするに当り、日本帝国に於て将来永く国家社会組織の模範を示し度存候[10]」。

一九世紀末から二〇世紀への世紀転換期の欧州において、社会主義思想の台頭は、立憲君主制の危機をもたらしていた。安達にとって日本は欧州諸国の轍を踏まずに、立憲君主国として発展していくべきだった。それには社会主義や無政府主義が国民の心を奪わないように、社会的な上流階層と権力者の側が国民に範を垂れなくてはならなかった。

三　国際協調外交の初期条件

安達の最初の任地はイタリアだった。安達は一八九三（明治二六）年七月三一日に日本を発ってイタリアへ向かう。九月一八日にローマに到着までの航海記（安達の妻宛の書簡）は、安達の国際認識がどのように形成されたかを示している。

一度、日本を離れると、安達が直面したのは、非西欧世界における植民地・反植民地状態の過酷な現実だった。最初の寄港地上海の印象は悪かった。「黄河は名詮自称、実に濁水ニテ、両岸の風景も実に見るニ足るものなし。日本は実ニ好国ニ御座候。上海ニ上り申候処、不潔極まる支那人群を為し、人力車を持ち来り候[11]」。

サイゴンの印象はさらに悪かった。「大ニ雨多く、実ニ害ある処ニ候」。フランス語が得意な安達ではあっても、フランスの植民地ベトナムの「領事など任命セラルルコトハ大閉口ニ御座候[12]」と書き送っている。安達の観察するところ、ここではフランス人-中国人-ベトナム人の階層構造が厳然として存在していた。ベトナム人は「殆んど禽獣同様」であり、「優勝劣敗とハ言ヒ乍ラ誠ニ憐レナルコトニ候[13]」と記している。

しかし安達の感情は同情にとどまる。シンガポールでもそうだった。「欧米人ハ上流を占め、支那人ハ給仕位の地位ニあり」。そう記しながら、日本の地位も高いとはいえなかった。シンガポールにいる日本人約三〇〇人、そのうちの二八〇人は「長崎辺の賤女」、いわゆる「からゆきさん」（娼婦）であると記されているからである[14]。

ここまでで安達は結論を出す。「各港ともニ感候ハ、欧州人種の外は殆んど奴隷の壇界にあることニ御座候。せめて日本丈ニテも一等国ニ致すハ御互の務と存候[15]」。ここに安達は脱亜入欧を決意した。

九月、地中海のアレキサンドリア港に着く。事実上の主権者はイギリス人だった。安達は記す。「当地の人達ハ実ニ無気力ニして、到底自治の力無之候[16]」。

イタリアに到着すると、一〇月にはローマも「我都の如く」になった。イタリアと日本は遠かった。地理上はもちろん外交上もそうだった。公使館での安達の仕事は月に二度ほど郵便物を本国に送るくらいのことしかなかった[17]。フランス在勤までの束の間の静かな時間だった。

その後フランス在勤となり、日仏通商航海条約の改正交渉に取り組み、さらにポーツマス講和会議に派遣されたことは、すでに叙述したとおりである。

つぎに安達は一九一三（大正二）年六月、特命全権公使としてメキシコに向かう。翌年六月、内乱下のメキシコで安達の乗った列車が襲撃される。安達の消息は一時不明となる。日本の新聞は大きく報じた。たとえば六月一〇日の『東京朝日新聞』は「安達公使の安否／行方不明となれるは／墨国反乱軍苦肉の計か」の見出しで、反乱勢力が安達を政治的な人質にした可能性に言及している。

実際はちがった。無事に帰国した安達は、事件の翌年の講演で「日本の将校兵卒は勿論憎まれもせぬが、私の汽車に乗って居ったメキシコ人の兵士を狙って撃つのである」と説明している。銃撃を受けたあと安達は近くの村落にとどまり、ついで首都をめざして移動した。安達とともに日本の海軍の軍隊が日章旗とともに、アメリカ大陸を横断することになった[18]。

この事件は安達の奇禍を伝えるエピソードにとどまらない意味があった。安達は一九一五年三月五日付の小川平吉宛の書簡のなかで、つぎのように指摘している。「墨国ノ現状ノ責任者ハ、勿論、墨国人間ノ確執ナルモ、之ヲ隠密ニ灯付クル米国ノ責任尚更大ナリ。乍去、欧州モ、何等之ニ対シ為シエザルニ付、墨国ハ遂ニ米国ヨリナブリ殺シニ為ルニ相違ナカルベク、亡国ノ道行、一掬ノ涙、相流申候[19]」。

安達はここで襲撃事件も含めて、内乱の当事者に責任があることを前提としながらも、アメリカの介入を批判している。別の言い方をすれば、安達はアメリカの中南米に対する「棍棒外交」によって、中南米諸国の独立が失われると示唆している。

安達にとって国際政治は力と力の関係だった。大国アメリカと小国メキシコの関係がどのような結果をもたらすか、疑問の余地はなかった。安達の遭難の一方で、ヨーロッパではサラエボ事件が起きる。第一次欧州大戦が始まる。日本はドイツに宣戦布告して参戦する。アメリカは中立を守る。他方でアメリカは、「裏庭」の中南米では「棍棒外交」を展開していた。安達はアメリカに幻想を抱かなかった。大国は帝国主義的な対外行動をとる。アメリカも例外ではなかった。同時に安達はアメリカに対してどの国もなす術がないことを認めざるを得なかった。アメリカは大国だった。

一九一五年にメキシコから帰国した安達は、翌々年、特命全権公使としてベルギーに赴く。安達はこのポストを役不足と考えた。すでに一九一二年には勲一等瑞宝章を授与されている。公使中の最古参でもあった[20]。

記述を先回りしておくと、安達は一九二一年にベルギー駐在大使に昇格している。三年後には日白通商航海条約交渉を成功に導く。この間にアルベール・ド・バッソンピエール駐日ベルギー大使がベルギー経済使節団の日本派遣を構想していた。安達はこの構想に賛意を示した。このことをきっかけとして、一九二三年に使節団が派遣される[21]。駐ベルギー大使としての安達は、日白経済協調を進める。

記述をもとに戻す。それでも安達が公使の地位に甘んじたのには理由があった。一九一八年一一月、世界大戦が終結する。戦争終結となれば、つぎは講和会議である。講和会議はフランスで開催が予定された。隣国のベルギーからすぐに駆けつけることができる。安達は講和会議に参加する気が満々だった。

ところが講和会議全権団のリストに安達の名前はなかった。国内では寺内正毅内閣に代わって政友会の原敬内閣が成立していた。前内閣の外相石井菊次郎の意向が伝わっていなかった。石井は外相在任中、安達に講和準備の研究を指示している[22]。安達は寺内に書簡を送る。「小生ノ干与セザルコトト為リタルハ、小生ノ失望、之ニ加フルモノ無之候」[23]。寺内への直訴は効果があった。安達は全権団の一員に入った。

安達は寺内宛の書簡において講和に臨む基本姿勢と矜持を記している。「世界ハ、ウイルソン米国大統領ノ独舞台ト相成申候。此ノ大驕挙トノ衝突ヲ避ケツツ、我国ノ名誉ト利権トヲ擁護シ、我同胞ノ為メ、永遠ナル将来ヲ確保スルコト是正ニ我外交の真諦ニ可有之……」[24]。メキシコ駐在の時と同様に、安達の対米警戒心は強い。同時にそのアメリカが戦後に台頭して国際政治の主導的な立場に立つことを予想している。
講和会議に対する日本政府の対応が大勢順応主義で、受動的だったことはよく知られている。しかしその講和会議の全権のなかには、アメリカの台頭を前提として、一方では国益の確保に努めながら、他方では戦後国際秩序への積極的な参入を準備している者がいた。

四　国際連盟における国際協調外交

講和会議で安達が取り組んだ問題の一つは少数民族問題である。欧州大戦後、国境線が引き直された。新たに独立国が生まれた。ここに国境線をめぐって民族対立が起きる。国境線の引き直しにともなって、少数民族になった側は国際連盟に訴えることができるのか。安達は牧野伸顕全権委員に書簡を送っている。「小生ハ英仏委員ト同ジク、minorités ハ国家ノ如ク正式連盟ニ出訴スルノ権ナキモノト主張シタル成行、御承知置被下度」。対するアメリカは熱心だった。二度、安達を訪れ自説を述べた(25)。

以上から明らかなように、安達の基本的な認識枠組みは欧州大国間国際政治だった。新外交を掲げるアメリカは安達にとってパートナーとはいえなかった。パートナーは英仏などの欧州の大国だった。加えて安達にとって国際関係とは国家間関係のことを指した。国家に対して非国家組織の少数民族が国際連盟に訴える。このようなことは認めるべきではなかった。安達は「少数者ノ直訴ノ権ナキモノト定ムベシ」と主張している(26)。

少数民族問題は基本的にはヨーロッパの問題である。それなのになぜ安達は固執したのか。安達の牧野宛書簡は言う。「今回ノ少数者ハ、新国家内ニ存ルモノノミナレバ本邦ニ直接ノ関係ナキ次第ナレドモ、六個ノ新国家ニ課スベキ条約中、一斉ニ右出訴ノ権ヲ認ムルコトハ将来ノ例ト成リ、我国ニ累ヲ及ボスノ惧アル次第ナレバ、米国ノ熱心ナル主張ニ拘ハラズ、小生ハ常ニ反対シ来リタル次第ニ御座候[27]」。

安達はここで何を示唆しているのか。日本は台湾を領有し韓国を併合した植民地帝国だった。「少数者ノ直訴」を認めてしまうと、これらの東アジア地域の民族の「直訴」をも認めなくてはならなくなるおそれがあった。安達はこの点を踏まえて反対し続けたと推測できる。

国際連盟理事会はのちに少数民族が理事会に申し立てをする制度を認めた[28]。その結果、「ポーランド国内のドイツ人やウクライナ人、ルーマニア国内のハンガリー人問題が国際連盟に持ち込まれた[29]」。安達は反対したのだろうか。反対どころか、安達は少数民族問題の解決に積極的に取り組んだ。なぜ安達（あるいは日本政府）は大きく転換したのか。安達をとおして一九二〇年代の日本の対国際連盟政策を確認する必要がある。

一九二八年に国際連盟側は日本にドイツとポーランド間の少数民族問題の担当を打診している。国際連盟帝国事務局長佐藤尚武は引き受けるつもりだった。佐藤は安達に相談する。ところが佐藤の回想によれば、安達は「なかなか決心されなかった[30]」。安達が躊躇したのは、問題の複雑さだけでなく、日本が関与する積極的な動機に欠けるところがあったからだろう。

東京の外務省も少数民族問題には無関心だった。一時帰国した折、佐藤は白鳥敏夫情報部長から言われた。「佐藤さん、貴方が日本に関係のない問題にそんなに骨折ることは要らないことではないですか[31]」。

本省の無関心と無理解にもかかわらず、安達は決心して引き受けることにした。世界大戦を経て、国際政治は構造的な変動をもたらしていた。安達は小川平吉宛の書簡のなかで、つぎのように述べている。「戦前御実見ノ欧州トハ全ク異ナリ、国際連盟ノ活力モ追々増加シ、外交ノ舞台豹変シタル情況等、親シク御渡欧御覧被下度、祈折候[32]」。ここには大戦前までの旧外交から大戦後の新外交への転換が示唆されている。

大国と小国の外交関係も変動していた。第一回国際連盟総会（安達は日本代表随員として出席している）の様子は、現地からの報告によれば、「主要聯合国ニ対スル其ノ他ノ諸国の嫉視ハ意外ニ強キモノノ如ク」見えた。それゆえ「特ニ近時漸ク大国ノ班ニ列シタル日本ハ自ラ嫉視羨望ノ焦点トナリテ其ノ飛沫ニ浴スル事繁キガ故日本代表等ハ努メテ隠忍シ穏健ノ態度ヲ守リツツアリ」[33]。小国の国際的な地位は相対的に向上していた。大国に列するようになった日本は、小国の存在を認め小国に対して「隠忍シ穏健ノ態度」をとらなくてはならなくなった。日本は小国が多数を占める国際連盟との協調関係を築く必要があった。

日本は大国間関係にも注意を払い続けなくてはならなかった。日本はフランスのような世界大戦の連合国の側に付いてドイツと戦った。世界大戦までの日独関係は軍事協力をとおして、相互に接近していた。世界大戦中のドイツ軍捕虜に対する日本側の手厚い処遇もよく知られている。

世界大戦後もフランスはドイツを警戒した。ドイツの対日接近に神経を尖らせた。駐日フランス公館は一九二一年四月二一日付の本国政府宛の報告のなかで、ドイツと連合国の日本は離反するとの見方には「まったく納得できない」と指摘している[34]。

駐在武官の観察も同様だった。同年二月二四日の報告は、日本にいるドイツ人とフランス人の数の比較を掲げている。神戸にドイツ人一八六人、対するフランス人七一人、横浜はドイツ人八三〇人に対して、フランス人は一四七人に過ぎなかった。この報告は日独経済関係の緊密化にも言及する。例として海運業やシーメンスなどのドイツ企業の活発な動きに注意を払っている[35]。

安達はこのようなフランスの対日警戒心を背景に、国際連盟外交を展開しなくてはならなかった。一九二八年二月に特命全権大使としてフランスに着任してからはいっそうそうだった。国際連盟はフランスなどの大国との協調の場ともなった。

一度ドイツとポーランド間の少数民族問題に取り組むと、安達の手腕は冴え渡った。安達の解決策が一つ一つの問題を「丁寧に検討」し、「綿密な調査に基づくもの」であり、国際連盟理事長から深謝されたことは、すでにすぐれた研究によって明らかになっている[36]。安達が常設国際司法裁判所の創設に関与したこともここでは繰り返さない。

以下で取り上げるのはジュネーヴ平和議定書問題をめぐる外交過程である。安達はジュネーヴ議定書が成立する方向で交渉に努めた。しかし結局のところ実現することはなかった。ジュネーヴ議定書が実現しなかったのは安達の対応の結果でもあった。なぜ安達は相反するような交渉をしたのだろうか。

あらかじめこれまでの研究をもとに、ジュネーヴ平和議定書問題をめぐる外交交渉過程を概観しておく。

一九二四年秋、国際連盟は国際連盟規約を発展させる目的で、ジュネーヴ平和議定書の起草を始める。この議定書は軍縮・紛争の平和的解決・制裁措置の三つの観点から国際連盟規約の実効性を高めようとするものだった。日本側は起草段階から消極的な姿勢を示した。交渉の途中で安達が修正提案を出した。しかし安達の提案はいたずらに交渉を混乱させた。ジュネーヴ平和議定書が発効することはなかった。

争点は国際連盟が国内管轄権の問題と認めた紛争であっても、さきに攻撃した国が侵略国となる旨、記されている箇所だった。この案を主導したのはフランスである。日本側は「『プロトコール』ヲ以テ規約ニ根本的改正ヲナスカ如キ突飛ナル案」に反対した[37]。日本側のみるところ、国際連盟規約と議定書案は矛盾していた。なぜならば国際連盟規約では国際連盟理事会は国内管轄権問題と認められる場合、その紛争に関与しないと規定されていたからである。

そうはいっても「孤立ヲ顧ス大勢ニ反抗スル」とすれば、「日本独リ時代ノ進歩ヲ障害スルモノナリト宣伝ヲ引受クヘク」、日本がジュネーヴ平和議定書を否定することはできなかった[38]。日本代表は九月二二日に「本議定書ニ対スル無関心又ハ反対ヲ意味スルモノニアラスト声明」を発表する[39]。次いで安達が「理事会は国内管轄問題でも紛争解決の処理案を示す義務があるとする修正案を提議」することに踏み切る[40]。

各国代表は日本の修正提案に当惑した。日本はもともと議定書に消極的だったはずである。それなのになぜここに至ってより積極的な修正案を出してきたのか、各国代表はわからなかった。ジュネーヴでの議論は紛糾した。安達の修正案の提出が「日本問題」と呼ばれるほどまでになった(41)。議論の混乱は日本にとって不本意だった。日本側は九月二五日の交渉の際に、「安達ノ提議ハ個人ノ学者的立場ヨリ為シタルモノナルコト」を明らかにして、収拾を図る(42)。しかしそうだからといって日本側は原案を承認することもなかった。承認するどころか、今度は問題の箇所の削除「一本槍ニテ進行スル」ことに決した(43)。なぜ日本はいっそう強硬な姿勢へ転換したのか。「我態度ノ強硬ナル知ラハ仏国側ハ『ユナニミテ』ノ規定ノ為全体ノ瓦解ヲ来サンコトヲ恐ルル余リ交譲ノ態度ニ出スルコトモアラン」と考えたからだった(44)。安達が修正案を提議したのも、その後、修正案を撤回したのも、さらに強硬な姿勢に転じたのも、すべては外交交渉戦術だった。

日本側の主張に対する各国代表の反応に変化が起きる。ギリシアのポリティスは言う。日本の主張は「条理整然之ヲ承認スルモ何等吾人ノ趣旨ニ反セス」。ベルギー代表もポリティスの「議論ニ動カサレテ同シク賛成ヲ表明」する(45)。九月二九日、理事会は日本の削除の主張をめぐって秘密会を開く。これまで議定書案を主導してきたフランスのブリアン代表の態度が変わる。「『ブリアン』氏ハ非常ナル弁舌ヲ振ヒ石井ノ説明ニ依リテ日本ノ象徴ノ大ニ理由アルコトヲ発見シ今ハ全然日本説ニ賛成ナル旨」を述べた(46)。

譲歩には譲歩をもって応じる。日本側は削除説に固執することなく、対案を示す。それは問題の箇所の削除の代わりに、他のいくつかの条項の微修正を求めるものだった(47)。ここにおいてジュネーヴ平和議定書は全会一致で採択された。

一〇月二日付でフランスのブリアン首相から石井宛に「互譲ノ態度ヲ謝スル」旨の私信が届く。石井はその私信についてつぎのように報告している。「右私信ノ動機ハ当初日本ノ態度強硬ナリシニ鑑ミ妥協案モ拒絶セラレ『ゼネバ』ノ事業水泡ニ終ランカト気遣ヒタルニ日本ノ思慮深キ態度ニ依テ議定書ノ成立ヲ見タルヲ喜ヒタルニ出テタルモノト判明セリ」[48]。ジュネーヴ平和議定書問題をめぐる日本の外交交渉は功を奏した。一〇月二日、連盟総会本会議において、石井代表は「日本代表ハ終始一貫協調ノ精神ヲ以テ行動シ来レリ」と胸を張った[49]。

ジュネーヴ平和議定書は全会一致で採択されたものの、批准国はチェコスロヴァキアだけで実現しなかった。しかしこの問題の外交交渉過程をとおして、日本が国際連盟各国と「協調ノ精神」を共有できたことは重要だった。のちにジュネーヴ平和議定書の趣旨は、日本も共有する国際協調の精神によって、一九二八年の不戦条約や一九三〇年のロンドン海軍軍縮条約となって部分的に実現することになったからである。

加えて一九二〇年代の日本外交における安達の役割を再現する際に、今では忘れられている経済的な国際協調に果たした安達の役割を想起すべきだろう。

安達は石井とともに、第一回国際連盟総会・理事会において、通商自由（「通商障碍の撤廃、通商均等」）に関する審議の促進に努めている[50]。アメリカのウィルソン大統領が大戦下に掲げた戦後国際秩序の基本理念「平和一四カ条」は「経済障壁の除去」を含んでいる。安達はアメリカが主導する戦後国際秩序のなかで、経済発展による平和を志向していた。

安達たちにとって通商自由の原則は植民地にも適用されるべきだった。しかし植民地を持つ英仏蘭の三カ国の反対は強かった。安達たちの日本側委員は反対が少ないと予想される事項から実現をめざすことにした。

安達は一九二一年三月から四月まで国際連盟第一回国際交通会議の議長を務める。この会議で「自由通過に関する条約および議定書」が審議される。日本は植民地にも適用されるよう主張したものの、英仏が反対した。それでも日本は署名し批准している。また「国際河川の通航自由に関する条約」に対して、日本側は中国の黒竜江と松花江にも適用されるべきであると主張した。しかし中国側の反対に遭い批准しなかった[51]。

一九二〇年代における憲政会・民政党の幣原（喜重郎）外交の経済的な国際協調路線は、以上のような安達の国際連盟外交が前提となっていたと考えられる。

五　残された可能性

一九三〇年に一時帰国した際の安達の講演（五月一六日）によれば、外交官生活約三八年のうち二五年は欧州在勤だった[52]。この長期にわたる欧州在勤の間も安達は日本の国内情勢に注意を払い続けている。

注意を払うだけでなく、日本の国内情勢に間接的ながら、影響を及ぼそうとした形跡すらある。一九二一年の皇太子の訪欧時、六月一〇日、ベルギーで宮中晩餐会が開かれた。晩餐会に出席後、安達ベルギー大使は特派記者団からの質問に答えて、「皇太子殿下にも多大の御参考となった事であろう」と述べている。「多大の御参考」とは、安達によれば晩餐会の席上、上院議長が「白耳義の社会主義者と皇室の親密なる関係を殿下に御説明申し上げ」たことと、「白国皇帝の御英断に依り皇室費節約の為め馬車九割を減じ」たことである[53]。安達が強く示唆したのは、開明的な立憲君主の国こそ国際協調外交にふさわしいということだった。

安達は大学で同期だったふたりの政党政治家とパイプを持っていた。ひとりは政友会の小川平吉であり、もうひとりは憲政会・民政党の若槻礼次郎だった。どちらか一方に偏ることなくどちらとも等距離で接した安達は、ふたりから国内情勢に関する情報を得ている。

同じく大学の同期の内務官僚でのちに政友会入りする水野錬太郎とも情報を交換していた。政友会の田中義一内閣の文部大臣に就任した水野宛の書簡のなかで、安達は田中首相の外相兼任に賛成して、つぎのように記している。「外交ノ要務ハ、俄外相ヲ置クヨリモ、却テ円滑、敏速ニ行ハレ、国政上少カラザル利益アルニ由ル事ニ有之候[54]」。安達にとって国際協調外交は政党政治とセットであり、外交のアマチュア＝政治家と政治のアマチュア＝外交官は相互補完関係にあった。

安達は一九二八年にフランスのパリで不戦条約の締結交渉中に、小川に書簡を送り、全権として枢密顧問官の内田康哉の派遣が決まったことに謝意を表している。他方で安達は「今次連盟総会には支那問題、如何なる形式を持て現はれ来るや予測に苦しみ申候」とも記している(55)。この書簡の前年に田中内閣は山東出兵をおこなっていた。この書簡の翌月には第二次山東出兵が起きる。中国情勢をめぐって日本外交の前途に暗雲が垂れ込めていた。

それでも日本の国際協調外交は一九三〇年に頂点を迎える。この年ロンドン海軍軍縮条約が成立している。安達はこの条約を国際連盟の枠組みのなかに位置づける。ヴェルサイユ講和条約の下での軍備制限は、一九二七年のジュネーヴ軍縮会議と不戦条約を経て、ロンドン海軍軍縮条約に至る。安達はジュネーヴ軍縮会議の際のアメリカ代表の発言を引用し、「海縮〔海軍々縮〕問題は、連盟より離れたり若しくは無干渉のものとなるものではなく、連盟の大事業の一部を成すもの」と強調している(56)。

安達は若槻をとおして、ロンドン海軍軍縮条約をめぐる国内状況の情報に接する。「同条約ハ一部野心アル政治家及過激軍人ナドノ間ニハ、反対ヲ唱フル者モ有之候得シガ、国民ノ大多数ハ当初ヨリ少シモ惑ハズ同条約ヲ支持致居候(57)」。国民世論の支持を得て批准されたロンドン海軍軍縮条約は、日本の国際協調外交の到達点だった。

もう一つ、一九三〇年、安達は常設国際裁判所判事選挙でトップ当選する。二位の四〇票に対して、安達は四九票だった。安達は同じ山形県出身の結城豊太郎日本興業銀行総裁宛の書簡のなかで、つぎのように述べている。「小生ノ冒険事ハ、国際法廷ニ対スル応訴義務ヲ未ダ承諾セザル〔殆ンド唯一ノ〕国タル日本ノ一民タルノ故ヲ以テ、一時ハ危殆ナリシ由ナルモ、遂ニ失敗ニ了ラズ(58)」。日本は国際連盟理事国であるにもかかわらず、応訴義務を受け入れていなかった。そのような日本から立候補するのは、勝ち目のない「冒険事」だった。賭けは思いがけず吉と出た。翌年には常設国際司法裁判所所長の任に就く。

安達は「これ〔ロンドン海軍軍縮条約〕が動機となりまして、軍縮の大事業、陸軍、海軍縮小の大事業は一段の進歩を致し、昭和六年は、必ず軍縮の事業に向かって最も喜ぶべき、又最も注意すべき現象を呈するに違いないと信じます」と述べている[59]。

所長に就任すると、安達は徳富蘇峰宛に「今春依頼、意外ニモ国際紛争重要事件多数持込マレ、年末マデ一日ノ休ナク開廷審理ヲ要シ〔皆欧州ニ関スルモノナルハ至幸ニ候〕」と報告している[60]。

この年、安達の二つの楽観論は、どちらも裏切られることになる。

一九二七年から翌年にかけての数次の山東出兵にもかかわらず、国際連盟は中国問題を採り上げなかった。「連盟の処理にゆだねることは宜しくないと考えて」いた安達は、このことから「要するに結論は、今のところ、連盟の政治的問題は、欧州に止まると言っても宜しいのであります」と述べている[61]。安達にとって国際連盟は欧州の国際機構であり、常設国際司法裁判所が欧州問題だけを扱うのは「至幸」だった。

安達は蔣介石の北伐をもってしても、中国が安定的な統一国家に向かうとは予想していない。一九三一年六月の段階においても、安達は「支那ノ方ハ将来、可ナリ永ク混乱ヲ呈セラルベク、其後ハ多分、一種特別ノ連邦為ルモノナラン」と観察していた[62]。

中国の「混乱」に拍車をかけたのは日本だった。この年の九月一八日、満州事変が勃発する。安達の娘婿で外交官の武富俊彦は、安達に一〇月一日付の書簡で「軍人関係者の強硬論ハ、今の処、世間ニハ大ニ歓迎せられおり」と国内情勢の急転換を伝えている。武富は幣原外交を支持する。しかし「幣原外交も軍部の独断的運動ニてメチャメチャに破壊せられたる気味」だった[63]。

満州事変が拡大するなか、安達は徳富に一一月六日付で書簡を送っている。なかに入っていたのは、現地オランダの新聞の切り抜きだけだった。その切抜きは政治漫画だった。甲冑を身にまとった日本の武士と裃を着けた日本人が組み合っている。「国際司法裁判所長・安達峰一郎閣下に捧げる」として、その漫画は「日本の平和の精神が軍国主義者たちに勝利することを祈る」と記している。(64)

安達が無言で徳富に伝えたかったことは容易に想像できる。ようやく所長のポストを手にしたにもかかわらず、安達は窮地に陥った。

満州事変の拡大は一九三二年三月の満州国の独立をもたらす。安達は斎藤実首相に事態のいっそうの急迫を伝える。「日支問題、或ル形ヲ以テ当法廷ニ来ルヘシトハ、当地寿府及各方面ニ於ル一般ノ信念ニ有之」。そうなればどうなるか。「満州ニ於ケル権利尊重等ノ法律問題トシテ当法廷ノ判決ニ付セラレ候ハバ、徒ラニ各員ノ一笑ヲ買フに過キザル事明白ニ有之候」。(65)

欧州在勤の外交官に対する政党と国内世論の支持も失われつつあった。一九三二年六月一四日、衆議院は満州国承認を全会一致で承認する。同月二二日付の書簡で、若槻は安達に「満州問題並ニ経済問題ニテ非常ニ困難ナル局面ニ遭遇致居候」と国内情勢を伝えている。(66)ここには満州事変の不拡大を目的として一時は協力内閣を作ろうとした政友会と民政党の姿はなかった。

同年九月、日本は満州国を承認する。さらに翌一九三三年、日本は国際連盟からの脱退を通告する。国際連盟脱退通告が分岐点となって国際協調外交が崩壊に向かったことはいうまでもない。しかし日本の国際連盟脱退が協調のための脱退だったとすれば、(67)安達が築いた国際協調外交も無駄ではなかった。実際のところ脱退通告後も日本は非加盟国にも参加の資格がある国際連盟の委員会に残留している。

日本の脱退通告後、国際連盟が日中問題を追うことはなかった。国際連盟は安達がそう認識していたように、欧州の国際機構へと回帰していく。

経済的な国際協調も放棄されなかった。日本は一九三三年六月から七月まで開催されたロンドン世界経済会議に参加した六四ヵ国のなかの一国だった。

さらに国際連盟脱退通告と同年五月末の日中停戦協定の成立によって、対外危機が沈静化に向かう。対外危機の沈静化は政党内閣復活の可能性をもたらす[68]。

以上のように国際連盟脱退によって大きなダメージを受けながらも国際協調外交は部分的な修復の可能性があった。このような可能性が残ったのは、両大戦間期の前半において安達が築いた国際協調外交の政治的な遺産があったからである。

（1）これまでの研究を踏まえつつ、最新の著作として、森山優『日本はなぜ開戦に踏み切ったのか――「両論併記」と「非決定」』（新潮選書、二〇一二年）がある。

（2）外務省「革新派」研究として、たとえば戸部良一『外務省革新派』（中公新書、二〇一〇年）や森茂樹「『革新外交』と日米開戦」（井上寿一編『日本の外交　第一巻　外交史　戦前編』岩波書店、二〇一三年）などがある。

（3）この意味での国際協調外交は、一方ではアメリカの新外交を受容しつつ、他方では欧米による非欧米の植民地支配を容認した。別の言い方をすれば、第一次世界大戦後の脱植民地化は、国際協調外交にとって、非欧米にまで波及するものではなかった。

（4）安達峰一郎書簡集編集委員会編『国際法にもとづく平和と正義を求めた安達峰一郎――書簡を中心にして』（安達峰一郎博士顕彰会、二〇一一年〔以下『書簡集』と略記〕）三六頁。

（5）モーゲンソー（原彬久監訳）『国際政治――権力と平和（中）』（岩波文庫、二〇一三年）二七〇頁。

（6）同右、二七一頁。

（7）『書簡集』八八頁。

（8）同右、八七頁。

（9）モーゲンソー『国際政治』二七二頁。

（10）安達峰一郎発小川平吉宛書簡（一九一一年三月八日）、小川平吉文書研究会編『小川平吉関係文書2』（みすず書房、一九七三年）三九三頁。

(11) 『書簡集』七四頁。
(12) 同右、七五頁。
(13) 同右、七六頁。
(14) 同右、同頁。
(15) 同右、七八頁。
(16) 同右、七九頁。
(17) 同右、八四頁。
(18) 同右、九八―一〇一頁。
(19) 同右、九六頁。
(20) 同右、一一五頁。
(21) アルベール・ド・バッソンピエール(磯見辰典訳)『ベルギー大使の観た戦前日本――バッソンピエール回想録』(講談社学術文庫、二〇一六年)七四頁。
(22) 『書簡集』一一四頁。
(23) 同右、一一五頁。
(24) 同右、一一三頁。
(25) 同右、一一七頁。
(26) 同右、同頁。
(27) 同右、同頁。
(28) 篠原初枝『国際連盟――世界平和への夢と挫折』(中公新書、二〇一〇年)一〇八頁。
(29) 同右、一〇九頁。
(30) 鹿島平和研究所編『日本外交史 第一四巻 国際連盟における日本』(鹿島出版会、一九七二年)四五二頁。
(31) 同右、四五三―四五四頁。
(32) 『書簡集』一二七頁。

(33) 外務省編『日本外交文書　大正九年第三冊上巻』(外務省、一九七三年) 二九八頁。
(34) MINISTÈRE DES AFFARES Étrangères 1918-1929　JAPON 13-14-15, le 21 avril 1921.
(35) MINISTÈRE DES AFFARES Étrangères 1918-1929　JAPON 13-14-15, le 24 février 1921.
(36) 篠原初枝「国際連盟外交――ヨーロッパ国際政治と日本」井上寿一編『日本の外交　第一巻　外交史　戦前編』一一九―一二二頁。
(37) 外務省編『日本外交文書　大正十三年第二冊』(外務省、一九八一年) 四〇頁。
(38) 同右、同頁。
(39) 同右、五〇頁。
(40) 篠原『国際連盟』一六〇―一六一頁。
(41) 同右、一六一頁。
(42) 外務省編『日本外交文書　大正十三年第二冊』五二頁。
(43) 同右、五八頁。
(44) 同右、五七頁。
(45) 同右、六〇頁。
(46) 同右、六二頁。
(47) 同右、六三頁。
(48) 同右、八〇―八一頁。
(49) 同右、六七頁。
(50) 鹿島平和研究所編『日本外交史　第一四巻　国際連盟における日本』一八〇―一八一頁。
(51) 以上の記述は、同右、一八二頁に拠る。
(52) 『書簡集』一六三頁。
(53) 井上寿一『第一次世界大戦と日本』(講談社現代新書、二〇一四年) 二二八頁。
(54) 『書簡集』一四七頁。

(55) 同右、一五〇頁。
(56) 同右、一六五頁。
(57) 同右、二〇二頁。
(58) 同右、二〇〇頁。
(59) 同右、一六五頁。
(60) 同右、二〇二頁。
(61) 同右、一八一頁。
(62) 同右、二〇三頁。
(63) 同右、二〇四頁。
(64) 同右、二〇五頁。
(65) 同右、二〇七頁。なお安達は首相としてだけでなく、ジュネーヴ軍縮会議で苦楽を共にした斎藤（斎藤はジュネーヴ軍縮会議の日本全権）に宛てて報告したと解釈することができる。また安達は朝鮮総督だった斎藤に宛てた書簡のなかで、斎藤の朝鮮統治を称賛している（『書簡集』一四〇頁）。安達において第一次世界大戦後の脱植民地化が朝鮮に及ばないことは当然だったと推測可能である。
(66) 同右、二〇九頁。
(67) 井上寿一『危機のなかの協調外交――日中戦争に至る対外政策の形成と展開』（一九九四年、山川出版社）二八―五〇頁。
(68) 井上寿一「政党政治の再編と外交の修復」井上寿一編『日本の外交　第一巻　外交史　戦前編』一九七―二〇一頁。

第三章　安達峰一郎と日本の国際法学

明石欽司

一　はじめに

本章では、安達峰一郎と国際法学との関わりを検証することを通じて、日本の国際法学の発展に対する彼の貢献についての評価が試みられる。

安達は、当時在学中であった山形県中学師範学予備科の廃校決定に際して、教員としてではなく、法律家として身を立てることを決意する。[1] その決意の通り、彼は、司法省法学校予科（安達入学後、文部省移管に伴い「東京法学校」に改称）入学を果たし、やがて国際法研究を志すようになる。そして、帝国大学法科大学進学を前にした「明治二十一二年頃」の日本が未だ「國際法の適用範圍外」であった時代のこととして、彼は次のような回顧談を遺している。即ち、「國際法の研究が他の法律に比して更に困難なるは、種種の理由の外金銭上の利益が無いのでありますが、之をやって宜しうございませうか」と穂積陳重帝国大学教授に書簡で意見を求め、「宜しい、大に遣れ」との回答を得たというのである。[2] 安達は、その言葉の通り、大学在学中に国際法学を修める。だが、大学卒業後の安達は研究者の道には進まず、外交官や常設国際司法裁判所（ＰＣＩＪ）裁判官としての活動を通じて、国際法の実務に携わり続けることになるのである。

このような安達の略歴を見るならば、彼が国際法学者としての生涯を送ったのではないことは明らかである。そして、そうであるとすれば、本章において、日本の国際法学の発展という観点から彼の評価を試みることに大きな意義は見出し得ないようにも思われる。しかしながら、安達は、国際法関連の論考を少なからず公刊しており、また、万国国際法学会（Institut de droit international）の正会員に選出されたことや日本の国際法学会の評議員を務めたことに象徴されるように、国際法学者との交流を常に保ち続けた。本章では、これらの事実を手掛かりにして、安達が日本の国際法学の発展に対して如何なる貢献をなしたのかについての考察が試みられるのである。

以下では、先ず、安達が公刊した著作を概ね刊行の時系列に沿って紹介・検討することにより彼の学術活動を概観し（二節）、次に、安達と国際法学者（特に、ドゥ・ヴィシャー（Charles de Visscher）と立作太郎）の関係を書簡を主たる検討対象としつつ素描する（三節）。[3]

二　安達峰一郎の学術活動——著作の検討を中心として

1　外務省入省以前——訳業と「習作」（一八八八年—一八九三年）

（i）訳　業

安達の学術活動を論ずる上で、我々が最初に注目すべきものは彼の訳業であり、その最初期のものは、一八八八（明治二一）年、即ち、第一高等中学校本科在学中に登場している。それは、「佛國碩儒婁騒（ルーソー）作、後學安達峰一郎譯」の「決闘論」[4]である。この作品は、約二頁の訳文と末尾に付された解説から成る小品であり、その解説によれば、「コレッジョ」（恐らく、Antonio Allegri da Correggio のこと）の「余亦畫人也」との言葉に励まされ「遂ニコノ乾燥セル二千七百有餘字ヲ列記」したものである。しかしながら、学術的により重要なものは、パテルノストロ

(Alessandro Paternostro) をはじめとする外国人学者（御雇外国人）の講義や公演の訳業である。

イタリアのパレルモ大学教授だったパテルノストロは、一八八八年に司法省（及び宮内省）の御雇外国人として来日し、その本務の傍らで明治法律学校（現明治大学）で講義を行っている。安達は一八八九年の後半にはこの講義の通訳を務めるようになっており、それらの訳稿が『法政誌叢』（同校紀要）及びその後継誌『明法誌叢』（一八九二年三月改称）に掲載されている。[5] そして、これらの講義録を纏めたと考えられるものが『國際公法講義　完』であるが、[6] パテルノストロの国際法講義録としては和仏法律学校（現法政大学）の「和佛法律學校第一期講義錄」とされる『國際公法講義』[7]も存在する。その訳者は本野一郎とされているが、その全体の四分の三近くが安達による訳であること、また、その最終頁には「伊國赴任ノ期大ニ迫ル故ニ校閲ノ粗ナル所或ハ之アルヘシ、是レ諸賢ニ大謝スル所ナリ　七月上浣　安達峰一郎　識」とあり、公刊に際して安達がイタリア赴任（出発は一八九三年七月末日）直前まで校正を行っていたと判断されることから、これもまた安達の訳業の一つとして挙げられるべきであろう。[8]

さて、この『國際公法講義』の存在からも理解されるように、パテルノストロの通訳としての安達の活動は、明治法律学校におけるものだけではない。一八九〇年二月二三日に「帝國大學講義堂」で開催された「五大法律學校聯合討論會」[9]に際しての「當代歐米法律家ノ國際法ニ關スル一大美擧」と題された講演（その内容から、この「一大美擧」とは万国国際法学会設立であると判断される。）や同年一〇月二〇日開催（会場不詳）の「國際法學上ヨリ日本帝國ノ條約改正ヲ論ズ」と題された講演でも安達が通訳を務め、その訳稿が発表されている。[10]（尚、後者は日本における領事裁判権の撤廃を主張するもので、その仏語版が翌年の『国際法比較法雑誌』に掲載されている。[11]）また、帝国大学における講義録と推測される「國際刑法裁判管轄諸主義」と題された訳稿も公刊されている。[12] 更に、法学分野以外でも、「伊學協會」におけるパテルノストロ（同会名誉会員）の講話を安達（同会会員）が通訳した記録も上梓されている。[13]

パテルノストロは一八九二年一二月に帰国の途に就くが、安達は他の御雇外国人等の講演の通訳を務め、その記録を公刊している。例えば、司法省雇のボアソナード（Gustave Émile Boissonade de Fontarabie）[14]、帝国大学法科大学教員ルヴォン（Michel Revon）[15]及びルヴィリヨー（Auguste Revilliod）[16]の講演録がそれに該当する。

（ii）「習作」

次に、安達自身の著作に目を向けることとしたい。彼の名による著作の公刊が開始されるのは一八九二年（即ち、大学を卒業し、明治法律学校と和仏法律学校の講師となる年）である。この年には、「（傳記）ラヴレー略傳（Émile de Laveleye）」、「佛國『ジュ子ーブ』州ニ於ケル比較代表制」及び「萬國々際法協會議々決」の三編が『法学協会雑誌』に掲載され、また、『明法誌叢』には「白耳義憲法改正事業」が掲載されている[17]。これらは何れも二頁に満たない小品であり、内容は主として海外の雑誌・新聞記事に基づく「雑録」や「海外記事」である。（但し、第三のものの主たる内容は、「本年九月五日」にジュネーヴで開催された「萬國々際法協會議」の「外人來往及ひ追放條例」（Règles internationales sur l'admission et l'expulsion des étrangers）に関する「議決」（Résolution）の訳稿であり、安達が万国国際法学会の活動に注目している点は留意されるべきである。）

安達の最初の法学的学術論考とみなされ得るものが同（一八九二）年に『日本の法律』に掲載された「日本法學の缺點」である[18]。この論考において安達は、「日本に於ける法學の發達」を巡り、「商法民法等の研究の發達」に対して「國際法に關する研究の欠乏」が看取されることを指摘し、「其治療策」を提示している。彼はまた、一八七三年設立の「國際法會」、即ち、万国国際法学会を高く評価し、「本年、瑞西ツーリヒ府［実際には、ジュネーヴ］に於て是會を開くや、我金子堅太郎君、亞細亞民族の代表となり」（［　］内は筆者（明石）による。以下同様。）私費で参加したことも紹介しているが、結局のところ、「國際法の研究我國に幼稚」と断じている。

翌（一八九三）年にも安達は、複数の「雑録」や「海外記事」等を寄稿するとともに、「世界近代ノ三大『國際法典草案』[20]を『明法誌叢』に掲載している。同論考で挙げられている三大「國際法典草案」とは、第一に一八七〇年の「ブルンチュリー氏『編成國際法』(*Le droit international codifié*)」、第二に一八七三年の「フィールド氏『國際法草案』(*Outline of an International Law*)」、第三に一八八九年の「フィヲーレ氏『編成國際法』(*Il diritto internazionale codificato*)」である。(「フィヲレ(ママ)氏ハ我師パテルノストロ氏ノ親友」であるとされている。)

尚、この時期に安達は『日本手形法正解』[21]と題された著作を上梓している。当時の安達は明治・和仏の両法律学校で講師となっていたが、この著作は、「法學士　安達峰一郎先生講述　特別認可私立和佛法律學校々友　矢野芳弘君執筆」とされていることから、和仏法律学校における講義の筆記録であると思われる。

2　外交官として――前期（一八九三年―一九一七年）

最初の海外任地であるローマに赴任した安達は、イタリア下院図書室に「自由出入の権」を得たことや「其名世に隠れなき博士フィオレ(ママ)氏」と面談したことなどの自らの近況を記した書簡を『法学協会雑誌』に寄せている。[22]この「自由出入の権」はパテルノストロの紹介により得られたものとされており、彼の帰国後も両者の交流が維持されていたことが窺われる。[23]

その後のイタリア在勤中に安達の名前で公刊された論考は見出されず、一九〇三年五月帰国後の暫時も同様であるが、やがて安達は自らが携わった職務に関連する論考を公表するようになる。その嚆矢と考えられるものが、一九〇五年の「ポーツマス講和會議の逸話」[24]である。その内容はまさに同会議全権委員随員として知り得た「逸話」となっている。[25]また、その翌年に「瑞典ニ於ケル外國人ノ法律上ノ地位」と「第六回萬國刑事人類學會ノ報告」の二編[26]の「雑錄」が『法学協会雑誌』に掲載されている。前者は「瑞典駐箚秋月公使ヨリ外務省ニ報告セラレタル瑞典國ニ於ケル外國人ノ権利義務ニ關スル取調書」、後者は同年五月「伊國チューリン府」で開催された「第六回萬國刑事人類學會」に「我政府ノ委員トシテ参列仰付ラレタル在伊國公使館三等書記官今井忍郎」の復命書であり、それらを当時本省取調課長であった安達が寄稿したものである。

一九〇八年一二月のパリに向けての離日から帰国（一九一二年一〇月）までの間に彼の名前で公表された論考は見出されないが、帰国後間もなく「國際法研究に就て」が『国際法外交雑誌』に掲載されている。(27) この論考において安達は、日本が「國際法の適用範圍外」から「國際法上尊重すべき地位を占め居る」ようになった現状を述べた上で、「日本の獨立を維持する爲に國際法を研究する態度と、今日其の範圍を脱して高等なる見地より、國際法を研究する態度とは大變に違う」との見解を提示するとともに、明治天皇崩御に際しての乃木大将夫妻殉死（一九一二年九月）に関するアルマン仏「大使」と英国人ルヴォン（元法科大学教員）の見解を紹介し、彼等によって「[日本人は]一旦契約をした以上は必ず殉死的の気性を以って遂行するに違ひない」のであり、それが日本の財政や将来にとっての「ガランチー」であるとの論が展開されていることを伝えている。

また、一九一三年から二年余のメキシコ駐在時の経験は、帰国（一九一五年一〇月）の翌月に発表された帰朝後の談話「心に懸る墨西哥の空」(28) をはじめ、複数の公刊物の中で紹介されている。(29) 更に、安達は、日本でのこの勤務期間中に閑院宮戴仁親王のロシア差遣（一九一六年九月から一〇月）に随行し、その記録を「訪露雜感」として発表している。(30)

3　外交官として——後期（一九一七年—一九三〇年）

一九一七年に始まるベルギー及びフランス駐在の時期には、各任地に関連した報告が安達の名前で日本の雑誌・新聞等に掲載されている。(31) 但し、これらは彼自身の手で書かれたものであるとは必ずしも言えない。（例えば、「白領公果の經濟事情」は「十月十一日附在白・帝國特命全權大使安達峰一郎報告」ではあるが、その末尾に「（井上外交官補調査）」

とある。）だが、この時期の安達の活動に関して我々が注目すべきことは、数多の国際会議での彼の活躍が次のような著作に反映されているという事実である。

先ず、一九二三年八月に万国国際法学会の会合がブリュッセルで開催された際に、安達（彼は一九二一年四月に同学会の準会員、一九二四年四月に正会員となっている。）は会合の副議長を務めるとともに、ドゥ・ヴィシャーとの連名で国際連盟規約の第一〇条（領土保全と政治的独立）及び第一八条（条約の登録）に関する考察及び決議案を含む報告書を提出している。[32] 翌年には、第五回国際連盟総会で採択された「国際紛争平和的処理議定書」（ジュネーヴ議定書）の草案作成時に安達の提案により修正が加えられたことについて、「ジュネーヴ議定書に対する『日本の修正』」[33] 及び「ジュネーヴ議定書と余の修正」[34] と題された論文が共に仏語で発表されている。（これら二論文の内容はほぼ同一であり、実際に同文箇所も少なからず見受けられる。）また、論文ではないが、一九二六年の『世界の労働』誌第一〇号冒頭に「第五回國際勞働總會議長たりし安達駐白大使の國際勞働局新廳舍開館式になしたる祝辭演說中より」の抜粋とされている「平和と正義」[35] と題された文章が掲載されている。

安達は一九三〇年三月に一時帰国をするが、その日本滞在中に行われた五回の講演の記録が存在している。即ち、同年五月八日の「日本經濟聯盟會、日本工業俱樂部聯合にて特命全權大使安達峯一郎君を招待し歡迎午餐會」後の講演録である「歐洲の近情並に世界當面の重要諸問題」[36]、同月一六日の「第十回國際聯盟協會通常總會」での演説の筆記録である「安達大使の演說」[37]、翌日の貴族院定例午餐会での講演録「國際聯盟の現狀と常設國際裁判所判事の來秋總選擧」[38]、同月二〇日の東京銀行倶楽部での講演「世界大戰後の外交と二箇の重要事件」[39]、そして、国際連盟協会東京帝大支部での演説の記録「國際聯盟の發達は健全なりや」[40]（開催期日不明）である。

これら五演説には、繰り返し登場する論点が存在する。（勿論、同一の論点であっても、その扱われ方の相異はある。）例えば、何れの演説においても、国際連盟の活動に対する評価が示されるとともに、ＰＣＩＪ裁判官の「總選擧」と旧敵国賠償問題について論じられている。また、「歐羅巴合衆國」に関する話題は、第一・第三・第五の演説に登場している。

これらの繰り返し登場する論点の中で最も興味深いものは、PCIJに対する各国の「應訴義務承諾」を巡る安達の見解である。第一の演説では、この問題に関する彼の見解は明示されていないように思われ、第二の演説では「承諾」に積極的である。第三の演説では、「［PCIJ］改革の精神は應訴義務承諾の原則」とされているものの、自己の態度表明はなされていない。第四の演説では、PCIJ規程起草当時「少なくとも此裁判所の前に應訴義務を認めさすべき時代に達してゐないと云ふのが私の持論でありました」とし、それが安達自身も委員として参加し、同規程の草案を作成した法律家諮問委員会において「一人で九人に對して戰った私の留保が遂に物になって居る」ことを述べた上で、その後の主要国による応訴義務受諾という状況の中で「私は卽座に之に應ずるべきもので無いと考へて、今に其儘に爲って居り、是が世界裁判所の前に於ける日本の特殊なる立場であります」と述べるに止められている。そして、第五の演説では、不戦条約との関連で「應訴義務承諾」への言及がなされ、『世界と我等』及び『時事新報』に掲載された見解（何れも「承諾」を慫慂していた。）を引用するかたちで、「承諾」に賛成する旨が示されている。つまり、この問題に関する安達の態度には、各演説間での差異が看取されるのである。（尚、安達は、一九三〇年に公刊された立作太郎の著作に「序文」を寄せているが、これについては次節3（ii）で触れることとする。）

4　常設国際司法裁判所判事として（一九三一年―）

PCIJ裁判官就任後、安達の名で公刊された論考は僅かであり、それらは何れもPCIJの活動に関連している。[41]即ち、安達所長の下での最初の裁判官会議（一九三一年一月二〇日）における演説と裁判所の活動一〇周年を記念した出版物の序言である。[42]但し、国際裁判の判決や勧告的意見、そして、特に、それらに付された個別意見を「裁判官の論考」として捉えることは可能かもしれない。（安達のＰＣＩＪ裁判官在任中に関わった判決及び勧告的意見や個別意見については、本書第一章及び第十章において論じられている。）

5　小　括

以上の安達の諸著作の概観から、外務省入省以前の彼が、短期間に多数の訳業（それらは、パテルノストロの国際法関係の講義・講演に限定されない。）を公刊し、また、国際法にとどまらない幅広い分野で活動していたこと、そして、入省後も機会あるごとに論考を公表していたことが理解されよう。勿論、それら諸論考が「純粋な学理の追求」という性格を帯びたものであるとは必ずしも言えないであろう。それでも、それらの概観を通して、次の二点を指摘することができよう。

第一に、「訳業」作成の過程において安達が国際法全般に対する理解を深めたことは疑い得ないという点である。そしてこのことは、国際法研究を志した彼にとって幸運でもあった。なぜならば、当時の帝国大学法科大学において国際法は実質的に殆ど講じられていなかったと考えられるからである[43]。そのような状況の中で、パテルノストロの一連の講義に単に出席するのではなく、通訳を務め、筆記された内容を検討し、更に、講義録公刊時の校正作業に携わったことを通じて、安達が国際法についての知識や認識を深めたことは想像に難くないのである。

第二に、安達が、国際法規範の定立・適用の「現場」で生じている事実を常に観察しているという点である。そしてそれは、彼が事実や実行（practice）を重視していることを示しており、その意味において彼の方法論的傾向は「実証的」（positive）であると言えよう。そのような傾向は、例えば、「ジュネーヴ議定書と余の修正」において、同議定書の草案に対して自身が提出した修正案について「一切の誤解を避ける爲め、議定書と同様重要なる聯盟規約の組織の現在あるが儘の状態を明白に且簡單に確認する外、何の目的もなかった[44]」とされていることに現れているのである。

三　安達峰一郎と国際法学者の交流——書簡の検討を中心として

1　概　要

安達が内外の多数の国際法学者（何をもって或る人物を「国際法学者」とみなすのかは問題とされるべきではあるが。）と交流していたことが、遺された書簡類から窺われる。安達峰一郎記念財団所蔵「駐仏当時大使館関係紅ファイル」中の安達発書簡の名宛人であり且つ国立国会図書館憲政資料室所蔵の安達宛書簡の発信者である外国人国際法学者（括弧内は各館所蔵数）としては、例えば、ハマーショルド（Åke Hammarskjöld）（六通・八通）[45]、ドゥ・ヴィシャー（一二通・七通）[46]、アンツィロッティ（Dionisio Anzilotti）（一通・二通）[47]等々が挙げられ得る。[48]また後者所蔵安達宛書簡の発信者である日本人学者としては、織田萬（二八通）[49]・立作太郎（二五通）[50]・山田三良（四通）[51]・寺田四郎（二通）[52]・大澤章（一通）[53]等々が挙げられる。[54]

勿論、「紅ファイル」に収められた約二年間（一九二八年二月二〇日から一九三〇年二月一日まで）のタイピング複写の書簡だけでも二六〇〇点を超えるという事実（そして、憲政資料室所蔵の外国人書簡約一五〇〇点及び邦人書簡約二三〇〇点の存在）を考慮すれば、ここに示された国際法学者との書簡を通じての交流が、安達自身にとってどれほど重要であったかは安易に判断すべき問題ではない。また、それら書簡の内容は「学術的」というよりも、「儀礼的」なものであることが多い。例えば、アンツィロッティ（安達の前任のＰＣＩＪ所長）との間で交された書簡は、アンツィロッティからの時候の挨拶や病気見舞いのためのものであり、安達からはパリ離任の挨拶のためのものである。

それでも、ハマーショルドやドゥ・ヴィシャー等の書簡の内容からは、単なる儀礼に止まらない事柄が見出される。

にすることとしたい。また、日本人学者のものとしては、織田や立等の書簡についても同様のことが言える。以下では、安達がドゥ・ヴィシャー及び立との間で交わした書簡を主たる検討対象として採り上げ、安達と国際法学者達との関係の一端を明らかにすることとしたい。

2　安達と外国人国際法学者の交流——ドゥ・ヴィシャーとの関係を中心として

安達がベルギー駐在の初期の一九一九年一一月（赴任当初は第一次世界大戦の影響でフランスのル・アーヴルに駐在(55)）に当時ヘント（Gend）大学の国際法教授であったドゥ・ヴィシャーを食事に招待したこと(56)、一九二二年の国際連盟の「調停委員会」（安達委員長）にドゥ・ヴィシャーが委員として参加したこと(57)、（既述の如く）翌年の万国国際法学会ブリュッセル会合に於いて二人が共同で報告書を提出していること、更には安達の駐仏大使時代にも両者間で頻繁な書簡の遣り取りがあったことなどから(58)、二人の間には安達のベルギー駐在以来緊密な交流が継続したことが理解される。そして、彼等の交流の一側面を物語るものが、万国国際法学会を巡る次のような書簡である。

安達は先ず、一九二九年一月二九日付ドゥ・ヴィシャー宛書簡で、同年一〇月に開催予定の「ワシントンにおける［万国国際法学会の］会合」（実際には、同年の同学会会合はニューヨークで開催されている。）に自らは参加できないだろうが、立の参加を希望している旨を伝えている(59)。（安達は二月一四日付立宛仏文書簡で同学会の「アメリカ大陸初の会合」に参加するよう依頼しているが(60)、立の参加は実現されなかったようである(61)。）次に安達は、二月二八日付書簡で「私の日本人同僚である山田［三良東京帝国大学］教授が万国国際法学会準会員に立候補する」旨をドゥ・ヴィシャーに伝え(62)、翌月一三日付書簡（それによれば、三月四日付でドゥ・ヴィシャーからの返信があった模様である。）で、織田萬が準会員に選出された際の状況に言及しつつ、山田の当選の可能性について論じ(63)、四月二六日付書簡では山田当選に向けてのドゥ・ヴィシャーの活動に謝意を表し(64)、更に、七月四日付書簡で山田当選のための「個人的働き掛け」（intervention personnelle）を依頼している。[65] そして、山田はこの会合で準会員に選出されているのである。[66]

また、万国国際法学会のニューヨーク会合の前年に開催されたストックホルム会合に関しては、次のような書簡を安達は遺している。即ち、一九二八年四月五日付書簡で同会合に自らは（ジュネーヴで開催される国際連盟関係の委員会の議長を務めるため）参加できそうになく、「我々の日本人同僚立教授」も健康を害している旨を伝え、[67] 六月二二日付書簡で尚も同会合参加の道を模索しているとし、[68] 翌月一七日付書簡では最終的に自身のストックホルム行を断念し、代わって（ハマーショルド（同会合議長）の了解を得て）スウェーデン駐在の日本人同僚（外交官）を参加させる旨を記している。[69] 更に、これとの関連で安達は、ハマーショルド宛六月一二日付書簡で、ＰＣＩＪ裁判官の織田と同様に自身も参加不可能であることを伝え、万国国際法学会に属していない日本人同僚の参加の許可を求めている。[70] これに対する返信と思われるものが、翌月四日付ハマーショルド発書簡であり、その中で、非会員日本人の参加を認めるが、若干の非公開の集会への出席は不可能である旨の回答を安達は得ている。[71] そして、安達は八月二〇日付書簡で在ストックホルム日本公使館書記官を参加させることをハマーショルドに伝えているのである。[72]

3　安達と日本人国際法学者の交流——立作太郎との関係を中心として

（i）安達と立の外交実務における交流

立作太郎は、安達に遅れること五年となる一八九七年に東京帝国大学法科大学政治学科を卒業し、大学院に進学、一九〇一年三月（欧州留学中）に同大学助教授に任官し、帰国後の一九〇四年四月に外交史講座担当の教授に昇任、翌年からは国際法講座も兼担、一九三四年に同大学を退官し、一九四三年に没している。彼は、国際法及び外交史分野において膨大な論考を遺して「国際法に三昧一途の立作太郎先生」[73] と評されると共に、「公式の資格は非常勤の嘱託ではあったが、実質的には国際法顧問」[74] として外務省の実務との密接な関係を維持した。[75] 立は安達への追悼文で

「筆者は［安達］博士とは三十年來の親交を有し、學問上に於て交渉が殆ど絶ゆることが無かった」[76]としているが、両者の交流はどのようなものであったのであろうか。先ず、両者が職務上の直接的な交流を有したと推定される時期を示すこととしたい。

第一に、安達が、日露講和全権委員随員としてのアメリカ派遣から帰国した後に、外務省取調課長兼人事課長に就任し（一九〇五年一二月）、立が外交官及び領事館試験臨時委員となっている（同年九月）時期である。この時期にはまた、第二回ハーグ平和会議準備委員会（一九〇七年）やロンドン海戦法規会議準備委員会（一九〇八年前半）といった外務省内に設置された委員会の委員を両者は務めている。

第二に、駐メキシコ公使であった安達が、病気療養のために一九一五年一〇月に帰国してから次の任地であるベルギーに向けて旅立つ一九一七年九月までの時期である。この時期には、外務省内に「日独戦役講和準備委員会」が発足（正式には一九一五年九月一〇日）し、立がその唯一の民間人委員（肩書は「外務省嘱託」）として参加している。[77]

第三に、パリ講和会議に安達・立が共に参加した時期である。同会議開催に際して、ベルギー公使であった安達は、パリ出張を命じられ、日本の全権委員随員（代表代理）として会議に参加し[78]、立は全権委員随員（専門家）として参加している。この時に二人は、戦争責任委員会（Commission on the Responsibility of the Authors of the War and on Enforcement of Penalties）[79]の委員（同委員会の当初の日本委員は安達と長岡春一であったが、二月一五日以降長岡に替わり立が出席した。）[80]として、講和予備会議に提出された報告書の作成に関わったが[81]、最終的に、同報告書に対する日本の留保を「添付書」（Annex）として二人の連名で付したのである。[82]

第四に、一九二三年の夏である。立は、同年六月にヴィーンで開催された国際連盟協会連合会第七回総会に乾精末[83]、杉村陽太郎等と共に参加した後の同年八月に[84]、（既述の如く）安達が副議長を務めた万国国際法学会ブリュッセル会合に準会員として参加している。[85]

第五に、一九三四年五月である。立は同年二月に帝国学士院代表として学士院連合の会議（於ブリュッセル）に参加するため欧州へと旅立つ。この滞欧中に、「［安達］博士は筆者のハーグを訪問することを懇望され、二夕に亙り更深き頃まで歓談」したことを立が記している。[86]（安達のこの年『手帳』の五月二六・二七日の欄には、立と夕食を共にしていることが記されている。[87]）そして、立のこのハーグ訪問が両者の直接交流の最後の機会となったのである。[88]

以上のように、外務省内での職務と関連して、或いは他の仕事のための出張の機会を捉えて、更には、書簡を通じて安達と立は交流を継続したのである。それでは、次に、安達と立の学術上の交流の一端を示す事柄として、立の欧文論考公刊への安達の関わりを確認することとしたい。

（ii）立の欧文論考公刊への安達の援助

（前節において触れたように）安達は立の一九三〇年公刊の仏文著作に序文を寄せている。[89] そこに付された安達の肩書は「日本学士院会員、万国国際法学会会員、及び常設仲裁裁判所裁判官：日本大使」というものである。当時、安達は既に外交界のみならず学界においても国際的地位を確立していた。このような人物がある書籍に序文を寄せることによって、当該書籍に或る種の「権威付け」がなされたであろう。

また、立の一九三四年の仏語論文「中国及び満州における門戸開放」[90]に関しては、その公刊に安達が何等かの便宜を図っていたことが理解される。何故ならば、在仏中の立から安達に宛てられた同年八月七日付書簡に「御高配を煩し……［中略］……門戸開放主義に関する論文は完成に付本日 Visscher 氏の所に送り」[91]との記述があり、有力な国際法学者であったドゥ・ヴィシャーへの立のための働き掛けを安達が行っていたことが看取されるからである。[92]

こうした安達の日本人学者に対する援助は立に対するものだけではない。例えば、前項で確認された山田三良の万国国際法学会準会員立候補に際しての活動や大澤章（九州帝国大学）へのＰＣＩＪ関係の資料の提供[93]等の事実が遺された書簡から明らかとなるのである。

尚、安達の学術援助活動に関連して、一九三四年にパリ滞在中の立が安達に宛てた次のような書簡を紹介しておきたい。即ち、「旧の津山藩の松平斉光男［爵］」が「學問を熱心に巴里にて研學中」であり、「中古の『フランダー』に關して研究し度きゆえ」「ピレン氏」（恐らく、ベルギーの歴史家 Henri Pirenne のこと）に「面會して研究の方針を相談し度由に」、安達から同氏に依頼して欲しいというのである。(94) この書簡は、安達が在欧の邦人研究者に援助の手を広く差延べていた可能性を示唆している。そして、この挿話が安達と藤田嗣治との交流をも想起させると言えば、それは言い過ぎであろうか。

4　小　括

以上のように、安達は、ドゥ・ヴィシャーや立（更には、ハマーショルド）といった内外の国際法学者と交流し、また協働関係を有していた。有力な国際法学者との交流や協働は安達自身の国際的な場での職務遂行にも益するものであったであろう。しかし、看過されてはならないことは、彼が（立や山田等に示した態度からも理解されるように）国際的な学界（特に、万国国際法学会）における日本人の存在（プレゼンス）を重視したと考えられることである。このことを考慮することなく安達と日本の国際法学の関わりを評価するならば、それは余りにも単純なものとなってしまうであろう。

四　おわりに

日本が未だ「國際法の適用範圍外」であった一八九二年に公刊された論考の中で、安達は国際法研究の重要性を次のように説いている。

國際公法は四海萬國、一日も以て無かるべからざるものなり、是れ法能く行はるれば、帯甲十萬、地方千里なるも、以て他の小國を威すに足らざるなり、小國と雖とも道徳仁義を持し、飽まて禮を以て對せば、何ぞ大國に畏るゝ所あらんや［。］

但し、これは空疎な理想論ではない。安達は、「夫れ國家に實力の必要なるは固より言ふ迄もなし、然れとも、智力の以て巧みに之を運用するなくんば益なきのみ、競争に敗るゝは固より明なり、國際法の論、決して空論に非さるなり」として、「實力」に裏付けられた「智力」としての国際法研究の必要性を論じていたのである。(95)

やがて、日本の国際的地位は上昇し、第一次大戦の戦勝国として戦後処理や国際連盟の活動に日本が参加するようになり、安達自身も国際連盟を主たる舞台として活躍する。そのような情況の中で、彼は、連盟理事会を「此吿界を治める團体」であり「天下の治者」と位置付けた上で、次のように述べている。

然るに天祐とも私が信ずる事情の下に、日本帝國は常任理事國の一つとなって居ります。日本は此の常任理事國として聯盟の機務にたづさはり又其他の諸種の國際會議にも大黒柱の地位を占めつゝ出席してゐる……。(96)

このように「國際法の適用範圍外」から国際連盟常任理事国、そして諸種の国際会議における「大黒柱の地位」へという日本の国際的地位上昇を安達は自覚していた。そして、このような日本の地位上昇には、「實力」のみならず、国家の「智力」としての国際法を担う研究者の活躍が寄与していた。即ち、日本が「國際法の適用範圍外」ではなく

「範囲内」にあることを欧米に示すための活動の一翼を担ったのは、そのような活動の最初期における金子堅太郎であり、日清・日露戦争期における高橋作衛と有賀長雄であった[97]。そして、戦間期に活躍した安達や立は、日本の国際法学が「範囲内」にあるどころか、「中心」において欧米諸国の国際法学に比肩し得る段階にあることを示していたのである。

安達は、（前節で紹介した）立の仏文著作の序文において、「私の最も大切な夢は、私の全人生をこの［国際］法の研究と発展に捧げることであった」が、「運命は異なるものとなっていた」と述懐している。確かに、彼が、「書斎の人」として研究に没頭し、自身の論考によって日本の国際法学の深化や発展に大きく寄与したとすることはできないであろう。それでも、彼が、「国際法に通暁した外交官」或いは「国際法実務家」として世界的な国際法学者との交流を維持すると同時に、日本の国際法学者の国際的活動（そして、そのような活動の場としての万国国際法学会の重視は彼の「習作」時代から一貫していた。）を支援することを通じて、日本の国際法学の発展に貢献したことは確かである。だが、むしろ、国際連盟創設に象徴される転換期にあった当時の国際法学にとっては、「現場の人」として実務も法も知る人材が必要とされ、実はそのような人材こそが優れた「国際法学者」であったのかもしれない。そうであるとするならば、安達が当時の日本を代表する国際法学者であったと評価することも許されよう。

（1）　法律家を志す安達の強い気持ちが表されたものが、明治一七年四月九日付父久宛書簡（安達峰一郎書簡集編集委員会編『国際法にもとづく平和と正義を求めた安達峰一郎――書簡を中心にして』（安達峰一郎博士顕彰会、二〇一一年〔以下『書簡集』と略記〕二六―二八頁）である。

（2）　「國際法研究に就て」『國際法雜誌』第一一巻第三号（一九一二年）二一〇―二一一頁。この穂積宛書簡が本書第一章でも紹介されている「志ヲ書シテ清鑑ヲ仰グ」である。

（3）森征一・豊島二三夫監修「安達峰一郎関係資料目録および略年譜」『法学研究』（慶應義塾大学）第七二巻第七号（一九九九年）五七―九九頁には本章第二節に挙げられている安達の諸論考が年譜として整理されている。本稿執筆に際しての文献収集は、同年譜とは独立して行われており、結果的に同年譜を訂正・増補するものとなっている。

（4）『青年學叢』（青年學叢會）第四号（一八八八年一一月）二八―三〇頁。

（5）梅渓は、安達が「宮城浩蔵の親友であった岸本辰雄博士の推輓によってパテルノストロの通訳となった」としている。梅渓昇『お雇い外国人／政治・法制』（鹿島研究所出版会、一九七一年）二三〇頁。岸本は、宮城等と共に、明治法律学校の創設者となり、その初代校長を務めた。また、宮城は安達と同郷（山形県天童出身）である。

（6）パテルノストロ（述）安達峰一郎（訳）「國際法學ニ於ケル國民主義ヲ論ス」『法政誌叢』第一一九号（一八九一年一月）―第一二二号（同年二月）（計四回連載）：「國家ノ國際責任」同第一二三号（同年三月）―第一二五号（同年四月）（計三回連載）：「國家自鎖権（國際法問題）」同第一二七号（同年五月）：「宣戰ハ當然總條約ヲ無効トナスモノナリヤ」同第一二八号（同年六月）：「犯罪人引渡（國際公法問題）」同第一二九号（同年七月）―第一三〇号（同年八月）（計二回連載）：「永久條約ノ効力」『明法誌叢』第二号（一八九二年四月）：「國際公法終講ニ際シ日本青年ニ望ム所ヲ述ブ」『明法誌叢』第八号（一八九二年一〇月）。

（7）パテルノストロー（ママ）（述）安達峰一郎（譯）中村藤之進（記）『國際公法講義　完』（明治法律学校講法会、一八九七年）。

（8）パテルノストロー（ママ）（口述）本野一郎（口譯）佐々木茂三郎（筆記）『國際公法講義』（和佛法律学校、一八九四年）。尚、明治大学史資料センターには、同じく、本野（口譯）佐々木（筆記）による仮綴じ本『國際公法講義　全』（発行者・発行年不明）が所蔵されている。

（9）この講演に関する記録は、『法理精華』第二九号（一八九〇年三月）五六―五七頁掲載の「雑録」に依拠している。

（10）前者は、『日本之法律號外　東京五大法律學校聯合討論筆記』第三篇（博文館、一八九〇年四月）一―二九頁に、後者は、パテルノストロー（ママ）（講演）安達峰一郎（譯）『國際法及条約改正ニ係ルパテルノストロ氏演述』（東京、鹿野吾一郎（出版者）、一八九一年一一月）に前者と共に収められている。尚、梅渓（前掲書、二二一―二二二頁）は、後者が雑誌『回天』第二号に掲載されているとしている。

（11）A. Paternostro, "La révision des traités avec le Japon au point de vue du droit international," *Revue de droit international et* de législation comparée, t.XXIII (1891), pp. 5–29 et 176–200.

(12)『法学協会雑誌』第九巻第七号（一八九一年）四一―四五頁。

(13)「伊國史考」『伊學紀事』（伊學協會）第一号（一八九二年一〇月）一―一七頁。

(14) ボアソナード「日本民法ニ於ケル折衷兩本位貨幣制度」『法学協会雑誌』第一〇巻第六号（一八九二年六月）五一八―五二九頁（三回に亘る連載の初回で、この回のみを安達が担当している。）：同「（雜録）金銀兩貨幣調和論」『明法誌叢』第四号（一八九二年六月）四五―五六頁。

(15) ルヴォン「不法に審問又は処罰せられたる刑事被告人の國に對する損害賠償要求權」『明法誌叢』第一六号（一八九三年六月）―第二一号（同年一一月）（計三回連載）。

(16) ルヴィリヨー「賣買ニ關スル擔保ヲ論ス」『法学協会雑誌』第七九号［巻数表示なし］（一八九〇年一〇月）六九六―七〇七頁。

(17) 各々が、『法学協会雑誌』第一〇巻（第四号）（一八九二年）三九一―三九二頁、同（第一〇号）九八三―九八四頁、同（第一二号）一〇四三―一〇四四頁、『明法誌叢』第一〇号（一八九二年一二月）七〇―七五頁に掲載されている。

(18)『日本の法律』第四巻第一一号（一八九二年）一三―一五頁。

(19)「（紀事）白耳義國憲法改正ノ件」『明法誌叢』第一三号（一八九三年三月）五六―五七頁：「（雜録）独逸國會ニ於ケル國際裁判論」『明法誌叢』第一四号（同年四月）七一頁：「（雜録）外國人ノ居留及追放ニ關スル件」同第一五号（同年四月）五九―六六頁：「（雜録）直接國際談判ニ付テ」同号六六―六七頁：「（海外記事）希臘ルーマニー兩國交際絶止事件（相續事件）」『法学協会雑誌』第一一巻第一号（一八九三年）七六―七八頁：「（海外記事）佛國巴里市私立政治學科大學校に就て」同巻第二号一六一―一六五頁：「（海外記事）歐洲三國同盟條約ノ件（Triple alliance）」同巻第三号二六七―二六九頁。また、安達の講演の記録である「布哇國革命ニ付テ」『明法誌叢』第一二号（一八九三年二月）一二―一九頁、更に「吊宮城浩藏先生文」同号七一―七二頁も公刊されている。

(20)『明法誌叢』第一一号（一八九三年一月）一一―一五頁。

(21) 安達峯一郎（述）矢野芳弘（記）『日本手形法正解』（東京、光塩閣、一八九三年）。

(22)「（雜錄）安達法學士の書簡」『法学協会雑誌』第一一巻第一二号（一八九三年）一〇五一頁。

(23) 武藤智雄「パテルノストロ家訪問記」『法律時報』一九三七年一二月号三三頁によれば、パテルノストロが自身の帰国後に最も多くの手紙を受け取っているのが、「嘗ての教へ子たりし」安達と本野一郎であるという。また、パテルノストロの子ロベルト

（Roberto Paternostro）からの一九二八年三月六日付安達宛イタリア語書簡とそれに対する安達の同月二〇日付仏語書簡が遺されている（「駐仏当時大使館関係青ファイル」（安達峰一郎記念財団〔以下「記念財団、青ファイル」と略記〕）二―七）。

（24）『國際法雜誌』第四巻第四号（一九〇五年）一―三頁。

（25）ポーツマス講和会議の内情に関して、安達は父久宛書簡でも述べている。『書簡集』八八―八九頁。

（26）各々が、『法学協会雑誌』第二四巻（第八号）（一九〇六年）一一三一―一一四一頁、同巻（第九号）一二八五―一三〇五頁に掲載されている。

（27）前掲「國際法研究に就て」二〇九―二一五頁。これは帰国直後の一二月六日に開催された国際法学会総会における講演の記録とされている。「會報」『国際法外交雑誌』第一一巻第三号（一九一二年）三〇〇―三〇一、三〇四頁。

（28）『經濟時報（第一五周年記念號）』通巻第一五五号（一九一五年一一月）四五―四六頁。

（29）「前任國墨西哥の事情」『横濱市教育會雜誌』第八六号（一九一六年六月）三一―五一頁（「安達峰一郎関係文書（書類の部）」（国立国会図書館・憲政資料室所蔵）一〇八一）：「黑西哥の近情」『農業世界』（博文館）第一二巻第二号（一九一七年二月）一三九―一四五頁：「墨國革命遭難記」『冒険世界』（博文館）第一一巻第一一号（一九一八年一一月）四五―四九頁。

（30）『外交時報』第二八九号（一九一六年）一七―三三頁。

（31）「白貨法安定に關する勅令發布」『日刊海外商報』（外務省通商局編）第六四六号（一九二六年一〇月）一〇〇五頁：「白貨安定後の經濟施設に關する同國通商局長の講演」同第七五五号（一九二七年二月）一五七一―一五七二頁：「白領公果の經濟事情」同第一〇六二号（一九二八年一月）一四二四―一四二六頁：「フランスの石油政策」『石油時報』（帝国石油）第六〇五号（一九二九年六月）四五七―四六〇頁。

（32）M. Adatci et Ch. De Visscher, “Examen de l'organisation et des statuts de la Societé des Nations,” *Annuaire de l'Institut de droit international*, t.30 (1923), pp. 22-64.

（33）“Les ⟨amendements japonais⟩ au Protocole de Genève,” *Revue de droit international et de législation comparée*, t.51 (1924), pp. 544-547.

（34）“Le protocole de Genève et mon amendement,” *La revue belge*, t.4 (1924), pp. 495-499.（邦訳は『平和議定書――本文と解説』（国際聯盟協会パンフレット第四九輯）（国際聯盟協会、一九二六年）四七―五三頁所収。）

（35）『世界の労働』第三巻第一〇号（一九二六年）一頁。

（36）『日本工業倶樂部會報』第一六号（一九三〇年）二七―四七頁。

（37）「安達峰一郎関係文書（書類の部）」一〇八四。

（38）『貴族院定例午餐会講演集』第四一号（一九三〇年）本文全二四頁。

（39）『銀行通信録』第八九巻（一九三〇年）（第五三二号）一六―二三頁。

（40）『国際知識』第一〇巻第六号（一九三〇年）七―一七頁。

（41）PCIJ. *Série E*, no. 7, p.20.

（42）"Introduction," *Dix ans de juridiction internationale (1922-1932)/Ten Years of International Jurisdiction* (1922–1932)（Leyde, 1932). 同書の邦訳として、常設國際司法裁判所書記局編（鈴木修次譯）『世界法廷の十年――一九二二―一九三二年』（丸善、一九三二年）がある。

（43）司法省法学校時代からの安達の同級生であった織田萬（ＰＣＩＪ初代日本人裁判官）によれば、当時帝国大学法科大学で国際法を担当していた熊野敏三は「劇忙な人であった上に、胸の病に悩まされてゐた」ために、「講義は僅か二回程であとは缺講のまゝにすんでしまった」という。織田萬『民族の辯』（文藝春秋、一九四〇年）九七頁。また、慶應義塾大学図書館所蔵の安達の『法律講義案集』（学生時代の筆記ノートであると考えられる。）には、「国際法」という科目名を付された部分が存在せず、国際法に関連し得るのは「行政法」中の「外務行政」の項で外務行政に関わる機関と条約について触れられている箇所のみである。この点については、森征一・岩谷十郎監修「帝大生・安達峰一郎の『法学』ノート――『法律講義案集』が伝える明治中期法学教育」『法学研究（慶應義塾大学）』第七三巻第一〇号（二〇〇〇年）九六―九七頁も見よ。

（44）前掲「ジュネーヴ議定書と余の修正」五三頁（"Le protocole de Genève et mon amendement," p. 499.）。

（45）（「駐仏当時大使館関係紅ファイル」（安達峰一郎記念財団（以下「記念財団、紅ファイル」と略記））一―四〇二、二―一五、二―一〇三、二―四四三、三―一九四、三―二三八。「安達峰一郎関係文書（書簡の部）」（国立国会図書館・憲政資料室所蔵）八三九―一～八。更に、ハマーショルド発安達宛書簡一通が記念財団に所蔵されている。記念財団、青ファイル、六―四。

（46）記念財団、紅ファイル、一―一五六、一―四〇一、一―四七一、二―四七、二―六三、三―一五九、三―三三六、三―三五五、四―一二七、四―三二〇、五―三九、五―三八一。「安達峰一郎関係文書（書簡の部）」九三五―一～七。更に、ドゥ・ヴィシャーからの来信が三通（記念財団、青ファイル、二—五〇、五—三、同、緑ファイル（整理番号なし））遺されている。

(47) 記念財団、紅ファイル、六—二七八。「安達峰一郎関係文書（書簡の部）」九五八—一～二。

(48) 以上の他、記念財団資料にのみ見出される国際法学者として、ポリティス（Nicolas Politis）（記念財団、紅ファイル、一—三二九、二—一五六、三—二七一、三—三一三、四—六一、四—二九一、五—三二、五—一一三、五—一二二、五—一二八、六—一二〇）が、逆に「安達峰一郎関係文書（書簡の部）」にのみ見出される国際法学者として、アイジンガ（Willem van Eysinga）（九通）（「安達峰一郎関係文書（書簡の部）」一四二二—一～九）、ローデル（Bernard C. J. Loder）（四通）（同、八九一—一～四）等が存在する。

(49) 「安達峰一郎関係文書（書簡の部）」一五四—一～二八（安達鏡子宛一通を含む。）。

(50) 同前、三九九—一～二五（安達鏡子宛一二通を含む。）。更に、安達発立宛仏語書簡が一通存在する。記念財団、紅ファイル、三—二五三。

(51) 「安達峰一郎関係文書（書簡の部）」七一四—一～四。

(52) 同前、四二五—一～二。

(53) 同前、一二一。

(54) 以上の他、信夫淳平（四通）（同前、三〇三—一～四）・松原一雄（三通）（同前、六一九、六二〇（二通））・松波仁一郎（一通）（同前、六一七）等も見出される。

(55) 安達が各年に使用した手帳が憲政資料室に所蔵されており（以下、『手帳』とする。）、一九一八年の『手帳』の基本情報欄には“Légation du Japon, Havre”との記述が見える。「安達峰一郎関係文書（書類の部）」一〇六八—五。

(56) 一九一九年一一月一九日付ドゥ・ヴィシャー発安達宛書簡は、安達の晩餐招待を受入れる旨のものである。「安達峰一郎関係文書（書簡の部）」九三五—一。

(57) 五名で構成されたこの委員会の活動に関する史料が、国際連合欧州本部図書館内史料室（archives）に収められている。Section 40, Cotes des Cartons R1593-1594, “Committee on Conciliation”.

(58) 憲政資料室所蔵資料中ドゥ・ヴィシャー発書簡の日付の最も新しいものは一九三〇年二月二一日付（「安達峰一郎関係文書（書簡の部）」九三五—七）であり、この書簡ではPCIJ裁判官選挙において常設仲裁裁判所のベルギー裁判官団が一致して安達を文持する旨が伝えられている。

(59) 記念財団、紅ファイル、三—一五九。

(60) 同前、三—二五三。

(61) 同会合の出席者一覧には、安達と立の名前はない。*Annuaire de l'Institut de droit international*, t.35, vol.II (1929), pp. 3-5.

(62) 記念財団、紅ファイル、三—三三六。

(63) 同前、三—三五五。

(64) 同前、四—一二七。

(65) 同前、五—三九。

(66) *Annuaire de l'Institut de droit international*, t.35, vol.II (1929), pp. 331-332.

(67) 記念財団、紅ファイル、一—一五六。この書簡で安達は、少なくとも一名の日本人が万国国際法学会の会合に参加すべきであるとしている。

(68) 同前、一—四七一。

(69) 同前、二—六三。

(70) 同前、一—四〇二。

(71) 記念財団、青ファイル、六—四。

(72) 記念財団、紅ファイル、二—一〇三。尚、この年の一二月頃に安達はスイスのハマーショルド宅に滞在した模様である。一二月二〇日付安達発ハマーショルド宛書簡。同、二—四四三。

(73) 横田喜三郎「国際法に三昧一途の立作太郎先生」『書斎の窓』(有斐閣)六号(一九五三年一一月)一頁。

(74) 安井郁「立作太郎」国際法学会編『国際関係法辞典(第二版)』(三省堂、二〇〇五年)五九一頁。

(75) 立の業績やそれに対する評価等については、次の拙稿を見よ。「立作太郎の国際法理論とその現実的意義——日本における国際法受容の一断面」『法学研究』(慶應義塾大学)第八五巻第二号(二〇一二年)一—三四頁:"Sakutaro Tachi: A Blend of Scholarship and Practitionership, and Its Fate in Japan," *Japanese Yearbook of International Law*, vol.56 (2013), pp. 122-143.

(76) 立作太郎「安達博士を悼む」『国際法外交雑誌』第三四巻第三号(一九三五年)・八一頁。

(77) 外務省百年史編纂委員会編『外務省の百年（上）』（原書房、一九六九年）六九七—七〇一頁。

(78) 安達のパリ講和会議参加の決定過程には、一九一八年九月二九日に退陣した寺内正毅前首相が影響を及ぼしているものと思われる。即ち、同年一二月二〇日付の安達発寺内宛書簡によれば、石井菊次郎外相当時に、早晩開催される講和会議で日本が提出すべき提案等について研究するよう安達は石井から命じられており、「該會議開催次第、毎々其ノ事務ニ与ルベキ旨、内話アリタル」にも拘らず、外相が交代し、「講和予備條約會議」の参加者の人選から漏れてしまったという。そこで安達は、寺内に書簡を送り、「前記予備條約ノ偉業ニ参加相叶候様」内田外相に対する働き掛けを依頼したのであった。『書簡集』一一三—一一五頁。

(79) この委員会の構成員には、スコット（James B. Scott）、リッチ・ブサッティ（Arturo Ricci-Busatti）、ロラン・ジャックマン（Edouard Rolin-Jacquemyns）、ポリティスといった、後の安達の諸活動の中で関わりを有することになる国際法学者が含まれている。

(80) JACAR（アジア歴史資料センター）Ref. B06150118900（第一一三画像）、巴里平和会議人事（帝国）第一巻分割五（外務省外交史料館）。

(81) Carnegie Endowment for International Peace, Division of International Law, Pamphlet No.32, *Violation of the Laws and Customs of War, Reports of Majority and Dissenting Reports of American and Japanese Members of the Commission of Responsibilities, Conference of Paris 1919* (Oxford, 1919).

(82) 日本の留保は、訴追の対象に「元首ヲ含ム」（Chefs d'Etat compris）点と、「黙過ノ場合」（les cas d'abstention）にも訴追可能とされた点に対するものであった。前独皇帝の訴追に日本が慎重な立場を採ったことの背景には、この問題が内包する「我カ國體ニ對スル國民信仰上ノ萬一ノ影響」への懸念があった。JACAR（アジア歴史資料センター）Ref. B02130278300（第四二—四五画像）、千九百十九年巴里講和会議の経過に関する調書其の十（詳報第六独逸前皇帝処分問題）（外務省外交史料館）。

(83) 安達は翌（一九二四）年にロンドンで開催された同連合会の理事会に参加している。JACAR（アジア歴史資料センター）Ref. B05014049400（第一一—一三画像）、国際連盟協会関係第二巻分割一（外務省外交史料館）。

(84) JACAR（アジア歴史資料センター）Ref. B06150912900（第八〇—八六画像）、第七回連合会総会（維納）（外務省外交史料館）。「軍縮委員会ニハ立」、「法律ニハ杉村」、「経済ニハ乾」とある。第八〇画像。

(85) *Annuaire de l'Institut de droit international*, t.30 (1923), pp. X *et* 232.『手帳』には、一九二三年七月三〇日の欄に「六時立博士着武」とあり、同年九月二一日の欄に「朝六時立博士Départ」とある。「安達峰一郎関係文書（書類の部）」一〇六九—三。

(86) 立「安達博士を悼む」二七一頁。

(87) 更に、五月二八日の欄には「立向巴［里］」とある。「安達峰一郎関係文書（書類の部）」一〇七二―四。尚、これに先立つ同月一四日の欄にも立に関する記述がある。これは立からの安達宛一九三四年二月五日付書簡（「安達峰一郎関係文書（書簡の部）」三九九―四）に、五月一四日マルセイユ着、一九日ブリュッセル着という予定であることが記されていたことを受けてのことと推定される。

(88) 尚、立は、安達逝去後の一九三六年に欧州各国へ出張しているが、その際にブリュッセルの安達夫人を訪問している。同年五月一八日付安達夫人宛の書簡（「安達峰一郎関係文書（書簡の部）」三九九―八）で立は「ブリュッセル滞在中一方ならぬ御厚情に預り」また、「故博士の御遺愛の記念品を頂戴」したこと等に対する謝辞を記している。また、安達の遺言書の鑑定（同、三九九―九・一〇）や安達夫人の歌集の日本での公刊（同、三九九―一一～一五）などを巡る両者間の書簡の往復の跡が看取される。

(89) Mineitciro Adatci, "Préface," Sakutaro Tachi, *La souveraineté et l'indépendance de l'État et les questions intérieures en droit international* (1930), pp. 7-8.

(90) S. Tachi, "La porte ouverte en Chine et en Mandchourie," *Revue droit interntional et législation comparée*, t.61 (1934), pp. 585-623.

(91) 「安達峰一郎関係文書（書簡の部）」三九九―六。この書簡は、安達の自宅宛であったが、安達がスパ（ベルギー）で休養中であったために、同地に転送されている。

(92) この書簡に先立つ同年七月五日付絵葉書（パリ発）で立は、原稿完成後直ちにドゥ・ヴィシャーの許へ郵送するつもりであることを安達に伝えている。同前、三九九―五。

(93) 大澤発安達宛一九三一年一〇月一五日付書簡。「安達峰一郎関係文書（書簡の部）」一二一。

(94) 同前、三九九―六。

(95) 前掲「日本法學の缺點」一四―一五頁。

(96) 前掲「安達大使の演説」三―四頁。

(97) 日本人国際法研究者の著作公刊を中心とする海外での活動に関しては、拙稿「日本の国際法学『対外発信』の一〇〇年――欧文著作公刊活動を題材として」大沼保昭編著『国際社会の法と政治』（三省堂、二〇〇一年）二〇七―二三二頁を見よ。

第Ⅱ部　安達峰一郎と欧米の国際秩序

各国代表と共に〔右端が安達〕(安達峰一郎記念財団提供)

第四章　安達峰一郎と戦間期ヨーロッパの協調

牧野雅彦

一　パリ講和会議――人種平等提案と新設国家委員会

第一次世界大戦後のパリ講和会議は日本が欧米の四大国アメリカ、イギリス、フランス、イタリアと肩を並べて国際会議に列席する最初の会議であった。日本の代表団は多数の随員をしたがえてパリに乗り込むが、次席全権（実質上の首席）として四大国との交渉に当たった牧野伸顕と彼を補佐する珍田捨巳を除けば、後は殆ど外野からの見物に終始した――「サイレント・パートナー」と揶揄される所以である――。安達峰一郎は講和会議の審議に実質的に関与した数少ない一人である。安達は友人であった国際法学者の立作太郎とともにドイツ皇帝訴追のための検討委員会に参加して日本側意見書を提出している。安達が関与したもう一つの会議、そして国際連盟を中心とした安達のその後の活動にとっても重要な会議が、講和会議もおしつまった一九一九年五月に開設されることになる新設国家委員会であった。

この委員会に途中から参加することになった安達は一九一九年六月一一日に牧野伸顕に宛てた書簡で次のように書いている。

「拝啓、陳者（のぶれば）明十二日朝、首相会議に御出席相成候趣の処、新国家の境界、並に protection des minorités ［少数者の保護」等、議題と可相成由に付、不取敢、左の件御参考の為め御耳に達し申候。

新国家内の少数者、例へばJuif［ユダヤ人］等、国際連盟会に直訴の権ありや、即ち、此等少数者は国家を相手取りて連盟委員会に訴ふれば、右委員会は正式に此を受理して審判するの義務ありやの問題、久しく新国家委員会にて審議せられ、英仏委員、及小生は、少数者の直訴のなきものと定むべしと主張し、米伊は之に反対し来り。

議遂に纏らず、四頭会議に上申したる付、米大統領は希［ギリシア］首相、仏首相はチェコスロバキー首相、英首相は羅［ルーマニア］首相、伊首相はトルンビチ（Ante Trumbić, 1864-1938 ユーゴスラヴィア）と会見して、本件に関する意見を聴取したる上にて決定するの運と為りたるが、多分決定せられたるならんと存候。

右議題に上り候節は、小生は英仏委員と同じく、minoritésは国家の如く正式に連盟に出訴するの権なきものと主張したる成行、御承知置下度、御願申上候。今回の少数者は、新国家内に在るものなれば本邦に直接の関係なき次第なれども、六個の新国家に課すべき条約中、一斉に右出訴の権を認むることは将来の例と為り、我国に累を及ぼすの惧ある次第なれば、米国の熱心なる主張に拘はらず、小生は常に反対し来りたる次第に御座候。米国委員[1]は再度まで小生を訪問して、その説を陳べたり。

尚ロード、ロバート［セシル Lord Robert Cecil, 1864-1958］は、最初米国と同説の様なりしも、英国としては遂に反対の立場を取りたる義に候。先は右のみ申上度。　草々謹言[2]」（［　］内引用者挿入。以下同様）。

ここでまず新設国家委員会の背景として日本の「人種平等」提案について簡単に紹介しておく必要がある。よく知られているように日本はパリ講和会議で新たに設立が議論されていた国際連盟の規約に「人種」の平等を規定を盛り込むことを提案する。その背景にはアメリカで問題になっている日本人移民に対する排斥、これに対する日本国内での世論への配慮などがあったといわれている。まず牧野と珍田はアメリカ代表のハウス「大佐」("Colonel" House: Edward Mandell House, 1858-1938）に打診した上で、国際連盟に関する委員会で規約第二一条の宗教的平等条項にこれを盛り込むことを提案するが、当時「白豪主義」を掲げてアジア系移民の排斥を主張していたオーストラリア首相ヒューズ（William Morris "Billy" Hughes, 1862-1952）の強硬な反対があり、英自治領に配慮せざるを得ないイギリス代表の議長セシルの判断で、この条項は削除される。他の会合の関係で欠席していたアメリカ合衆国大統領ウィルソンもこのオーストラリア、イギリスの立場を容認していたことは、日本が最後の委員会で改めて規約の前文に「諸国民の平等」というかたちで表現を緩めた文章を取り入れることを提案した際に、多数の支持を得たにも拘わらずウィルソンが議長権限で「全会一致原則」を持ち出してこれを葬り去ったことに示されている。

この「人種平等」提案の挫折がその後の日本の進路、とりわけ満州事変以降の日本の進路に大きな影響を与えることになったと言われるが、それは日本の側から見た場合のことで、ヨーロッパから見ると事情は異なってくる。というのも当初日本が修正を要求した規約第二一条はヨーロッパの民族少数者問題を念頭においたものであり、日本の提案の結果この条文自体は削除されることになったからである。そこでこの条項に代わるものとして検討されたのが、大戦後新設ないし領土を獲得するポーランド（一九一九年六月二八日）、チェコスロヴァキア（九月一〇日）、ユーゴスラヴィア（一二月五日）、ルーマニア（一二月九日）、ギリシア（一九二〇年八月一〇日）と締結される諸条約、そして敗戦国オーストリア（一九一九年九月一〇日）、ブルガリア（一一月二七日）、ハンガリー（一九二〇年六月四日）との講和条約、これに「民族少数者」保護の規定を設けることであった（ドイツとの講和条約にはこの条項は入っていない）[3]。安達が加わった新設国家委員会はその取り纏めを行うことになったのである。牧野伸顕宛ての書簡にはこの問題の審議がかなり難航した経緯と、この問題に対して安達がとった基本的な立場が示されている。以下ではこの書簡を手がかりに、大戦後ヨーロッパの秩序問題をめぐる論点と安達との関わりを整理してみることにしよう。

二　第一次世界大戦とヨーロッパ国民国家体系の崩壊

第一次世界大戦はヨーロッパを中心とした国際関係を大きく変容させる転機であった。宗教改革にはじまる内戦状態の克服として主権国家の原則が形成され、フランス革命以降それが国民国家を単位とする国家間システムとして形成される。その一応の完成がイタリアの統一（一八六一年）とドイツの統一（一八七一年）であった。第一次世界大戦はこの主権国家・国民国家の国家間体系が崩壊する起点となる。

国民国家のシステムが崩壊するということは、主権国家相互の関係を媒介していたいくつかの基盤が崩れていくということでもある。たとえば君主制が挙げられる。ドイツ皇帝ヴィルヘルム二世がイギリス王室と親戚（ヴィクトリア女王の孫）というように王朝君主の血縁・姻戚関係は諸国家間の関係を結ぶ重要なネットワークであった。次節で述べる東南欧の新設国家の君主もおおむねドイツ系の諸侯から君主が招かれている。世界大戦はそうした君主のネットワークを解体していく。戦争中にイギリス王室が改称を余儀なくされるのも（ウィンザーというのは居城の名前である）その反映であった(4)。

ちなみに大戦後に裕仁皇太子が欧州を歴訪する際、安達もベルギー公使としてこれを迎えることになるが、主たる訪問国が共和国フランスを除けば大戦後生き残ったイギリス、オランダ、ベルギーの西欧君主国とバチカンであったことは興味深い(5)。

第二はそのバチカンのローマ・カトリック教会である。宗教改革による教会分裂でローマ・カトリック教会の世俗的な権力は失われていくことになるが、バチカンには各国の外交官が駐在して重要な外交拠点となっていた。大戦中にはドイツ側からカトリック中央党のエルツベルガー（Matthias Erzberger, 1875-1921）や前宰相ビューロー（Bernhard von Bulow, 1849-1929）などがバチカンを介して早期講和の試みをしている。だがローマ教皇からの和平の呼びかけが効を奏さず、それにとって代わるように登場したのがアメリカ大統領ウィルソンの講和の呼びかけであったことは国際関係においても重要な役割を果たす権威の所在の移行を示していた。もっともウィルソンの提案が受け容れられるのはアメリカ自身が参戦してその実力・軍事力を示してからだというのが、ウィルソンの講和構想、国際連盟構想の問題をすでに暗示しているのであるが。

第三がユダヤ人の存在である。フランクフルトの金融業者ロートシルト（ロスチャイルド）がロンドン、パリ、ウィーン、ナポリに息子を配した時からはじまるロスチャイルドの金融ネットワークは各国への資金調達を通じて重要な外交ルートを形成していた。ドイツ統一のきっかけとなった一八七〇年の普仏戦争でフランスの対独賠償金五〇億フランの手配をしたのがプロイセンのユダヤ系銀行家ブライヒレーダーとパリのロスチャイルドだったといわれている。第一次世界大戦の講和の際にドイツ側がロスチャイルドに次ぐユダヤ人財閥であったマックス・ヴァールブルク（Max Warburg, 1967-1946）を専門委員としてパリに派遣したのもそうしたユダヤ人の役割に期待したという側面があった――アメリカではフェーリクスとポールのヴァールブルク（ウォーバーグ）兄弟が活躍していた。ポールは連邦準備制度の設立に尽力している――。その目論見が外れたという事実が、第一次世界大戦後の講和がこれまでの講和と大きく変わったことを示している。

こうして西欧の国民国家体系の解体とともにまず浮かび上がってくるのがユダヤ人の問題であった。ユダヤ人の中にも、すでに西欧社会に定着し「同化」していた人々と、東欧から迫害を逃れて流入してくる「東方ユダヤ人」との間には断絶があり、これはパレスチナへの移民（シオニズム）をめぐる路線対立とも絡んでくるのであるが、第一次世界大戦後の当初彼らは一致して保護を求めていた。英仏そしてアメリカでのユダヤ人のロビー活動の成果が連盟規約に当初もりこまれた「宗教的平等」条項だったのである。

彼らユダヤ人は特定の母国を持たないために、とりわけ国際社会の保護を切実に求めることになる。安達の牧野宛書翰にあるユダヤ人の要求とは、母国を通じることなく少数者に連盟に直接訴える権利とルートを認めて欲しいということであった。民族少数者の問題を基本的に主権国家の枠内でそれぞれの国家間の問題として処理するのか、それとも少数者の直接請願の途を認めるのか、これは以降、国際連盟の少数者保護の手続をめぐる大きな争点となる。大戦後ワイマール・ドイツはポーランドをはじめとする東欧諸地域に在住していた自国民族の権利擁護の必要から——またそれを声高に求める国内の世論に押されて——、連盟における民族少数者擁護と制度改革の主唱者となるが、この問題に対する連盟側の対応策を取り纏める上で中心的な役割を果たしたのが安達峰一郎であった。後の一九二九年六月マドリードで開催された連盟理事会において議長を務めた安達は、自らが中心になって作成した報告（安達レポートと呼ばれる）に基づく改革決議案を決定したが[6]、その方向性はすでに牧野宛書翰に示されている。すなわち、安達の基本的な立場はイギリスなどと一致して、主権国家の枠を前提としながら可能な限り連盟での問題解決を推進するというものであった。確かにユダヤ人のような「母国、故国をもたない少数者」の訴願の途が基本的に閉ざされたという点においては連盟の少数者保護の限界を示しているということもできるが[7]、新設国家に対する少数者保護規定それ自体には具体的な実施規定がなかったこともあって、多くの民族少数者の問題の請願を連盟にもたらすことになった。その結果、国際連盟は当初の想定をこえるかたちで民族少数者の請願の処理に従事することになったのである。

三　国民国家の拡大と領土・民族少数者問題

連盟が扱うことになった少数者問題の多くが東欧・東南欧の地域に関するもの、つまり先に述べた新設国家に関連するものであった。その意味において第一次世界大戦は西欧国民国家体系の解体という側面と、国民国家のシステムの外延への拡大という両面を持っている。いいかえれば一九世紀後半に完成する西欧国民国家体系の周辺に緩衝装置として存在していたロシア、オーストリア・ハンガリー、そしてトルコの多民族の帝国が崩壊して、国民を単位とする国家システムに再編される、そこで生ずる領土問題ならびに少数者問題に連盟は直面することになったのである。

この問題はヨーロッパの国際関係の安定にとって決定的に重要な問題であった。周知のように第一次世界大戦勃発の引き金を引いたのはバルカン問題であったし、ロシア、オーストリア、トルコの間のせめぎ合いとそこで成立してくる諸国（ギリシア、ルーマニア、ユーゴスラヴィアなど）相互の争いは大戦勃発以前からバルカン戦争（第一次一九一二年一〇月―一九一三年五月、第二次一九一三年六月―八月）としてはじまっており、パリ講和会議によるセーブル条約（一九二〇年八月一〇日）成立後もギリシア・トルコ間の戦闘はローザンヌ条約（一九二三年七月四日）締結まで継続している。[8] 安達峰一郎や石井菊次郎など日本代表が重要な仲介役を務めるコルフ島事件はそうした状況の中で起きた事件であった。

大戦後のギリシア・アルバニアの国境画定の際に監視役のイタリア武官をギリシア側の人間が暗殺し、これに対する報復としてイタリアはギリシア沿岸のコルフ島を砲撃する。その背景には領土・民族問題をめぐる対立、イタリアの失地回復（トリエステからさらにダルマツィアにいたる）要求と、これに対するオーストリアとその継承諸国家の反応、とりわけこの地域の領土問題の焦点の一つであったギリシアのイタリアに対する反発などがあった。[9]

ギリシア側はこの問題を連盟規約第一二条、第一五条に基づき理事会の審査に委ねることを要求するが、イタリア側はすでに進行している大使会議の管掌を主張する。九月一二日の連盟総会で議長であった石井は本件は「日下理事会にて詮議中なると同時に重要商議進行中にて近く満足なる解決を見る可きに依り総会は本件に関し討議を暫く差控へられ度旨宣言」して実質上の解決は大使会議に委ねられることになった。日本はギリシア側の同意も受けて設立された事件審査のための国際査問委員会に在仏国大使館付陸軍武官渋谷伊之彦を委員長に出し、またこの事件の際に問題となった連盟規約第一五条の解釈、紛争の際の連盟理事会の権能をめぐる問題について法律家委員会が設置され、安達峰一郎が議長となっている[10]。

しかしながらイタリア・ギリシア紛争は連盟の理事会・総会で正面から取り上げられることはなかった。連盟が加盟国間の紛争に正面からとりくむ態勢が整うのは、同じく一九二三年に発生したフランスとドイツの賠償をめぐる対立が解決された後のことになる。

四　国際関係と国際法の変容

1　ルール紛争と賠償問題

コルフ島事件に先立つ一九二三年一月一一日、フランスとベルギーはドイツの賠償支払いの遅滞を理由にドイツ・ルール地方を占領する。賠償の担保として石炭等の物資を調達するという名目であったが、フランス側には可能な限りドイツの潜在的脅威を取り除きたいという安全保障要求があった。これにドイツ側はサボタージュなどの「受動的抵抗」で対抗し――もとより実力行使による衝突は各地で発生している――紛争は一年近く継続することになる。ドイツが連盟に未加盟であったこと、そして主要大国フランスが当事国であったこともあって連盟と理事会はこの問題には積極的に関与していない――さきのコルフ島事件が連盟の理事会で取り上げられなかったのもルール紛争の当事国フランスが忌避したからだといわれる。

そもそもパリ講和会議において賠償問題が完全な決着にいたることができず、賠償支払いをめぐるドイツ・フランスの対立が実力行使をともなう紛争にまで深刻化した原因は、第一次世界大戦によって戦争と講和のルールが大きく変わったという事情があった。従来の西欧で講和の際の賠償はいわゆる償金（war indemnity）といわれるもので、戦争にかかった費用を敗戦国が戦勝国に支払うというものであった。いわば訴訟で負けた方が訴訟費用を支払うのと同様に、戦争は紛争処理の一つの手段として位置づけられていたのである。アメリカ大統領ウィルソンはこの戦争償金の原則を否定して、賠償支払いは実際にドイツが与えた損害（主にベルギーを中立侵犯して占領したこと、ならびにフランス西部占領の際の損害）を基準にすべきだと主張する。ウィルソンのそうした主張の背景には、大戦中に英仏がアメリカから受けた資金援助の問題があった。対米戦時債務の返済とドイツの賠償とは連結させるべきではない――賠償請求はドイツの支払能力に適合したものであるべきであって、対米戦時債務とは無関係である――というのである。もとより英仏側からすれば対米戦時債務が帳消しにならない限り、ドイツから可能な限りの賠償金を求めるのは自然の成行で、総力戦というかたちで戦争とその影響がはるかに深刻になったこともあり賠償要求は厖大なものになる。[11]そうした賠償請求の根拠として、今次の大戦の原因はもっぱらドイツ側にあるといういわゆる「戦争責任」の観念がはじめて浮上してくることになる。[12]

パリ講和会議では具体的な賠償額と支払い方法を解決することができず、その後の協議で賠償総額一三二〇億マルクという数字がドイツ側に提示される。その支払いをめぐる対立からフランスとベルギーが実力行使に出て借金の担保に主要な工業地帯を占領することになった。かりに賠償不履行が理由であったとしてもこれは国際連盟の集団安全保障の原則からは外れるものであるから、この紛争には連盟とその理事会はほとんど関与していない。いいかえれば賠償問題が解決するまでは連盟を中心とする集団安全保障はまだ本格的に機能する状態にはなかったのである。

2　ロカルノ体制と集団安全保障

西欧を中心とする国際連盟の集団安全保障システムが確立するのは、賠償問題が暫定的な支払い方式を定めたドーズ案によってひとまず解決され、さらにフランスの対独安全保障要求にこたえるかたちでロカルノ条約が締結されてからのことであった[13]。ロカルノ条約は、イギリスとイタリアを保証人とするフランス、ベルギーとドイツとの仲裁裁判条約、ドイツとポーランド、チェコスロヴァキアとの仲裁裁判協定によって構成され、これをフランスとポーランド、チェコの安全保障条約が補完するというかたちで潜在的な軍事大国ドイツを包囲・抑制しようとするものであった。ロカルノ体制は形式上は連盟とその規約に準拠するものであるが[14]、実質的にはロカルノ体制が連盟とその集団安全保障システムを支えていた。これに基づいてドイツの国際連盟加盟が実現し、ロカルノ会議を主導した仏ブリアン（Aristide Briand, 1862–1932）、独シュトレーゼマン（Gustav Stresemann, 1878–1929）、そして仲介者としての英チェンバレン（Austen Chamberlain, 1863–1937）の三カ国外相の協調の下で連盟の体制は本格的な機能をすることになる。

連盟の安全保障体制、とりわけ連盟規約第一五条（いわゆる「国交断絶にいたる虞のある紛争」が理事会に付託された場合）の理事会の権限や手続などを補完・強化しようとするジュネーヴ議定書はイギリスの保留で挫折するものの、アメリカをヨーロッパの安全保障に関与させようとするブリアンの働きかけは、直接的な対仏同盟や欧州への関与を避けようとするアメリカの思惑もあり多国間の戦争「違法化」宣言としてのパリ不戦条約に結実する。

五　国際連盟と安達峰一郎

1　調停者としての安達

連盟を中心とするヨーロッパ協調体制の確立とともに展開とともに安達の国際連盟における活動も本格的な軌道に乗りはじめる。ドイツの連盟加盟（一九二六年九月八日）を受けるかたちで杉村陽太郎が事務局次長兼政務部長に（一二月二二日）[15]、一九二八年二月一八日に安達は駐仏大使としてパリに赴任する。これで杉村、安達をはじめとする日本の連盟代表部の態勢が整った。先に述べた民族少数者問題で安達はドイツの要求に対応するかたちで連盟の側の報告を作成し、同時に独仏関係との関連で重要なドイツとポーランドとの間の民族少数者をめぐる問題の調停に尽力している。

さらに一九二九年のハーグ会議（八月六―三一日）では、ドイツからの占領軍の撤収と賠償問題の最終的解決案としてのヤング案についての合意が関係国間で成立するが、安達は日本代表としてこの会議に参加している。最大の焦点はいうまでもなく撤収問題であったが――早期撤収を求めるドイツ外相シュトレーゼマンと、国内世論にも配慮しながら可能な限り引き延ばしたい仏外相ブリアンとの対立については英外相ヘンダーソン（Arthur Henderson, 1863-1935）が調停役を果たしている――、今一つの争点は撤収をめぐる政治委員会と並行して開かれた財政委員会におけるイギリスとフランスとの対立であった。英蔵相スノーデン（Philip Snowden, 1864-1937）は賠償配分における英側の権益の確保をめぐって強硬な態度を崩さず、一時はヤング案の成立が危ぶまれる事態になるが、安達はスノーデンと仏蔵相シェロン（Henry Chéron, 1867-1936）を招いて「お茶会」を催して両者の歩み寄りの糸口を与えたのである[16]。安達の調停は当時日本でも次のように報道されている[17]。

「日本全権の斡旋で英仏の感情融和す　双方共安達氏に感謝

【ヘーグ特派員二十日発】安達氏のお茶の会での英仏出席全権ひざ突合わせての会談は二時間続き非常にうまく行った双方の誤解を解き英仏の諒解局面の打開を見た　されば英仏とも安達氏の斡旋を感謝し殊にスノーデン氏は去るに臨み日本のお茶は有益満足に堪えずと安達氏に心から感謝し、またフランス側も今まで英、仏出席全権が顔を合せ親しく話す機会が一度もなかったのに安達氏のお陰で今日胸きんを開き意見を交換することが出来たのは実に結構だったとこれまた非常に喜んで帰った。二十一日午後六国の会議が開かれる[18]」

ハーグ会議は第一次世界大戦の戦後処理の最終的解決を達成した会議であり、安達はそこで重要な仲介者の役割を演じたのであった。

この会議を受けて九月四―五日にジュネーヴで開かれる第一〇回国際連盟総会（安達は日本代表として出席）で、ブリアンは「ヨーロッパ連邦」を提唱する。それはヨーロッパの安全保障体制の新段階を目指すものであった。

2　国際連盟と日本

パリ講和会議の際の牧野伸顕宛書簡にも示されているように、国際連盟に対する安達の基本姿勢は、連盟とヨーロッパの協調体制については誠実かつ中立的な仲介者としての役割を果たすとともに、問題が日本の外交的利害、とくに東アジアをめぐるそれに及んだ場合を想定して、連盟の集団安全保障の原則との関係については慎重な姿勢をもってこれに対するというものであった。石井菊次郎とともに関与したコルフ島事件とその法律家委員会での対応[19]、さらにジュネーヴ議定に対する日本側意見等における日本側の対応[20]は、日本の主権と固有の利害についてはこれをあくまでも貫くという姿勢で一貫している。

ただし、国際連盟とその集団的安全保障の原則が日本の東アジアでの利益と関連するということはその時点ではまだ想定されていなかった。そうした想定が現実味を帯びてくる契機はパリ不戦条約の成立であった。すでに述べたように不戦条約はアメリカが西欧の安全保障に緩やかではあるけれども関与すると同時に、極東をめぐる「ワシントン体制」、中国の領土保全を定めた九カ国条約と連盟の安全保障体制がリンクすることになったことを意味していた。日本側も当然これを意識していて、時の首相兼外相であった田中義一は不戦条約調印に内田康哉を（在仏安達大使とならぶ）全権代表として派遣し、フランス、イギリス、アメリカとの間で極東問題の協議、中国の国権回復要求にもとづく「革命外交」への対処、満州での日本の特殊権益についての確認などをめぐる列強間での調整を試みている。

安達は駐仏大使としてこれを仲介していた。この「内田ミッション」は必ずしも成果をもたらさなかったが、ともあれパリの不戦条約は連盟の安全保障平和維持のシステムを東アジアにまで広げることによってひとまずグローバルな規模での完成を見たということができる。

それとともに安達は常設国際司法裁判所の判事として活動することになる。国際連盟を中心とした安全保障、平和保障の体制の完成へむけてさらなる仕事を遂行することがおそらく安達の意図であった。一九三〇年に一時帰国して行った講演にはそうした意図と構想が提示されている[21]。

しかしながらそうした希望は一九二九年にはじまる世界恐慌の影響、それにともなうヨーロッパ協調の崩壊によって失われていくことになる。

六　ヨーロッパ協調の崩壊と安達峰一郎

1　独墺関税同盟とヨーロッパ協調の崩壊

一九二九年一〇月三日ドイツ外相シュトレーゼマンが病没、同月末ニューヨーク株式市場暴落にはじまる世界大恐慌によってヨーロッパ諸国の協調関係の歯車は狂い始める。一九三一年三月二〇日ドイツの新外相クルティウス(Julius Curtius, 1877–1948)がオーストリア首相ショーバー(Johann Schober, 1874–1932)と推進する「関税同盟」計画は、ドイツのオーストリア合併の前段階であるとしてフランスの対独警戒心を掻き立て、ヨーロッパの「現状維持」に強い利害関心を抱く小国チェコスロヴァキアの反発を招くことになった[22]。

ブリアンは英外相ヘンダーソンの提案を受けて関税計画がオーストリアの国家的独立の保全を求めたサン・ジェルマン講和条約ならびにオーストリアの経済再建の際に取り決められた一九二二年のジュネーヴ議定書に違反するとし

て常設国際司法裁判所に提訴する。さらにオーストリアに圧力をかけるためにフランスからの資金の引き上げを行った。おりしも恐慌の影響を受けてオーストリア国家と密接な関係をもつロスチャイルド系銀行「クレディット・アンシュタルト」が破産、オーストリアそしてドイツへの本格的な恐慌の波及がはじまる。イングランド銀行総裁モンタギュー・ノーマン（Montagu Norman, 1871-1950）の決断でイギリスはオーストリアへの緊急融資を行うが、その後ほどなくしてイギリスは金本位制の停止を余儀なくされることになる。

アメリカ大統領の賠償支払い一時猶予提案「フーバー・モラトリアム」を受けて、アメリカ、イギリス、フランス、そしてドイツの主要国間で調整が試みられるが、ほとんど実効的な対策はなされずに終わった。各国の思惑の相違など原因は多々挙げられるが、それまで協調の両輪であった独仏間の離間が最大の原因だったと言えるだろう。事実、恐慌対策の側面でも、ドイツ・オーストリアに対して短期の援助が可能な国はおそらくフランスしかなかった。シュトレーゼマンの死と独墺関税同盟に対する反対から、それまで国内の一部世論の反対を押してドイツとの協調を進めてきたブリアンが自らドイツ・オーストリアとの対抗路線に舵を切ったことは決定的な転換であった。

ヨーロッパ協調の崩壊は日本にとって決して対岸の火事ではあり得なかった。一九二九年七月に成立する浜口雄幸を首班とする民政党内閣は日中国交改善、ロンドン軍縮会議の成功、国内経済引き締めと金本位復帰を掲げ、一九三〇年一月一一日に金輸出解禁に踏み切ることになる。まさにヨーロッパ協調とイギリスの金本位体制が崩れようとしていた時にである。

2　国際司法裁判所と独墺関税問題——安達裁定とその意味

一九三一年九月三日常設国際司法裁判所は安達峰一郎を裁判長として独墺関税同盟をめぐる裁定を下す。八対七で採択された「勧告的意見」は関税同盟が一九二二年のジュネーヴ議定書の定める「経済的独立」の維持に違反するとした。ただし他方で安達は自らを筆頭とする七名の名前で「反対意見」を提出し、そこでは「関税同盟」案にはサン・ジェルマン条約ならびにジュネーヴ議定書の定める「オーストリアの独立」を侵害する可能性は認められないという判断を示している。

もとより裁判官としての安達の立場は、あくまで法律的問題としてこれに対処するというものであった。多数派の「勧告的意見」が第一次大戦の講和の際の領土保全、「現状維持」を求めて関税同盟に過敏に反応したフランス、チェコスロヴァキアの要求を是認した相当に政治的な意味合いを帯びた裁定であったのに対して、安達の少数意見は多数意見の「無理筋」を是正した意見となっている。その意味においてはヨーロッパ協調の担い手であったドイツとフランスに対して今一度冷静に相互の関係を見なおすことを求めるものであったといえる。[23] だがこれは同時に、国際司法裁判所の、いいかえれば政治的な意味を多分に含んだ紛争を司法的に解決することの限界ないしは困難性を示唆するものであろう。

柳条湖事件にはじまる満州事変の間、安達はほとんど目立った発言をしていない。残されたいくつかの書翰や記録からは、事変を国際司法裁判所に持ち込むことは避けるべきだとの趣旨の意見が伝えられている。安達個人の立場が何処にあったのかについてはなお検討の余地があるが、ハーグでの多忙を理由にしながらほぼ一貫して沈黙を保ったということには司法的解決そのものの意義と限界についての見方が伏在していたように思われる。

（1）　おそらくD. H. Miller（1875–1961）かManley Hudson（1886–1960）。

（2）　一九一九（大正八）年［六］月一一日付牧野伸顕宛書簡、安達峰一郎書簡集編集委員会編『国際法にもとづく平和と正義を求めた安達峰一郎――書簡を中心にして』（安達峰一郎博士顕彰会、二〇一一年）資料四一。残された書簡には日付が記されていない。牧野伸顕宛書簡編集者は文面より一一日と推定している。新国家委員会設立は一九一九年五月一日以降で、設立後に安達などを加えて拡大されていることから、書簡の日付はおそらく六月一一日である。ドイツに講和条約が手交されるのが五月七日、調印が六月二八日であるから、新設国家諸条約はパリの講和諸条約の大半が定まった時点でようやく本格的な審議がなされたという形になる。Carole Fink, *Defending the Rights of Others: The Great Powers, the Jews, and International Minority Protection, 1878-1938* (Cambridge: Cambridge University Press, 2004), pp. 224-225.

(3)　Fink, *Defending the Rights of Others*, pp. 257-258, p. 268. ただし、住民投票によるシュレジエンのポーランドへの一部割譲にともなって締結された一九二二年五月ジュネーヴ協定では、地方の訴願機関と連盟への直接訴願が認められた。*Ibid*., p. 279.

(4)　水谷三公『王室・貴族・大衆——ロイド・ジョージとハイ・ポリティックス』（中公新書、一九九一年）第四章。なお次節で問題の焦点となるルーマニアの国王カロル一世はドイツ、ホーエンツォレルン＝ジグマリンゲン侯の息子で、一九一四年にその後を継ぐ甥のフェルディナンド一世はイギリス王女メアリを后とする関係もあって、連合国側に参戦する。他方デンマーク王室からギリシア国王となったゲオルギオス一世は英ジョージ五世の叔父にあたり、一九一五年に暗殺された父の跡を継いだ息子コンスタンティノスの王妃ゾフィーはドイツ皇帝の妹にあたる。同書一三九頁以下。

(5)　共和制フランスで皇太子を主に迎えたのは大統領・首相というより将軍たちであった。ペタン、ジョフレなど大戦中の戦功ある錚々たる将軍たちが——大戦中の主導権争いが嘘のように——代わる代わる皇太子に激戦地の戦跡を案内している。フランスそしてベルギーなどの戦跡に裕仁皇太子は強い印象を受けたといわれている。波多野勝『裕仁皇太子ヨーロッパ外遊記』（草思社、一九九八年）。

(6)　篠原初枝「国際連盟外交——ヨーロッパ国際政治と日本」井上寿一編『日本の外交　第一巻　外交史　戦前編』（岩波書店、二〇一三年）。篠原初枝「国際連盟と少数民族問題——なぜ、誰が、誰を、誰から、どのようにして、保護するのか」『アジア太平洋討究』第二四号（二〇一五年）、七一—八六頁。

(7)　ハンナ・アーレント（大島通義・大島かおり訳）『全体主義の起源2　帝国主義』（みすず書房、一九七二年）第九章。

(8)　ローザンヌ条約でギリシアはトルコと係争地における相互の住民交換を受諾している。

(9)　ギリシアはオーストリア・ハンガリーの解体後の新設国家チェコとならんで、連盟とヨーロッパ協調関係の中軸となる。連盟においてギリシアのポリティスとチェコスロヴァキアのベネシュが連盟の集団安全保障体制に積極的に関与したのは、彼ら自身の政治的・思想的立場もさることながら、ヨーロッパの小国としての両国の位置のしからしめるところが大きい。ただし一連の戦争と紛争をくぐりぬけて、その結果としてトルコとの住民交換を受け容れているギリシアの連盟とその安全保障システムに対する態度は、オーストリア・ハンガリーの解体によって独立を果たし、それゆえにパリでの講和諸条約によって定められた領土・国境の「現状」(status quo) をあくまでも堅持しようとするチェコスロヴァキアとでは相違があった。これは満州事変の際の連盟における両者の対応の微妙な相違となって表れることになる。

(10) コルフ島事件については『日本外交文書』大正一二年(一九二三年)第三冊三七〇頁以下、事項七イタリア・ギリシア紛争(コルフ島砲撃事件)関係とくに九月二七日付文書三四五の附属書　伊希紛争事件(「アルバニア」国境画定委員虐殺事件)報告書が概要を説明している。

(11) 換言すれば対米戦時債務の問題が解決しない限り賠償問題の解決はないということで、一九二九年の世界恐慌の影響でアメリカは賠償支払いの一時猶予[いわゆるモラトリアム]は認めたが、対米債務の帳消しや大幅削減は最後まで認めなかった。

(12) 牧野雅彦『ヴェルサイユ条約――マックス・ウェーバーとドイツの講和』(中公新書、二〇〇九年)。

(13) なお、ドイツ政府はドーズ案受け入れに当たって戦争責任問題に関する宰相マルクスの声明を八月二九日に出している。英仏側は当初これに反発するが、ロカルノ会議の席上シュトレーゼマンがマルクス声明について発言し、英仏側もこれを「テーク・ノート」するという形で決着する。牧野雅彦『ロカルノ条約――シュトレーゼマンとヨーロッパの再建』(中公叢書、二〇一二年)九四―九五頁。またドーズ案が正式承認される一九二四年七月―八月のロンドン会議議定書には戦争犯罪人の「アムネスティー」(大赦)についての取り極めがなされている(Die Londoner Konferenz, Juli-August 1924, Amtliches deutsches Weissbuch über die gesamten Verhandlungen der Londoner Konferenz, Sitzungsprotokolle, Aktenstücke, Briefwechsel, 1925, Nr. 36, S. 167–169. 一九二四年八月一六日の最終議定書、附属文書Ⅲ)。その意味においてはドーズ案の成立とロカルノ条約は、旧来の講和の慣行を取り入れることでヴェルサイユ講和条約を事実上修正するものであったということもできる。牧野雅彦「カール・シュミットとアムネスティー」『思想』二〇一三年第九号(第一〇七三号)。

(14) ロカルノ諸条約の中軸であるドイツ、ベルギー、フランス、イギリス、イタリア間の条約は相手国領土への侵攻や攻撃を禁止した第二条の適用例外として連盟規約第一六条ならびに総会・理事会決議に基づく場合などを挙げ、侵犯・違反の場合には連盟理事会に提訴するものとしている(第四条)。

(15) ドイツの加盟と常任理事国入りにともない政務部長ポストをドイツにという話が浮上するが、フランスが難色を示したため新渡戸稲造が就いていた「知的協力委員会」を担当する次長兼国際部長をドイツに廻して次長兼政務部長には杉村をあてることとなった。海野芳郎『国際連盟と日本』(原書房、一九七二年) 一三二頁。

(16) 英マクドナルド政権内では、首相マクドナルド・蔵相スノーデンと外相ヘンダーソンとの間にはかなりの疎隔があった。首相と蔵相は独仏対立ならびに財政問題に関して外務省ならびに財務省の既定路線に概ね従っていたといわれる。彼らとヘンダーソンとの関係は二九年の恐慌対策と「挙国一致内閣」で決裂する。Davis Carlton, *MacDonald versus Henderson. The Foreign Policy of the Second Labour Government* (London: Macmillan, 1970). ジュネーヴ議定書をイギリスが最終的に拒否したのは第一次マクドナルド内閣から保守党政権への交替が原因の一つとされるが、マクドナルド自身は議定書そのものには必ずしも積極的ではなかった (*ibid.*, p. 27)。マクドナルドの主要な目標は紛争の平和的処理の手続よりも軍縮の方にあったように思われる。

(17) Colin Cross, *Philip Snowden* (London: Barrie and Rockliff, 1966), p. 239 も安達の名前は出していないが、日本が重要な仲介役を果たしたことを記している。「会議は三週間続いたが、スノーデンはほとんどあらゆる妥協に抵抗し続けた。最後の段階では敵対する相手と会うことさえ稀だった。彼らとスノーデンとは別々の部屋に控えていて、日本が仲介人として動いていた。個別の論点が提起される度に、スノーデンはイギリス側の要求を最後通牒の形で突きつけて、そこで座ったまま立て続けに煙草をふかして、フランス、イタリア、ベルギーが折れるのを待ち続けた」。

(18) 一九二九年八月二二日付『東京朝日新聞』夕刊二頁 (旧字体は新字体に変更した)。

(19) 安達が議長としてまとめた報告については立作太郎が『國際聯盟規約論』(國際聯盟協會、一九三二年) 一八三―一八四頁で以下のように批判している。「或は第十二条の禁ずる所は、同条所掲の平和的手段を尽さずして戦争を起こすことを禁ずるに在りて、戦争に至らざる強力手段に至りては、第十二条の禁ずる所に非ずとの説を為す者がある。この説に依れば、自衛的行為たる場合は勿論、仮令 (復仇即報償若くは報復) として砲撃若くは土地占領を行ひ、又は干渉として平時封鎖を行ふ場合に於ても、是等強力手段を行ふを禁ぜられぬと為すのである。此の説は第十二条の字句の上より言へば、一見尤もなる如きも、第十二条の趣意が、紛争の解決につき、先ず平和的手段を試みずして、直ちに強力的手段に出づるを禁ぜんとするに在るのであつて、苟も戦争の名を用ひざるときは、復仇又は干渉等の名に依り強力的手段を行ふことを禁ぜられぬとせば、第十二条は、之を空文に帰せしむること容易にして、極めて不合理なる結果を生ずべきである。一九二三年のイタリヤ・ギリシヤ間の事件の際、理事会より法律家委員会に諮問したるに対し、委員会は、戦争行為を構成せしむるの意なくして行はれたる強制的措置は、予め連盟規約の定むる手続を経ずして之を行ふ時は、第十二条乃至第十五条の規定に抵触することもあるべく、又抵触せざることもあるべしとし、理事会が、紛争の付議せらるるや否や、直ちに当該の場合の総ての事情及執りたる措置の性質を適当に考量して、是の如き措置の維持又は撤回を勧告すべきや否やを決定すべきものと為した。此の法律家委員会の返答は、曖昧を極めて居ると言はねばならならぬ」（旧字体は新字体に変更、数字も適宜変更した）。

(20) ジュネーヴ議定書の成立過程についてはあらためて論ずる必要があるが、日本側の基本姿勢は安達等ジュネーヴ代表への九月二二日付訓令に示されている。「一、往電第四四号の通従来の主義と余りに懸離れ国家の独立、名誉又緊切なる利益に関するか如き問題をも義務的仲裁裁判に付せむとするに拘わらす規約第十五条第八項の如き各国に於て国内問題と認めたるものは之を仲裁に付議せすとの規定を存するは趣旨徹底せさるものと認む」（『日本外交文書』大正一三年（一九二四年）第二冊 事項二 国際紛争の平和的処理に関するジュネーヴ議定書関係 四一 九月二二日付 幣原外務大臣より在ジュネーヴ連盟総会代表）。国家主権に関わる問題を義務的仲裁裁判に付することと、特定の問題を国内政事項として排除するのは首尾一貫しないとして提案の矛盾を衝くものであった。ただし日本の立場は、国家主権事項に対する義務的仲裁や国際的紛争処理手続に委ねることに消極的な一方で、「国内事項」問題に関しては逆にオーストラリアやアメリカにおける日本人移民問題について先方がこれを楯に日本側の要求を退けるという想定のもとに――事実オーストラリア側はそうした想定で日本側のそうした異議には反対していた――これに批判的であり、その意味で日本の姿勢そのものも「趣旨徹底せさる」側面をもっていた。訓令の発信人が幣原喜重郎であることから分かるように、これは安達や日本代表の姿勢というよりも日本の協調外交そのものの基本姿勢の問題と言えるだろう。

(21) 五月一六日「国際連盟の現状と今後の課題」第一〇回日本国際連盟協会通常総会での講演、五月一七日「国際連盟の現状と来期常設国際司法裁判所判事総選挙」貴族院定例午餐会講演、安達峰一郎書簡集編集委員会編『国際法に基づく平和と正義を求めた安達峰一郎――書簡を中心にして』資料七五、資料七六。

(22) 独墺関税同盟をめぐる経緯については牧野雅彦『ロカルノ条約』第一一章。

(23) 国際司法裁判所の裁定ならびに少数意見については本書第十章の李論文を参照。

第五章　安達峰一郎とフランス

――駐仏大使時代（一九二七―一九三〇）に焦点をあてて――

黒田俊郎

一　はじめに

安達峰一郎（一八六九―一九三四）の生涯は、ヨーロッパと深い縁で結ばれている。一八六九年（明治二年）に山形県に生まれた安達は、帝国大学法科大学法律学科（仏法専攻）を卒業後、一八九三年（明治二六年）に公使館書記生としてイタリアに旅立ったのち、一九三四年（昭和九年）末にオランダ・アムステルダムで死去するまで、その外交官・法律家としてのキャリアのほとんどをヨーロッパで築きあげた。最初の赴任地であるイタリア、公使、大使として駐在し、安達の死後、夫人が長く暮らしたベルギー、総会や理事会の日本代表として深く関与することとなった国際連盟の本部所在地スイス、そして常設国際司法裁判所の裁判官、所長として赴任したオランダなど、安達ゆかりのヨーロッパの地は少なくないが、本章で取りあげるフランスもまた、安達とヨーロッパとの関係を考察するさい無視することができない国のひとつである。

安達の最初のフランス駐在は一八九七年（明治三〇年）から一九〇三年（明治三六年）までであり、二度目の赴任は一九〇八年（明治四一年）から一九一二年（明治四五年・大正元年）までである。その後、第一次世界大戦の戦後処理を話しあうパリ講和会議（一九一九年：大正八年）に全権委員随員として参加し、一九二七年（昭和二年）には特命全権フランス大使を拝命し、一九二八年（昭和三年）のパリ不戦条約締結への参画をへて、一九三〇年（昭和五年）までフランスに駐在している。述べるまでもなく、安達が暮らし、働き、目撃した第一次世界大戦前後のヨーロッパは、第一次世界大戦の勃発（一九一四年：大正三年）、ヴェルサイユ条約締結（一九一九年：大正八年）と国際連盟の設立（一九二〇年：大正九年）、不戦条約（一九二八年：昭和三年）と世界恐慌（一九二九年：昭和四年）、そしてヒトラーの独首相就任（一九三三年：昭和八年）など、文字通り激動の時代であった。安達の死後、時代の波頭は、ラインラント進駐とスペイン内戦（一九三六年：昭和一一年）、オーストリア併合とミュンヘン協定（一九三八年：昭和一三年）、そしてチェコスロヴァキア併合と第二次世界大戦の開戦（一九三九年：昭和一四年）へと雪崩を打つことになる。第三共和政下のフランスにとってもまた、この時代は、ヨーロッパの没落への不安と近代への懐疑に苛まれ、全体戦争と全体主義の狭間で共和国の危機が語られた時代であった。それは、国内秩序の変動と国際秩序の変動とが相互に関連し、社会思想、政治思想、国際関係思想が新たな秩序を求めて模索し交錯する時代でもあった。

本章は、安達峰一郎が生き、そして死去したこの時代のヨーロッパを、安達とフランスとの関係に焦点をあて、その内在的検討を通してきわめて限定的な角度からではあるが考察しようとするものである。述べるまでもないことだが、安達のフランスとの関わりは、なによりもまず外交官としてのそれであった。安達が一九二七年から一九三〇年の駐仏大使時代に書き綴った書簡の数々が現在、安達峰一郎記念財団の手によって整理保管されている。そこでまず第二節では、この数多の安達書簡のなかからフランスと日本との関係を考察するうえで重要だと思われるものを何点か取りあげ、紹介することにしたい。続いて第三節では、上記書簡のうちアリスティード・ブリアン（Aristide Briand, 1862-1932）関連のものを取りあげたのち、安達が一九三〇年の冬から春にかけて駐仏大使在任中に日本に一時帰国し（これが最後の日本帰国となる）欧州国際政治の現状について講演したさいに言及している「ヨーロッパ合衆国」構想を中心に戦争と平和を主題としたブリアン晩年の演説内容を簡潔に検討する。ブリアンは、第一次世界大戦後、戦勝国の立場からフランスの利害とヨーロッパの平和との両立をはかり独仏和解を成し遂げた戦間期ヨーロッパ国際協調主義の巨頭であり、不戦条約締結後の彼の発言を通して一九二〇年代末から一九三〇年代初頭にかけて隣国ドイツでヒトラー台頭の足音が聞こえる時代のフランスの国際協調主義外交の内実を確認したい。

そして最後にむすびとして安達没後のフランスのゆくえをフランス社会党の指導者で人民戦線内閣首班のレオン・ブルム（Léon Blum, 1872-1950）を取りあげながら点描したい。それはまた、一九三〇年代に入り急速に進展する国際関係の軍事化と軍靴の響きのなかで国際協調主義が苦境に立たされたとき、国際協調派はその苦境にどのように立ち向かったのかを考える契機となるであろうし、安達が一九三〇年代から一九四〇年代にかけてもしも存命であったなら、いったい何を思い、何を考えてヨーロッパと世界の政治のゆくえを見つめたのかに思いをいたすことでもある。進歩と公正の信念に対する暴力と不正の跋扈、それが安達が晩年直面した戦間期国際政治の苦い現実であった。安達が一九二〇年代のヨーロッパにおいて見事に体現していた国際協調主義の存続のために、いったい何が可能だったのか。安達は一九三四年末に死去したが、ブルムは、その後、フランスの敗戦・占領・解放という戦後にいたる激動の時代のなかで、この問題を真摯に考え行動に移していくことになるのである。

二　安達書簡のなかのフランスと日本

東京四谷の安達峰一郎記念財団には、安達が一九二七年から一九三〇年の駐仏大使時代に書き送り受け取った膨大な数のフランス語の書簡がタイピング複写形式で所蔵されている。その内訳は、発信書簡が「大使館関係発翰書簡ファイル［仮称〈紅ファイル〉］」全六冊二六三七通、受信書簡が「大使館関係受信書簡ファイル［仮称〈青ファイル〉］」全一〇冊六八五通、計三三二二通である。発信書簡二六三七通は、その最初の書簡が一九二八年二月二〇日付で、最後の書簡が一九三〇年二月一日付である。全体を通してみると、一日一〇通から二〇通近く執筆する日も少なくない。米国の政治思想史家ジュディス・シュクラーがかつて述べたように「ありふれた日常的な事柄を忘れてしまうのは、リベラルな政治の忘却である。リベラルな政治とは、戦争や革命の企てではなく、平和と妥協の実践なのである」[1]としたら、外交現場で交わされる書簡のなかに私たちは日常からの平和構築の一端を垣間見ることができるかもしれない。そこで以下では、この数多の書簡のなかから安達とフランスとの関わり及びそれに関連してフランスと日本との関係を考察するうえで重要だと思われるものを何点か取りあげ、紹介することにしたい。まず最初は、アレクサンドル・ミルラン（Alexandre Millerand, 1859-1943）宛の一九二八年（昭和三年）三月一三日付の書簡の冒頭である。

> 親愛なる大統領閣下
> 去る二月一三日のパリ到着以来、わたくしの最初の思いは、閣下および令夫人にご挨拶に伺い、心よりの敬意をお伝えすることでした。そしてまたセーヌ河畔で再会できますれば、わたくしがどんなにか幸福であるかをお二人にお伝えすることでした。そう、セーヌの畔でです。セーヌの畔で、閣下と令夫人は、閣下の政治的キャリアの初めからずっと、格別のご厚情と心よりの友情でわたくしを満たしてくださいました（紅ファイル一-七五）。

ミルランは、フランス第三共和政の第一二代大統領である（在職：一九二〇年―一九二四年）。パリに生まれ、弁護士・ジャーナリストして活躍したのち、一八八五年に代議士に当選、最初は、ジャン・ジョレス（Jean Jaurès, 1859-1914）と同様、独立派の社会主義者であった。ミルランは、ドレフュス事件のさなかの一八九九年、左右の対立が続く緊迫した局面で成立したピエール・ワルデック＝ルソー（Pierre Waldeck-Rousseau, 1846-1904）を首班とする「共和国防衛」内閣に入閣した。この社会主義者ミルランの入閣は、それを支持するジョレス、ブルス（Paul Brousse, 1844-1912）らと、社会主義者がブルジョワ政権に参加することに強く反発するゲード（Jules Guesde, 1845-1922）、ヴァイヤン（Édouard Vaillant, 1840-1915）らの対立をもたらし、当時の社会主義陣営を二分する事態に至ったことでよく知られている。すでにみたように、安達の最初のフランス駐在は一八九七年（明治三〇年）から一九〇三年（明治三六年）までであり、前述の書簡の文面からすると、安達がミルランの知己を得るのは、この時期ということになる。安達がフランスに到着したのが一八九七年二月であり、作家のエミール・ゾラ（Émile Zola, 1840-1902）がドレフュス事件に関する公開質問状「私は弾劾する」を発表したのが一八九八年の一月である。安達は、どのようにしてミルランと出会い、そしてまたドレフュス事件で揺れるフランス社会をどのような思いで見つめたのだろうか。その詳細は、現時点では詳らかではないが、興味の尽きないところである。

ミルランは、やがて共和右派にその立場を転じ、第一次世界大戦期には二度にわたり陸相を務め、第一次世界大戦後の一九二〇年一月首相となり、同年九月大統領に就任している。ちなみに一九二八年当時は上院議員であった。安達は、この書簡のなかで、公務多忙でミルランへの訪問が遅れていることを詫び、近日中にぜひ訪問したい旨を伝えている。また大統領在任時の一九二三年初頭、国際連盟理事会がパリで開催されたおり、ミルランが大統領官邸のエリゼ宮で夫人同伴で安達を歓待してくれた思い出を綴り、一〇年に及ぶ公使・大使としてのベルギー駐在ののちのパリでの再会を祈念している。ミルランは、この安達の書簡に三月一五日付でただちに返信を寄せ、心のこもった文面で再会を約している（青ファイル二－一二）。その後、何回かの書簡のやりとりをへて一九二八年七月二日月曜日午後四時にパリ七区ヴィラール街（2, Avenue de Villars）のミルランの書斎での会合が決まっている（紅ファイル一－四八二［安達発ミルラン宛書簡：一九二八年六月二五日］、青ファイル五－八〇［ミルラン発安達宛書簡：一九二八年六月二七日］、紅ファイル一－五〇二［安達発ミルラン宛書簡：一九二八年六月二八日］）。

次にアルベール・トマ宛の書簡に触れてみたい。アルベール・トマ（Albert Thomas, 1878-1932）は国際労働機関（ILO: International Labour Organization）の初代事務局長（在職一九一九年―一九三二年）を務めたフランスの社会主義者である。高等師範学校（École normale supérieure）出身でジョレスと高等師範学校の図書館員リュシアン・エール（Lucien Herr, 1864-1926）の影響で社会主義に傾倒した点ではブルムと軌を一にしている[2]。ジョレスが創刊した『ユマニテ』の編集部等を経て故郷のシャンピニ＝シュル＝マルヌ市の市会議員・市長、セーヌ県選出下院議員を務め、第一次世界大戦中は軍備担当次官や軍備大臣（ちなみにトマを入閣させたのはブリアンである）を歴任している。安達は、一九二八年一〇月三〇日付の小川平吉（帝大同期で当時は田中義一立憲政友会内閣の鉄道大臣）宛書簡で、トマの日本訪問（同年一二月）を控えて、滞日中の便宜と歓待を次のように依頼している。

社会党員たるも其思行共に健実なるが故に、小生は過去八年間、当国の愛国的政治家として親交を訂し居申候。其の老母に孝にして、妻子に慈なる。欧州極めて稀に見る好漢に有之候。同氏今般、本邦視察に赴く公然の目的は、固より労働事情視察の為めに可有之候得共、其の心底には、世界の雄邦なる日本国を能く了解し、自己の極めて豊富なる政治的将来に資せんとする目的を蔵するに相違なしと被信候。同人と一昨夜晩餐を共にし、色々本邦の話を為し、首相、及盟兄の事共に告げ、盟兄の素論たる「ボルシェヴィスト」厳重取締の件なども能く了解せしめ置申候。自然、ご面談の機も可有之候半。何卒御腹蔵なく御話被下、同氏が本邦の永続的真友と云えば、革命者と同一視する向も数多有之候様なるも、当国及白国周辺に於ては、露国共産党運動に反対する絶好の土堤と見做され居り、恰かも大戦前のRadical党位に当る次第に御坐候。「トマ」は国際労働局長として欧州諸国は勿論、南北米諸国に出張し、常々最も簡単に旅行し居りたる為め、本邦に於いても同様ならん事を祈望至居候趣（小生には何も意はざれども）に付、盟兄、内々の御含まで申上げ候。同氏の事に関しては、首相にも一筆内申致

居候。(3)

この小川宛書簡と対をなすのが一九二八年一〇月二七日付のトマ宛ての書簡である（紅ファイル二一-二二七）。安達は、この書簡のなかで、安達宅でトマと過ごした前日二六日の晩餐（日付が小川宛書簡とは異なっている点に注意）の礼を述べ、その席でトマに語った日本の要人たちについて再度覚書を綴り、日本滞在時にはぜひ会談するように勧めている。元老西園寺公望、帝大同期で当時野党の立憲民政党のリーダー若槻礼次郎、一九二〇年（大正九年）から一九二六年（大正一五年）までサン・シール陸軍士官学校等に留学し、当時の日仏交流のパトロン役を果たしていた東久迩宮稔彦王、同じくフランスに渡りフォンテンブロー砲工学校等で学んだ曾我祐邦、昭和天皇の当時の侍従長珍田捨巳、駐仏大使及び国際連盟の日本代表を務めた石井菊次郎、そして小川平吉である。安達は、小川については、若槻礼次郎と同様、親仏派であると述べたあと（若槻については日露戦争後二年間財務担当文官としてパリの日本大使館に勤務したことを、小川については一九〇八年［明治四一年］の安達駐仏時に数カ月パリで共に過ごしたことを書き留めている）、「妥協の余地なき共産主義者の敵」で日本における共産主義思想取締の元締め的存在であると記している。他の人びとについての筆致もいずれも興味深いものだが、ここではそのなかから西園寺公望について、いささか長くなるが紹介しておくことにしたい。

西園寺公は日本国家の元老でつね変わることなく我が国の政治の真髄を体現されてきたかたです。一八六八年の明治維新のおりは、一九歳で官軍の司令官に任命されました。というのも公は、当時もっとも知性溢れる人物とみなされており、維新の大義を奉ずるすべての人びとに自らの判断を知らしめることができると考えられていたからです。維新の大業が完遂されたのち、西園寺公は明治天皇によってフランスに派遣されました。パリは、当時大混乱の最中にありましたが（訳注。以下同：西園寺が渡仏した一八七一年のフランスは、普仏戦争敗北・第二帝政崩壊の直後でパリコミューンが成立するという激動期にあった）、最大限の歓待で公を迎えられました。（パリ大学）法学部に入学後は、とりわけエミール・アコラス（Émile Acollas, 1826-1891 法学者）の厚遇を受けました。アコラス教授については、貴兄もその個人の自由に関する絶対的諸原則についてご存じのことでしょう。西園寺公が当時モンマルトルの区長であったジョルジュ・クレマンソー（Georges Clemenceau, 1841-1929）と友情を結んだのもこの頃のことであります。公は、パリの日本公使館の書記官に任命され、何年ものあいだパリで過ごしました。日本に帰国後、友人たちと自由党を結成し、この自由党がその後紆余曲折を経て政友会となり、現在の日本の政権を担っているのであります。一八八〇年にベルリンとブリュッセルの公使に任命され、一八九五年以降は数多の大臣職を歴任し、日露戦争直後に首相に任命されました。その後、繰り返し首相を務めたのち政界を完全に引退され、その地位を側近の原（敬）氏に譲りました。原氏もまた、パリの日本公使館の書記官を長く務めた人物で、八年前、狂信者によって暗殺されたことを貴兄もおそらく覚えておられることと思います。西園寺公は、つねに政友会の精神的支柱でありつづけておられますが、その起源においてはより自由主義的だったこの政党も現在は保守党とみなされております。政界引退後は、日々の政治にまみれることはもはやなくなりましたが、公が身にまとっている個人的威信ゆえに、西園寺公は今上陛下の唯一かつ真正な助言者であり、すべての政党の指導者たちは、折に触れ彼らの意見を説明するために公を訪ねております。西園寺公はつね変わることなくフランスと自由の諸原則の最大の友であります。さらにまた、最近刊行されたオーギュスト・ジェラール氏（Auguste Gérard, 1852-1922 初代駐日フランス大使［一九〇六年―一九一三年］）の日本に関する著作が西園寺公の政治的業績を十分すぎるほど詳しく語っているとわたくしは思っております。この日本の元老はその大いなる友情を受ける栄誉をつね日頃からわたくしに与えてくださり、職務の重さのなかにあるわたくしを励ますためにたびたびわたくし宛てに手紙を認めてくださいます。ですのでわたくしは、貴兄の国民的で国際的な誇るにたるお人柄について西園寺公に語るため、かならずや公に手紙を書こうと思っております（紅ファイル二－二二七）。

安達はトマの訪日前後にさらに何通かの書簡をトマ及びトマ夫人に送りきめ細かい配慮を示している（紅ファイル二－三二一［一九二八年一一月二一日］、紅ファイル三－一一三［一九二九年一月一八日］、紅ファイル三－三〇七［一九二九年二月二二日］）。その書簡からは、安達とトマの家族ぐるみの交流が垣間見られ心温まるものがある。一九二九年三月一六日付の書簡では、安達はトマに今回の訪日経験を踏まえて日仏間の長年の懸案である関税問題を中心とした仏領インドシナをめぐる日仏通商条約改定交渉決着への助力を求めている（紅ファイル三－三九五）。また国際連盟の仕事でジュネーヴに出かけるさいはつねにトマとの会合の機会を探り（紅ファイル六－一五一［一九二九年一二月二七日］）、一九三〇年の冬、日本に一時帰国するときにはヨーロッパでの再会を約する書簡を送っている（紅ファイル六－二五七［一九三〇年一月二四日］）。アルベール・トマは、安達に先立つこと二年、一九三二年五月に五三歳の若さでILO事務局長在職のままパリで急死することになる(4)。

安達が書簡を送ったフランスの大物政治家としては、その他に、クレマンソー、エリオ、ポワンカレの名前を挙げることができる。クレマンソーに対しては、クレマンソーが亡くなる前年の一九二八年六月に安達の大使着任挨拶に関する書簡の往復がある。まずは安達が六月一五日付で都合伺いを手紙を出し（紅ファイル一－四二四）、翌一六日付でクレマンソーが一九日の午前九時から正午までのあいだでの会合を約す直筆の返信を送っている（青ファイル五－三三）。これに対して安達は、一八日付の返信で一九日午前一一時頃伺う旨を告げ（紅ファイル一－四三五）、二五日付の書簡で会合の礼を述べたうえで、日本からフランスを訪れるクレマンソー・ファンの二人の老齢の貴族院議員との会合を依頼している（紅ファイル一－四八六）。他方、クレマンソーが結党した急進党（Parti radical）の指導者で戦間期に三度首相を務めることになるエドゥアール・エリオ（Édouard Herriot, 1872-1957）への書簡は一九二八年一〇月一二日付でエリオの病気見舞いをその内容としている（紅ファイル二―一七七）。当時エリオはポワンカレ内閣で公共教育相の職にあった。高等師範学校出身で若き日はドレフュス派として活躍したエリオは、のちに社会党・共産党とともに人民戦線の結成に関わることになる。安達の書簡に対してエリオは、七月一八日付で返礼を認めている（青ファイル八―三五）。最後に時の首相ポワンカレ宛の書簡がある。一九二九年五月一一日付で前日に催された式典への列席に対する礼状である。この礼状の末尾で安達は「断続的にではありますが、三〇年以上にわたってフランスに滞在し、フランスと日本に纏わる多少とも重要な出来事にはすべて、遠くからあるいは近くから関わってまいりました」とそのフランスとの縁を振り返っている（紅ファイル四―一九一）。レイモン・ポワンカレ（Raymond Poincaré, 1860-1934）は第一次世界大戦時の大統領（第一〇代：在職期間一九一三年―一九二〇年）でもあり、この書簡からほどなく一九二九年七月に首相を辞任し政界から引退している。

三　アリスティード・ブリアンと安達

第一次世界大戦後、一九二〇年代のフランス外交を対独関係を軸に簡潔にまとめるならば、[5]ヴェルサイユ体制のもとドイツ賠償金支払い問題で対独和解路線を模索したブリアン内閣（一九二一年―一九二二年）の後を襲った対独強硬派のポワンカレ内閣によるルール占領（一九二三年）から始まり、一九二四年成立のエリオ内閣による対独和解路線への舵の切り直し（内政では第一次世界大戦前夜に暗殺されたジョレスのパンテオン移葬に象徴される左派路線）、そしてブリアンによる対独和解路線の継承及び完成と要約することができるであろう。外務大臣を兼任したエリオは賠償金支払いに関するドーズ案を前提としてルールからの撤退を決定し、一九二五年八月までに撤兵を完了する。また一九二四年一〇月に国際連盟総会で採択されたジュネーヴ平和議定書（紛争の平和的解決、軍縮、侵略に対する制裁を三本柱とする集団安全保障体制の構築を企図。最終的に一九カ国が署名したが、批准は一カ国のみで未発効）にも賛同している。エリオの敷いたこの路線は、一九二五年四月、パンルヴェ（Paul Painlevé, 1863-1933）内閣で外相に就任したブリアンに引き継がれた。ブリアンは、その後一九三二年一月まで（首相と兼務の時期［一九二五年一一月―一九二六年七月及び一九二九年七月―一〇月］もあるが）一貫して外相の職にあった。

ブリアンは、ドイツとの和解につとめ、ドイツ外相シュトレーゼマン（Gustav Stresemann, 1878-1929）と協力してロカルノ体制を樹立する。ロカルノ体制は、一九二五年一〇月スイスのロカルノで行われた協議を受けて同年一二月にロンドンで正式調印された七つの条約（ラインラント非武装及びヴェルサイユ条約に定められた国境の不可侵等を定めた英仏独伊ベルギー五カ国の相互保障条約、ドイツとフランス、ベルギー、チェコスロヴァキア及びポーランドとのあいだの四つの仲裁裁判条約、フランスとチェコスロヴァキア、フランスとポーランドとの相互援助条約）からなる集団安全保障体制で、翌二六年九月にはドイツの国際連盟加盟が実現する。こうして国際連盟の枠内でヨーロッパの地域的集団安全保障体制が成立し、独仏和解が成就した。これをブリアン外交第一のピークとするならば、安達の駐仏大使時代（一九二七年―一九三〇年）は、当時の主要国が国際紛争を解決する手段としての戦争の放棄を宣言したという意味で第一次世界大戦後のヴェルサイユ体制下の国際協調外交の頂点ともいえる不戦条約がその提案者ブリアンのお膝元のパリで一九二八年八月に調印されたという点で、その第二のピークを迎えていたといえるかもしれない。

駐仏大使時代の安達書簡のなかには、ブリアン宛の書簡が三通含まれている。一通目は一九二八年七月一〇日付で、徳川家達貴族院議長が主席全権大使としてワシントン軍縮会議（一九二一年―一九二二年）に赴いたときブリアンと知遇を得た記念にその肖像写真を所望していることを取り次ぐ内容である（紅ファイル二一-三七）。一九二八年八月二一日付の二通目は、不戦条約調印式当日の八月二七日にブリアンがフランス外務省で主催する晩餐会に夫妻で招待されたことに対する礼状である（紅ファイル二－一一九）。最後の三通目は一九二九年八月三日付で、ブリアンが首相兼外相となったことを知らせる通知に対する礼状である（紅ファイル五－一〇九）。ブリアン関連ではそのほか、フランス外務省官房長レジェ（Alexis Léger [Saint-John Perse], 1887-1975）宛の書簡で、ブリアンが鏡子夫人に贈ったリラの花束がそのフラワーアレンジメントの妙で夫人をことのほか喜ばせたことを綴った礼状がある（紅ファイル三－四：一九二九年一月三日）。さらにフランス外務省のベルトロ事務総長宛の書簡（計一二通）のなかにもしばしばブリアンへの言及がある。(6)

フィリップ・ベルトロ（Philippe Berthelot, 1866-1934）は、第三共和政のエリート家庭（famille républicaine）に育った外交官で、その多彩な作家・芸術家との交友でも知られている。ユゴー、ロダン、フロベール、ヴァレリー、コクトー、ラディゲ、ジッドなど、ベルトロと交流のあった作家・芸術家は枚挙に暇がなく、とりわけ詩人・劇作家で駐日フランス大使（一九二一年―一九二五年）を務めたポール・クローデル（Poul Claudel, 1868-1955）とは生涯の親友であった。(7) ブルムとも友誼を結んでいる。(8) 一九二〇年にフランス外務省事務総長となったが、一九二二年三月に長兄アンドレの経営する中国興業銀行破産事件への関与を咎められ一〇年間の休職処分をうけた。しかしブリアンが一九二五年四月に外相に復帰すると事務総長に復職し、その後一九三三年の引退までその職にあった。ブリアン外交を実務面で支えた大物外交官（l'homme du Quai d'Orsay）である。

安達のベルトロ宛書簡の内容は、会談設定依頼などブリアン関連（五通）と実務上の相談・依頼（七通）とに大別できる（ただし内容が双方にまたがる書簡もあるので厳密な区分は困難である）。前者については、たとえば一九二八年一〇月一三日付の書簡では、一九二一年（大正一〇年）のヨーロッパ諸国歴訪のおりフランスでも歓待を受けた昭和天皇の即位を祝う祝宴を一九二八年一一月一二日に開催予定であることを告げ、ベルトロ夫妻はもちろんのこと、ブリアン外相にもぜひとも列席してもらいたいので、その旨直々面談して伝えたいと書き綴り、会談日程の設定を依頼している（紅ファイル二–一八四）。この件では安達は一一月六日付の書簡でもブリアンの出欠確認とベルトロ夫妻出席の念押しをしている（紅ファイル二–二六〇）。後者については、パリ在住の日本人画家への叙勲依頼や曾我祐邦への叙勲の礼、日仏会館館長として日本訪問予定のブラランエム教授（Louis Blaringhem: 植物学者、訪日時昭和天皇と会見）を囲む晩餐会への招待（以上、紅ファイル二–五：一九二八年七月三日）、ワシントン海軍軍縮条約（一九二二年）後の新たな海軍軍縮に向けての日仏関係者協議、帝政ロシアの金塊問題に関するイタリア提案への対応（紅ファイル二–一六四：一九二八年一〇月一〇日）、仏領インドシナをめぐる日仏通商交渉（紅ファイル二–四一六：一九二八年一二月七日）などが取りあげられている。

とりわけ、先に紹介したトマ宛の書簡でも触れられている仏領インドシナをめぐる日仏通商交渉をめぐっては、二度にわたるブリアンとの会談内容をベルトロに伝えている。一九二九年二月二八日付の書簡では「わたくしはブリアン外相にインドシナ問題についてお話ししました。外相は、現下の状況を完全に理解することを望んでまいりました。わたくしに対して繰り返し次のように仰いました。すなわちすでに長きにわたって引き延ばされてきたこの問題の速やかな解決のためにすべての部局に対して注意を喚起すると。」（紅ファイル三–三五〇）また一九二九年六月二八日付の書簡には「インドシナ問題の現状をお知らせするため、昨晩ブリアン外相にお目にかかり覚書をお渡ししましたので、この書簡に写しを添付いたします」と記されている（紅ファイル四–三八二）。この問題は、仏領インドシナ向けの日本製品の関税率引き下げをめぐる問題なのであるが、インドシナ側の関係業者・団体、フランス本国の植民地協会など、利害関係者の抵抗が強く交渉は難航・長期化しており[9]、安達も対応に苦慮していたことが窺える。

安達が日本帰国時の一九三〇年五月の貴族院における講演で「戦争中、クレマンソー君の右腕として、国家に対して殊勲に値する功績があった人物ですが、その後、ヨーロッパ、ひいては世界の平和のために、特に仏独両国の親善が不可欠であることを痛感し、世の中が未だ進まない一〇年前の昔において、かの暗殺されたラテナオと手を組んで、今日の仏独親善の端緒を開」いたと賞賛し、また「ブリアンの至る所ルシェール在らざるなし。ブリアンの精神を具体化するのは常にルシェールであります」[10]と評したルイ・ルシェール（Louis Loucheur, 1872-1931）宛には二通の書簡が残されている。ルシェールは、第一次世界大戦中、ブリアン内閣でトマ軍備大臣のもと軍備担当次官を務め、その後、パンルヴェ内閣及びクレマンソー内閣ではトマの後任として軍備大臣に就任し、さらに産業復興相も務めている。パリ講和会議ではクレマンソーの経済顧問として活躍し、戦後はブリアン、ポワンカレ、エリオ内閣等で社会・経済系閣僚を歴任している。ルシェールはまた一九二〇年代からヨーロッパ経済統合の主唱者として知られ、後述のブリアンのヨーロッパ連合構想にも関与している。ルシェール宛の第一の書簡は一九二九年二月一九日付でルシェールがフランスでその結成に尽力していた「日仏議員同盟会議」[11]のカウンターパートとなる日本側の陣容を曾我祐邦の依頼で伝えるものである。曽我が名誉事務総長で代表が徳川家達、メンバーには、阪谷芳郎、石井菊次郎、松井慶四郎、渡邊千冬、二荒芳徳、裏松友光、大鳥富士太郎、関義寿、若槻礼次郎、田中舘愛橘、斯波忠三郎、大河内正敏らの名前がある（紅ファイル三一‐二七八）。このフランスにおける日仏議員同盟会議結成の件では、安達は、ルシェール宛の第二書簡（紅ファイル六一‐一四二：一九二九年一二月二七日）でその協力者として言及されているテッサン（François de Tessan, 1883-1944 ジャーナリスト、政治家）にも日本への一時帰国直前に何通かの書簡を送り協力を要請している（紅ファイル六一‐二三八：一九三〇年一月二四日、紅ファイル六一‐二七〇：一九三〇年一月二七日、紅ファイル六一‐三三〇：一九三〇年二月一日）。

他方、安達は、右記の貴族院講演で不戦条約締結後、事実上ブリアン最後の外交上のイニシアティブとなったヨーロッパ連合構想について「ヨーロッパ合衆国」構想という名でかなり詳細に紹介している[12]。安達の紹介のポイントは、第一にこの「ヨーロッパ合衆国」構想の発案者が日本人を母にもつオーストリアの伯爵（リヒャルト・クーデンホーフ・カレルギー［Richard Nikolaus Eijiro Coudenhove-Kalergi, 1894-1972］）であり安達と文通していること、第二にその構想を真摯に受け止めたのがシュトレーゼマンとブリアンであること、第三に今後ブリアンによるヨーロッパ連合の具体的提案はルシェールの筆になるに違いなく、その眼目はルシェールの働きかけで一九二七年に開催されたジュネーヴ経済会議での議論を踏まえヨーロッパの経済統合に置かれるであろうこと、しかし第四にブリアンのことだから政治組織面でも何らかの新機軸が打ちだされる確率が高いこと、以上四点である。現時点から振り返っても実に的確な分析と予測であるといえる(13)。不戦条約調印式の演説で「平和が宣言されたこと、それはたしかに素晴らしく大いなる出来事である。しかし平和は組織化されなければならないのだ。武力による解決を司法による解決に置き換えなければならない。それが明日からの仕事なのである(14)」と語ったブリアンは、(むろん不戦条約が当初の目論見であった米仏二国間の双務的条約という形ではなく多国間条約として締結されたことの功罪も踏まえて)平和の組織化の次のステップとして、翌一九二九年九月五日の国際連盟第一〇回総会でヨーロッパ連合構想について次のように演説した。

ヨーロッパ諸国民というかたちで地理的にひとつのグループを形成している人びとのあいだには、ある種の連邦的な絆が存在するべきだとわたくしは考えております。すなわちかれらはつねに連絡をとりあうことが可能であるべきだし、その利害について話し合い、共同の決定を下すことができるようにするべきです。そしてもしも深刻な事態が発生したら、望むときにその事態に対応することを可能とする団結の絆をかれらのあいだに築くことができるべきなのです。このような絆をわたくしは築きあげたいと願っております。当然、この連合的な結びつきは、とりわけ経済分野でなされることでしょう。なぜならばそれが焦眉の問題だからであります。わたくしは成功を信じております。他方わたくしは、政治的・社会的観点から、この連邦的な絆は、この連合に参加するいかなる国家の主権をも侵害しないかたちでヨーロッパの諸国民に恩恵をもたらすことを確信しております(15)。

この演説をうけて国際連盟加盟の欧州二六カ国はブリアンにヨーロッパ連合の素案作りを依頼し[16]、ブリアンは一九三〇年五月一日、欧州各国政府にヨーロッパ連合の具体案（Mémorandum sur l'organisation d'un régime d'Union fédérale européenne）を提示した。その骨子は、第一にヨーロッパ連合設立条約の締結、第二にその機構として立法府（欧州会議：国際連盟加盟の欧州諸国代表で構成）と行政府（常設政治委員会及び事務局）の設置、第三に政治協力の重視（ただし加盟国の主権は最大限尊重）とそのもとでの経済統合の推進、第四に具体的協力分野として経済財政政策（公共事業、運輸・通信、関税・市場・通貨）、社会政策（労働、保健衛生）、政治及び知的交流（議会、大学、学術・文化芸術）の例示、第五に域外諸国との外交原則の樹立、であった[17]。しかしながら欧州各国の反応は消極的で、ブリアンの提案は一九三〇年九月の国際連盟総会（第一一回）で審議されたが[18]、総会はブリアンを議長とするヨーロッパ連合検討委員会（La Commission d'étude pour l'Union européenne）を設置するに留め、その後、同委員会での議論は進展をみなかった[19]。賛同を示したのはオランダ、チェコスロヴァキア、ポーランド、ユーゴスラヴィア、ブルガリア、ギリシアだけで、英国は時期尚早として一〇年後の実施検討を提案した。ドイツはヴェルサイユ条約改定による地位改善を優先し、ヨーロッパ連合がドイツ東部国境の固定化につながることを警戒した。ベルギーは主権に拘り、イタリアはアフリカにおけるヨーロッパ植民地の共同管理を条件に提案に賛成した。スイス、ノルウェー、スウェーデンは国際連盟で十分と考え、ソ連は提案を反ソ的な策謀とみなしたのである[20]。そして「結局、英国人のエリック・ドラモンド国際連盟事務総長は、英国政府の立場を採用して『欧州各国政府の行動の自由を阻害する恐れのある』ヨーロッパ・ブロックの結成に反対した[21]」のである。

フランス国内に目を転じれば、ブルムもまた一九三〇年九月一三日の社会党機関紙『ル・ポピュレール』紙上の論説「ヨーロッパ連邦は非武装のヨーロッパを前提とする（Europe fédérée suppose Europe désarmée）」で統合よりも軍縮を最優先とする立場からブリアンのヨーロッパ連合案を批判している。ブルムが議論の素材としているのは、ブリアンと英国のヘンダーソン（Arthur Henderson, 1863–1935 英国労働党の政治家でこのときマクドナルド労働党内閣の外相）との論戦である。ブルムによると、両者の対立はヨーロッパ連合をあくまでも国際連盟の一機関とみなすか（ヘンダーソン）国際連盟と緊密な関係を有するがそれ自体は一個の独立した機関と考えるか（ブリアン）という点にあるだけではなく、より根本的には、ヘンダーソンがヨーロッパ連合の前提に全面的な軍縮を置いていることにあり、ブルムは、このヘンダーソンの立場を支持しているのである。ブルムは、ブリアンの立場を擁護してヘンダーソンに反論したジャン・ルシェール（Jean Luchaire, 1901–1946 ジャーナリスト、戦後、対独協力者として処刑）の立論（全面的な軍縮の前提には信頼関係の醸成、すなわち安定した安全保障環境が必要であり、そのような環境を作りだすためにこそ、ブリアン提案のヨーロッパ連合が必要である）に論駁して次のように書いている。すなわち「いいえ、ジャン・ルシェールは間違っている。そしてそれは、いつものことなのだが、致命的な誤りである。軍縮は安全保障の結果ではなく、そのもっとも重要な前提条件なのである。『まずは連邦を！　それから軍縮だ』と固執して言い募っているかぎり、われわれは乗り越え不能な堂々巡りに陥ることになるだろう。なぜならば連邦制は、軍縮が実現したあとでしか実現しないのだから[22]。」ブルムは、第一次世界大戦前夜にも似た国際関係の悪化の兆しと好戦的ナショナリズムの蔓延に警告を発したうえで「軍備は戦争に対する保証とはならない。むしろ戦争の原因、それもすべての戦争原因のなかでも最も恐ろしく最も効率的な戦争原因である。もしも読者諸兄がヨーロッパ連邦を欲するのならば、軍備を縮小しなさい。平和を守りたければ軍縮を！[23]」とその論説を結んでいる。

ブリアンもまたこの国際環境の変化には気づいていたにちがいない。だからこそブルムとは逆に「なによりもまず第一にヨーロッパ連合を！」だったのであろう。この構想を提起した前述の国際連盟演説（一九二九年九月）には、隣国ドイツで聞こえてくるヒトラー台頭の足音に警告を発する次のような一節がある。

ここで、人びとの心のなかにある平和の思想を揺るぎないものとするために、人の心を悪に染めていく目的で体系だって行われているある種の行為に対して、わたくしたちは無関心でいられないと付言することをお許しいただきたい。平和に向かって歩みを進める人びとだけが存在するわけではありません。すべての国には密かに危険な策略でもって平和が恒久的に続くことがないように励んでいる、そんな人たちがおります。ですので、そのような運動には監視が必要なのです。ご列席の皆様は、社会的な予防措置にご関心をもち、アヘンやモルヒネの追跡にご関心がおありなのですから、そのような企てにもつねに注意を怠らないでいただきたいと存じます。この企ては、子供たちの頭のなかに体系的に戦争の種を播き、なんとも言いようのない復讐に彼らを駆りたてていくことによって、子供たちの精神を汚すことをまさに目的としております。それは、あたかも将来の世代を憎しみと流血の世代とするかのごとき企てであります。その書物と言葉によって、その教育によって、そのような世代を準備する者たちは、嫌悪すべき犯罪者であります。そのような者たちを休むことなく狩りだし、害毒をまき散らすことができないようにしておく必要があるのであります[24]。

ブリアンは、このような時代の流れのなかで一九三一年五月一五日にドラモンド国際連盟事務総長に欧州経済危機に関する覚書（Mémorandum pour remédier à la crise économique européenne）を送付している。この覚書は、やがてロベール・シューマン（Robert Schuman, 1886–1963）の目にとまり、第二次世界大戦後の欧州統合の画期となるローマ条約（一九五七年）の土台となっていく[25]。そしてブリアンは、一九三一年九月一一日の国際連盟での演説で、今こそ諸国民は「もはや戦争などありえない！　われわれはいかなる場合、いかなる理由、いかなる状況でも、戦争を認めない。われわれは戦争をさらし台に釘付けにし、罰せられることなしには二度と目覚めること叶わぬようにしてきたのだから！[26]」と声を大にして世界に告げるべき時だと聴衆に向かって語りかけている。しかしその直後の九月一八日、満州事変が勃発し、国際連盟はその最大の危機を迎えることになるのである。

四 おわりに——安達没後のフランスのゆくえ

一九三二年三月七日、ブリアン死去の報を受けたフランス議会は喪に服し、満州問題で緊急討議中の国際連盟では議長を務めていたベルギーのハイマンス（Paul Hymans, 1865-1941）がブリアンの逝去を討議参加者に告げた。パリ・クレベール通りのブリアン宅への最初の弔問者は、駐仏ドイツ大使ヘッシュ（Leopold von Hoesch, 1881-1936）であった[27]。ブルムもまたその政治遍歴を振り返りつつ「平和の使徒」ブリアンの死を悼んだ[28]。ブルターニュ地方のナントで生まれたブリアンは、その若き日、ジョレスと共に社会主義運動の組織化に尽力したが[29]、やがて共和左派に接近し政教分離法（一九〇五年公布）策定過程では法案報告者（rapporteur）の大役を務めた。そして第一次世界大戦前夜には兵役三年法をめぐって法案推進の立場から同法案に反対し反戦平和運動を繰り広げたジョレスと厳しく対峙したのである[30]。

かつてジョレスの周辺にいた社会主義者のうち、安達と交流のあったミルランとブリアンは共和派に移行し第三共和政を支える中核的政治家となり、トマは社会主義者ではあり続けたが、ジョレスが一九〇五年に結党した統一社会党（Parti Socialiste: S.F.I.O.）がトゥール大会（一九二〇年）で共産党（多数派）と社会党（少数派）に分裂した頃には、労働問題に精通した有能な民主的官僚（démocrate technicien）[31]としてフランスを離れＩＬＯ事務局長の職にあった。こうして第一次世界大戦後、暗殺されたジョレスの遺志を継ぎ、分裂後の社会党を率いることになったのがブルムであった。そして安達が亡くなった一九三四年には、一九〇五年がロシアにおける革命とモロッコをめぐる仏独対立によって第一次世界大戦に向かう欧州の分水嶺となったのと同様に、フランス社会にとっては第二次世界大戦へと向かう画期となる事件があった。すなわち極右の諸団体の騒擾により多数の死者・負傷者を出した二月六日事件である。

この事件に対する左翼の危機感が一九三六年のブルム人民戦線内閣の成立へとつながるのである。

振り返れば、ブルムの師、ジョレスもまた、第一次世界大戦前夜の危機のなかで、一方で国境を超えた労働者の団結（第二インターナショナル）に平和への礎を期待すると同時に、他方でその国際的な反戦・平和運動が失敗に終わったとき、どのようにしたらフランスを防衛できるのかに頭を悩ませた。[32] ジョレスは、国内秩序の刷新を目指す革新勢力（社会主義）の国際的連帯による平和の構築を追求したが、それは最終的に好戦的ナショナリズムのうねりのなかでの彼の暗殺という悲劇に帰結したのである。ブルムも同様に、一九三〇年代の危機のなかで人民戦線内閣首班として国内的にはフランス社会の社会民主主義的改革を追求し、国際的には軍縮と紛争の外交的・司法的解決を支持する一方で、国際連盟と常設国際司法裁判所を基軸とするそのような平和への取り組みが万が一失敗に終わった場合、どのようにしたら民主的共和国としてのフランスの安全を保障できるのかを考えざるをえなかった。[33] しかし彼もまた最終的には挫折と敗戦と戦犯裁判を経験し、そしてユダヤ人として強制収容所への収監が待っていたのである。

ブルムはフランス極右勢力の憎しみを一身に浴び、一九三六年二月には極右の暴漢に襲撃され重傷を負っている。米国の思想史家スチュアート・ヒューズは、安達も言及しているドイツの政治家ヴァルター・ラーテナウ（Walther Rathenau, 1867–1922）の暗殺をめぐって、その暗殺者たちが属した世代について次のように指摘している。すなわち「この新世代は性急で、命令的で、反主知主義的で、戦争経験によって直接行動の訓練を受けており、しかもニーチェやシュテファン・ゲオルグのレトリックに酔っていたから、いぜんとして理性的・人間的な価値を大事に思い、ワイマール体制の『平凡と通俗』に落着こうとするひとびとを忌み嫌ったのである。かれらの父親の時代の偉大な自由主義者は、もうどうしようもなく古びてしまった十九世紀的遺物と見えたのであった。[34]」ブルムを襲った暴漢の心のなかにも平凡で通俗的な日々の生活と理性的で人間的な価値に対する同様の嫌悪と憎悪があったのではなかろうか。[35]

これに対してブルムは、敗戦後、ヴィシー政府によって逮捕されフランス中部のリオン（Riom）で裁判を受けるあいだに執筆し一九四一年一二月に書きあげた著書『人間の尺度（*A l'échelle humaine*）』を次のような言葉で結んでいるのである。

> やがて現在という時は去り、ヨーロッパに蟠居している独裁者たちも去り、悲惨もいやしさも姿を消すであろう。その時にもこの世に永遠の理想は存在する。その時にも普遍的な法則と結びついた人間の運命があり、われわれは普遍的な法則のうちに現在のわれわれの運命を刻まなければならないのだ。われわれは現在のなかで働いているのであって、現在のために働くのではない。私は大衆集会で何回となく次のようなニーチェの言葉を引用し説明したものだ。「未来及び永劫の過去が、汝の今日という日を律する掟ならんことを。汝にすすめるのは明日への愛ではなく、永遠への愛ならん」と。なぜ人類が、フランス国民が、過去においてなしとげたことを未来においてなしとげられないということがあろうか？　人類は知恵と科学と芸術を創造することができた。どうして正義と友情と平和をつくり出せないはずがあろうか？（中略）人間は目的をしっかりと見定め、自己の天命を信じ、努力をおしむべきではない。心の安定を失い、勇気のくじけた時には、われわれは〈人類（ユマニテ）〉について考えればよいのである[36]。

（1）Judith Shklar, *Oridinary Vices* (Cambridge, Mass.: Harvard University Press, 1984), p. 243.
（2）Léon Blum, *Jean Jaurès* (Paris: Éditions du Parti Socialiste S.F.I.O., 1933), p. 28.
（3）安達峰一郎書簡集編集委員会編『国際法にもとづく平和と正義を求めた安達峰一郎――書簡を中心にして』（安達峰一郎博士顕彰会、二〇一一年［以下『書簡集』と略記］）資料六八、一五二―一五三頁。
（4）ＩＬＯ事務局長としてのトマについては、cf. Dzovinar Kevonian, "Albert Thomas et le Bureau International du Travail, 1920–1932: Enjeux de légitimation d'une organisation internationale," Jacques Bariéty (dir.), *Aristide Briand, la Société des Nations et l'*

Europe 1919-1932, Presses Universitaires de Strasbourg, 2007, pp. 324-338. なお国立国会図書館憲政資料室には、安達のレジオンドヌール勲章受章を祝する一九三〇年二月一四日日付の署名入りのトマと推定される書簡が所蔵されている（「安達峰一郎関係文書［書簡の部］」［国立国会図書館・憲政資料室所蔵］二四八）。また同書簡の日本語訳が安達峰一郎博士顕彰会によって保管されている。

（5）　牧野雅彦『ロカルノ条約――シュトレーゼマンとヨーロッパの再建』（中公叢書、二〇一二年）参照。

（6）　ブリアンの死後、引退したベルトロの後任として一九三三年から一九四〇年までフランス外務省事務総長を務め、のちに詩人としてノーベル文学賞を受賞するレジェについては、cf. Renaud Meltz, "Alexis Léger, de Philippe Berthelot à Aristide Briand," Jacques Bariéty (dir.), *Aristide Briand, la Société des Nations et l'Europe 1919-1932*, pp. 416-435.

（7）　ベルトロとクローデルの交友については、篠永宣孝「駐日大使クローデルとフランスの極東政策」『早稲田政治經濟學雑誌』二一二〇（早稲田大學政治經濟學會、二〇〇七年）二―四頁参照。

（8）　ブルムとは、ベルトロ家の四男ルネ（フィリップは三男）がブルムの親友だった縁で知り合い生涯の友となった。cf. Jean Lacouture, *Léon Blum* (Éditions du Seuil, 1977), pp. 15-16 et p. 181.

（9）　このインドシナ関税問題については、篠永「駐日大使クローデルとフランスの極東政策」一一―一三頁を参照。

（10）　『書簡集』資料七六（講演三「国際連盟の現状と来期常設国際司法裁判所判事総選挙」一九三〇年［昭和五年］五月一七日貴族院定例午餐会講演）一七六頁、一八六頁。

（11）　この日仏議員同盟会議については右記講演でも言及されている。同右、一七六―一七七頁参照。

（12）　同右、一八四―一八七頁参照。

（13）　ブリアンのヨーロッパ連合構想についての近年の研究としては、cf. Antoine Fleury, "Le plan Briand d'Union fédérale européenne: les dimensions diplomatiques, 1929-1932," dans Jacques Bariéty (dir.), *Aristide Briand, la Société des Nations et l'Europe 1919-1932*, pp. 339-354.

（14）　"Discours d'Aristide Briand, Ministre des Affaires Étrangères, lors de la signature du pacte général de renonciation à la guerre, le 27 août 1928, appelé Pacte Briand-Kellogg ou Pacte de Paris," Achille Elisha, *Aristide Briand: La paix mondiale et l'union européenne*, Editions Ivoire-Clair, 2003, p. 287.

（15）　"Discours pour l'Union Européenne," Elisha, *Aristide Briand*, pp. 305-306.

(16) ブリアンのヨーロッパ連合構想を強く支持したシュトレーゼマンが亡くなる直前の一九二九年九月九日に行った国際連盟総会での最後の演説については、大井孝『欧州の国際関係　一九一九―一九四六――フランス外交の視角から』(たちばな出版、二〇〇八年)一八〇―一八一頁参照。またブリアンの意図とシュトレーゼマンの応答については、牧野『ロカルノ条約』一七五―一八二頁も参照。なお駐仏大使時代の安達書簡には、シュトレーゼマン発安達宛(青ファイル五-四五：一九二八年六月一九日)及び安達発シュトレーゼマン宛(紅ファイル二-二六二：一九二八年一一月六日)の二通の書簡が残されており、いずれもシュトレーゼマンの健康をめぐるものである。

(17) Elisha, *Aristide Briand*, pp. 32-35.

(18) 五月のブリアン覚書に基づき九月の総会に提出されたフランス案(Rapport du governement français sur les résultats de l'enquête instituée au sujet de l'organisation d'un régime d'union fédérale européenne)については、cf. *Documents relatifs à l'organisation d'un régime d'Union fédérale européenne*, Archives de la Société des Nations, A SDN (1928-1932)-50/21848/19816-R3589.

(19) 同委員会での審議の詳細については、cf. Fleury, "Le plan Briand d'Union fédérale européenne: les dimensions diplomatiques, 1929-1932," pp. 348-352.

(20) Elisha, *Aristide Briand*, pp. 35-36. 大井『欧州の国際関係　一九一九―一九四六』一八二―一八三頁。

(21) *Ibid*., p. 36.

(22) *L'Œuvre de Léon Blum*, tome III-2 (1928-1934), Éditions Albin Michel, 1972, p. 150.

(23) *Ibid*.

(24) "Discours pour l'Union Européenne," Elisha, *Aristide Briand*, p. 309.

(25) *Ibid*., pp. 36-37 et p. 368 (note 68).

(26) "Discours à la Société des Nations, 11 septembre 1931," Elisha, *Aristide Briand*, p. 390.

(27) Bernard Oudin, *Aristide Briand*, Perrin, 1987, p. 552.

(28) *L'Œuvre de Léon Blum*, tome III-2 (1928-1934), pp.623-624 (初出は、*Le Populaire*, 8 mars 1932).

(29) cf. *Œuvres de Jean Jaurès*, tome 8 (*Défense républicaine et participation ministérielle*), Fayard, 2013, p. 17 (note 2).

(30) Jean-Jacques Becker et Serge Berstein, *Victoire et frustrations 1914-1929* (Nouvelle histoire de la France contemporaine,

tome 12), Éditions du Seuil, 1990, pp. 11-12.

（31）　Jean Lacouture, *Léon Blum*, p. 183.

（32）　cf. *Œuvres de Jean Jaurès*, tome 13（*L'Armée nouvelle*）, Fayard, 2012.

（33）　トニー・ジャットは、ブルムを「一九三〇年代後半の国際社会の現実を目の当たりにして、平和主義や全般的軍縮や宥和政策を率直に放棄する勇気を持った、唯一の傑出した社会党員であった」と評している。Tony Judt, *The Burden of Responsibility: Blum, Camus, Aron and the French Twentiety Century*（Chicago: University of Chicago Press, 1998）, pp. 21-22.（トニー・ジャット［土倉莞爾・長谷川一年・渡辺和行・神垣享介訳］『知識人の責任――ブルム、カミュ、アロン』［晃洋書房、二〇〇九年］二三頁。）しかしジャットは同書の別の箇所でブルムが「一貫して国際的な権力政治の作用を理解できなかった」点を指摘したうえで「心理的ないし政治的リアリズムのこの慢性的な欠如、思想を生み出す人間と出来事のなかに善を見る意志は、レオン・ブルムの本質的な品位の一部であった」とも論じているのである。Judt, *The Burden of Responsibility*, pp. 58-59.（ジャット『知識人の責任』六三頁）他方レイモン・アロンは、戦間期フランスの政治家と知識人にみられた国際政治における力の役割に対する無理解について戦後自責の念を込めつつ次のように述べている。すなわち「天使を演じようとする者は結局は野獣を演じることになる。国際秩序の現状に対して不満をもつ国や革命を企てる国の力と拮抗する力によって支えられる時にのみ、国際秩序は維持可能であることを国家指導者は忘れてはならない。もしも力の計算を怠るならば、国家指導者は、その責務を放棄し、彼の職業と使命が要請する道義を失う。そのとき国家指導者は、たんなる過誤だけではなく、道徳上の罪をも犯すことになるのである。なぜならば、かれの手にその運命が託されている人びとの安全と理念とが危険に晒されるからである。」（Raymond Aron, *Paix et guerre entre les nations*, Calmann-Lévy, 1962, p. 596. 強調は原文）。

（34）　スチュアート・ヒューズ（生松敬三・荒川幾男訳）『意識と社会――ヨーロッパ社会思想　一八九〇―一九三〇』（みすず書房、一九七〇年）二五三頁。

（35）　より具体的な文脈、すなわち当時のフランス社会における「ユダヤ人」ブルムに対する憎悪については、cf. Judt, *The Burden of Responsibility*, pp. 73-78.（ジャット『知識人の責任』七九―八四頁。）

（36）　*L'Œuvre de Léon Blum*, tome V（1940-1945）, p. 495.（レオン・ブルム［吉田八重子訳］『人間から人間へ――わが人民戦線の回想』［人文書院、一九七五年］一七八―一七九頁。）

第六章　安達峰一郎とアメリカ

——日米協調のもう一つのシナリオ——

三牧聖子

一　はじめに——「司法官」安達峰一郎

一九三〇年九月、安達峰一郎はハーグ常設国際司法裁判所（Permanent Court of International Justice、以下ＰＣＩＪ）判事に最高得票で当選し、翌年には同裁判所所長に選ばれ、「世界の良心」と称えられる国際紛争解決の功績を残した。しかし一九三三年末に裁判所所長を辞した後、病に倒れ、一九三四年一二月、入院先のアムステルダム市内の病院で病没した。安達の死は、その後任をめぐる問題を生み出すことになった。ＰＣＩＪ規程第四条一項は、ＰＣＩＪ裁判官の選出について、ハーグ常設仲裁裁判所（Permanent Court of Arbitration、以下ＰＣＡ）の国別裁判官団によって指名される者の名簿の中から連盟総会および連盟理事会が選挙すると定めている。この規定に基づき、アメリカで安達の後任を指名する役割を与えられたマンリー・Ｏ・ハドソン、エリュー・ルート、ニュートン・Ｄ・ベイカー、ジョン・Ｂ・ムーアは困難な選択に直面した[1]。

日本のＰＣＡ裁判官団は安達の後任として、一九〇〇年に外務省に入省して以来、駐チェコスロヴァキア公使、駐オランダ公使、駐ドイツ大使、駐フランス大使を歴任した長岡春一の指名を検討していた。この長岡の指名には、日本政府の意向が強く働いていた。さらに日本政府はアメリカＰＣＡ裁判官団に対しても、長岡の履歴書とともに長岡の指名を求める書簡を送り、長岡の指名が望ましい理由として次の三点を挙げた。（一）ＰＣＩＪ規程九条にある「裁判官全体のうちに世界の主要文明形態及び主要法系が代表されるべきである」という原則への考慮、（二）死亡や辞任により、ある国家の判事に空席が生まれた場合、同じ国籍の判事で補われることは慣行となっている。（三）日本は国際連盟からの脱退を余儀なくされたが、ＰＣＩＪへの関与の方針は変わらない。すなわち、日本人判事を再び任用することにより、ＰＣＩＪは国際平和のための有益な制度となりうる。書簡は次のような嘆願で締めくくられていた。「もし日本人判事が選出されないという事態になれば、日本政府がＰＣＩＪと今まで同様の関係を続けていくことは著しく困難になるであろう。日本の国内世論がそれを許さないからである。このような不幸な事態が回避されることを心から願っている」(2)。

この書簡への返答でハドソンは長岡の「人柄と能力」を賞賛し、アメリカＰＣＡ裁判官団の長岡への支持についても肯定的な展望を提示した(3)。しかしそれが本心ではなかったことは、数日後に改めて日本政府に送った返答にも示唆されていた。ハドソンは、その他のＰＣＡ判事に意見を求める前の個人的な所感として、「安達と私との間に育まれた、長く、親密な友情に鑑み、安達が望んだであろう人物がその後任となることを強く願う」という意味深長な返答をしたのである(4)。以下でみるように、ハドソンは長岡を「安達が望んだであろう人物」とはみなしておらず、ＰＣＩＪの判事としてふさわしくないと考えていた。

日本政府から長岡への支持について打診を受けたハドソンはすぐさまルートへ書簡を送り、日本政府がＰＣＩＪ判事の指名に公然と介入している事実、日本人判事が選出されなかった場合には日本のＰＣＩＪからの脱退すら示唆していることへの疑問を表明した。ハドソンは言う。日本人の判事を指名すること自体には反対ではない。日本はＰＣＩＪの加盟国であり、その費用の負担も続けている。また、日本をＰＣＩＪへつなぎとめることは、日本が将来、連盟に復帰する際の架け橋にもなりうる。しかし、自分は長岡を長年知っているが、長岡は「司法官（jurist）」ではなく、「外交官（diplomat）」であり、その指名には賛成できない[5]。

ハドソンはベイカー宛の書簡でも同様の主張を繰り返した。確かに、ＰＣＩＪ判事は国籍にかかわらず、その司法官としての資質において選出されねばならないというＰＣＩＪ規程の原則が、現状において形骸化していることは事実である。しかし、私が純粋に個人の素質を基準として安達の後任を指名するならば、それは長岡ではありえない[6]。

ベイカーも長岡を指名すべきではないという判断をハドソンと共有していた。もっともベイカーの場合、その批判の主たる矛先は、長岡自身の資質より、長岡が安達の後任として浮上してくるまでの経緯に向けられていた。ベイカーは、日本政府がジュネーヴの連盟で長岡の指名を獲得するための運動を公然と展開していることを強く批判し、次のようにＰＣＩＪの理念を強調した。ＰＣＩＪを本来の理想へと近づけようとするならば、我々アメリカグループは、ＰＣＩＪ判事の指名過程から、国家による外交的な圧力のいかなるものも排除することに努めなければならない。私たちは、その人物がどのような小国の出身者でも、司法官として優れた人物をＰＣＩＪ判事に選出すべきである。自国の国民をＰＣＩＪ判事にするための活動を公然と展開し、日本人判事の存在を、日本が今後もＰＣＩＪへの関与を続ける条件とする日本政府のスタンスは、ＰＣＩＪが拠って立つ理論そのものへの攻撃である。このように述べてベイカーは、日本政府がＰＣＩＪの理念を踏みにじるような行動を続ける限り、自分が長岡を支持することはありえないと断言した[7]。

ＰＣＩＪ判事は、「外交官」ではなく、「司法官」でなければならない――この基準に照らしてアメリカＰＣＡ裁判官団は、長岡の指名に否定的な見解を示した。このような長岡への評価とは対照的に、安達は、アメリカのＰＣＡ判事たちとその周辺サークルによって、「司法官」として高く評価されていた。ハドソンが、安達の外交官としてのキャリアを強調するような発言をすると、アメリカの安達の友人たちから「安達は、司法官であり、外交官ではない」と指摘されたという[8]。安達も長岡と同様、一八九二年九月に外務省に入省してから一九三〇年一二月にフランス大使を免ぜられるまで、実に三八年にわたる外交官のキャリアを持つ人物であった。しかし、安達は何よりも、その「司法官」としての素質により、アメリカの国際法サークルからの評価と信頼を勝ち取っていたのである。

安達はその長い外交官としてのキャリアにもかかわらず、「司法官」であった——この評価の意味を私たちはどう考えるべきだろうか。ＰＣＩＪ規程第二条は、ＰＣＩＪ判事について、「徳望が高く、且つ、各自の国で最高の司法官に任ぜられるのに必要な資格を有する者」または「国際法に有能の名のある法律家」から、国籍を問わず選ばれた者としている。安達がこの基準を満たしていたことは間違いない。これに対し、アメリカＰＣＡ裁判官団は、前任者の安達に比した長岡の国際法の学識に疑問を抱いていた(9)。

しかし本章で考察されるように、アメリカの国際法サークルで語られる「司法官」という言葉は、単に知識において国際法に通じている以上のことを意味していた。安達が生きた一九世紀後半から二〇世紀にかけてのアメリカでは、優れた「司法官」を有する国際法廷の構築を通じて、理想的な平和状態が実現されるという理想が、国際法学者や平和主義者、さらには国務長官として国政に携わったルートなど、官民に広く共有され、常設の国際法廷の創設と発展に向けて多くの努力が費やされた。彼らにとって、二〇世紀転換期におけるＰＣＡの創設、第一次世界大戦後のＰＣＩＪの創設は、一九世紀から連綿と息づいてきた国際平和に向けた一大プロジェクトの一環に位置付けられるものであり、ＰＣＩＪ判事としての安達の活躍も、アメリカが抱いてきた国際法廷の理想像にかない、それを実現に近づけるものと評価されたからこそ、極めて高い評価を勝ち得たのである。

本章は、一九世紀から二〇世紀のアメリカにおいて、どのような平和への期待を背負って国際法廷が創設され発展させられていったのかを考察し、アメリカにおける「司法官」安達のレガシーを明らかにしようとするものである。

二 「外交」の代替としての「裁判」

ベイカーは、長岡の指名を獲得しようと活発な外交活動を展開する日本政府を批判し、それがいかにPCIJの理念に反した行動であるかを強調し、次のように述べた。「もし日本が、大国であるがゆえにPCIJに判事を送る権利をもつと考えているならば、それは、PCIJが世界に信頼されるものへと発展していく上で基礎とするあらゆる健全な原則に対する冒瀆である。日本であれ、ドイツ、ロシア、フランス、アメリカであれ、その国に、最も公平無私かつ勤勉、博識な司法官の候補がいる時のみ、自国の判事を送ることができる。……私はたとえ、その人物がイタリアが領有権を主張しているアビシニアの住人であったとしても、司法官としての資質が優れているならば指名すべきだと考える」。このようにベイカーがPCIJの理念を語るとき、その模範とされていたのはアメリカの連邦最高裁判所であった。ベイカーによれば、PCIJは「アメリカ連邦最高裁を先例として発展してきた」ものであり、今後も、同裁判所に近づくように発展していくべきものなのであった[10]。

このようなベイカーの信念は、一九世紀から二〇世紀前半にかけてのアメリカで国際平和を追求した人々に広範に共有されたものであった。一九世紀に入り、国際平和という課題に目覚めていったアメリカの人々は、独立性を保持した州から成る合衆国を主権国家から成る国際社会の縮図と見なし、そのアナロジーから国際平和を構想した。そこで多くの平和主義者たちが、合衆国内に平和が築き上げられてきた主要な要因とみなしたのが、数多くの州間の紛争を解決に導いてきた連邦最高裁判所であった[11]。人々は合衆国の例にならい、国際社会にも「世界最高裁」を創設し、発展させていけば、あらゆる国際紛争が司法的な手段で解決されるようになり、そこに「世界合衆国」と呼ぶべき平和が現出すると考えたのである[12]。

このような「世界最高裁」の理想は、一九世紀を通じ、仲裁裁判条約が加速度的に普及していく中で多くの人々に共有され、現実味を持って語られるようになっていった。一七九四年一一月、英米間で、アメリカ独立戦争の講和後も残存していた懸案事項を解決するためにジェイ条約（Jay Treaty）が締結された。以降、欧米やラテンアメリカ諸国を中心に多くの仲裁裁判が行われ、一八九七年一月に英米両国の間には、一般的仲裁裁判条約としてオルニー＝ポーンスフット条約（Olney-Pauncefote Treaty）が締結された。このような背景のもと、仲裁裁判の普及は、アメリカ外交および平和運動の重要な目的とされていった。

他方、二〇世紀転換期になると、平和主義者の間から、アドホックに構成される仲裁裁判所の不十分さを指摘し、常設の国際司法裁判所を設立する声も高まっていった。そのような人々の大きな期待を集めたのが、二度のハーグ万国平和会議であった。一八九九年五月、軍縮、戦時国際法、国際紛争の平和的解決を論ずる目的で開催された第一回ハーグ万国平和会議への米国代表団は、国務長官ジョン・M・ヘイから「長い歴史にわたり、アメリカ国民に広く共有されてきた国際法廷に対する関心」に基づき、常設の国際法廷の設立について提起するようにという訓令を受けていた(13)。しかし、同会議が設立を決定した常設仲裁裁判所（PCA）は名称こそ「常設」とされたが、その実態は、常任の裁判官を持たず、条約締約国から四名という条件で選出された裁判官候補者リストを持つのみであり、事件が起こるたびに、リストから選出された裁判官がアドホックな裁判部を構成し、事件を審理する仕組みにすぎなかった。

この結果を受け、ヘイに代わり国務長官となったルートは、一九〇七年に開催予定の第二回ハーグ万国平和会議において、PCAを「外交」の場から「司法」の場へと高めることを決意していた。同会議の直前、「仲裁と平和のための国民会議」に出席したルートは次のように訴えた。PCAの裁判官は「外交官」のように行動しており、同法廷は法と事実に基づいて紛争を解決する「司法」の場ではなく、政治的な利害関係に左右される「外交」の場にすぎないものとなっている。このことが、同法廷が諸国家の信頼を集められていない主たる理由である。それゆえ、来たるハーグ万国平和会議では、裁判官としての強い責任感を持ち、司法上の任務遂行に専念する常任の裁判官から構成される国際法廷を創設し、現状では「外交」の域を出ていないアドホックな仲裁裁判を「司法」的行為へと高める必要がある[14]。このようなルートの信念は、ルートが第二回ハーグ万国平和会議へ向かう代表団に与えた訓令にそのまま反映された。訓令はPCAを「司法上の任務遂行のみを追求する常任の裁判官から成る」「真の国際法廷」へと改編するよう尽力することを求めていた[15]。

一九〇七年六月一五日、第二回ハーグ万国平和会議が開会した。同会議の参加国は、第一回会議の参加国二六ヵ国にラテンアメリカ諸国を加えた全四四ヵ国にのぼった。しかし同会議もまた、裁判官の任用方法をめぐって大国と中小国とが対立したことにより、常任の裁判官を有する国際法廷を設立することに失敗した。

三 アメリカの理想とハーグ常設国際司法裁判所（PCIJ）

常設の国際司法裁判所が最終的に設立されたのは、第一次世界大戦後に国際連盟が設立されてからのことであった。一九二〇年、国際連盟理事会は、連盟規約一四条にその設立について定められていたPCIJの規程を作成するために、ハーグ法律家諮問委員会（Advisary Committee of Jurists）を設置した。同年六月から七月にかけて開催された同委員会には、アメリカ、日本、スペイン、ベルギー、ブラジル、ノルウェー、フランス、オランダ、イギリス、イタリアから各一名計一〇名が参加し、アメリカからはルートが派遣され、スコットがその補佐にあたった。そして日本から派遣されたのが安達であった。同委員会がまとめた草案は、連盟理事会と総会で審議され、多少の変更を経た上で同年一二月に可決された[16]。

過去二回開催のハーグ万国平和会議において、常設の国際司法裁判所の設立に向けた最大の難問となってきたのは、裁判官の任用方式であった。六月一七日のハーグ法律家諮問委員会で安達が熱弁を振るったのも、この問題についてであり、その発言は、スコットの評価によれば「大国の見解と呼ぶべきものを、明快かつ正確、そして称賛すべき言葉で語ったもの」であった。安達はいう。主権平等原則は世界中で受け入れられ、個人的にもそれに賛成である。しかし、自分は理論のみならず事実も重視する「社会学的な司法官（sociological jurist）」である。この立場からすると、平等とは、事実と合致している限りで、あるいは事実がその適用を許す限りで尊重されるべきものといわねばならない。世界の現実と合致しない限り、平等は虚構でしかないことは、今創設されようとしている法廷の存続のために頭に入れておくべきである。こう述べて安達は、世界平和の主要な責任は大国にあり、国際法廷に体現されるべき世界の様々な司法制度を体現しているのも大国に他ならないのだから、法廷において大国がその規模に見合った影響力を確保するのは当然であるとした。その一方で安達は、大国と小国双方が代表され、大国が小国を蹂躙したり、その権利を侵害することがないよう、十分な保障を与えることも重要であると強調した。以上のような立場から安達は、一三名の裁判官から成る国際法廷を提起し、五名が大国から、八名が小国から選出されるべきだとした。安達によれば、この方式により、大国は恒常的に選出されることを、小国は恒常的な多数派たることを約束され、ともに判決の妥当性のみを純粋に追求するようになるはずであった(17)。

もっとも国際法廷は、主権平等原則と世界の現実双方を考慮したものでなければならないという安達の問題意識は、アメリカから派遣されていたルートにも共有されていた。先の発言において安達は、自分がいう「大国」の基準は決してパワーや影響力だけでなく、その基礎となっている富や文明も含むと念を押したが、ルートはより率直に次のように述べた。世界の現実には「政治的発展において数世紀後れている国家」が存在し、もし国際法廷が純粋に主権平等原則に従って構成されれば、これらの「国際法廷に最も関心を持たない国々」が「文明的」な国家と同様の影響力を持つことになってしまう。そのような国際法廷が大国の信頼を得ることはありえない(18)。

最終的に裁判官の任用方式の問題を解決に導いたのが、ルートとイギリス代表のウォルター・フィリモア卿の共同提案による「ルート＝フィリモア方式（Root-Phillimore plan）」であった。この方式は、大国から構成される連盟の理事会と、中小国が数の優位を占める総会の双方を選挙母体とし、双方の選挙で承認された候補をＰＣＩＪ判事に任用するものであり、そのモデルとされていたのは合衆国議会であった。ルートは、人口の多い州と少ない州を合衆国議会にいかに代表させるかという問題が、州の大きさに関係なく一律に各州二名の代表を選出する上院と、人口数に応じて各州に選出定員を割り振る下院から成る二院制によって解決されたように、国際法廷に大国と中小国をいかに代表させるかという問題も、上院にあたる理事会と、下院にあたる総会の二つを選挙母体とすることで解決されると主張し、他委員の支持を獲得した[19]。この経緯に鑑みれば、確かにスコットが述べたように「ＰＣＩＪの創設が、一七八七年の合衆国憲法制定会議、それによる連邦最高裁の設立に負うところは少なくない[20]」といえよう。

さらにＰＣＩＪの裁判官についてルートが強く主張したのは、連盟理事会および総会における裁判官選挙の候補者は、政府による指名であってはならないということだった。ルートは裁判官の選出について最も大事なことは、裁判官が、政治的な理由に左右されることなく、純粋に司法官としての資質によって選出されることであると主張し、ＰＣＡの国別裁判官団が自国からの候補者は二名以下という条件で候補者四名を選出し、候補者リストを作成する方法を提起した。このルートの提案は、最終的に採択され、ＰＣＩＪ規程第四条・第五条に盛り込まれた[21]。

一九二一年九月の第一回ＰＣＩＪ裁判官選挙に向け、九八名の候補者から成るリストが作成された。そのうちアメリカ人候補者は、タイ裁判官団に指名されたロスコー・パウンド、イタリア裁判官団に指名されたムーア、ボリビア・ブラジル・フランス・ウルグアイ・ベネズエラ裁判官団に指名されたルート、ハイチ裁判官団による指名を獲得したスコットの四名であり、選挙の結果、アメリカからはムーアがＰＣＩＪ判事に選出された[22]。この結果はルートやスコットが思い描いていた通りの理想的なものであった。スコットは選挙の結果は、同裁判所が世界の様々な文明・

司法制度を代表していることの証明であると称賛し、「我々の長年の夢は、我々の時代に実現を見た」と、深い満足感を表明した[23]。この九年後の一九三〇年九月のＰＣＩＪ裁判官選挙において安達は最高得票での当選を果たし、翌年一月、判事の互選により所長に選出されることになる。

四　日米協調のもう一つのシナリオ

戦前日本の歴史を顧みるとき、誰もが一度は、日米関係の悪化は防げなかったのか、日米間にオルタナティブの平和のシナリオはなかったのかと問いたい気持ちに駆られる。アメリカで「司法官」として評価された安達のレガシーは、戦前の日米関係について繰り返し問われてきたこの問いに、新しい視座を開いてくれる。

日米関係の修復を、同時代にあって真剣に究明し続けた人物の一人がムーアであった。ムーアは、日米衝突は不可避ではなく、アメリカのより賢明な外交によって回避され得たと考えた。一九一二年から一九三八年までＰＣＡ判事を、一九二一年から一九二八年までＰＣＩＪ判事を務め、国際紛争の司法的解決に大きく貢献したムーアであったが、当時のアメリカ平和運動に広く浸透していた「世界最高裁」の夢を共有することは決してなかった。むしろムーアの国際政治観を一貫して特徴付けたのは、裁判による紛争解決の限界に対する冷徹な認識であった。ムーアは、主権国家から成る国際社会における平和は、国内社会における平和とは本質的に別の課題であるという認識のもと、国際裁判を国内裁判とのアナロジーから語ることを拒絶した。そして、国際平和を実現するためには、国際法廷の発展だけではなく、法的な手段では解決できない国際紛争の原因を解明し、その解決の仕組みを構築していくことが重要であるとして、多角的な平和アプローチを模索し、紛争解決の一手段として「外交」の重要性を一貫して強調した。ムーアは仲裁裁判に関する大著を刊行し、その分野の揺るぎない権威となる一方で[24]、一八八六年から一八九一年まで国務次官補として外交に携わった経験を生かし、アメリカ外交に関しても多数の著作を執筆した[25]。

以上のような現実主義的な国際認識に立脚し、ムーアは一九三〇年代以降、日本の対中政策をめぐって深まっていった日米対立は、日本だけに原因があるわけではなく、むしろ主要な原因は、アメリカ側の国際法への過剰な傾倒にあったと分析した。ムーアは『フォーリンアフェアーズ』誌一九三三年七月号に寄稿した「理性への訴え」において、満州事変に対する米国務長官ヘンリー・L・スティムソンの対応を次のように批判した。確かに中国大陸において、ワシントン会議（一九二一―一九二二）で成立した九カ国条約や不戦条約（一九二八）に反した行動をとり続けたのは日本である。しかし、スティムソン国務長官は不戦条約や九カ国条約といった抽象的な法的文言に訴えて、日本の行動の違法性を糾弾するばかりで、日本が中国大陸の利害を、たとえ違法と批判されようとも、必要であれば武力を用いて守るほど死活的なものと見なしている事情を決して理解しようとしなかった。現実の国際関係における利害関係の洞察を怠り、条約の抽象的な文言に拘泥するアメリカの硬直した外交姿勢により、日本は死活的な権益までもが脅かされていると考え、追い詰められた。そして中国大陸への侵略をさらに進め、日米対立を不可避のものとした。

さらにムーアの批判は国際連盟に対しても向けられた。連盟は、平和的な紛争解決を促進し、戦争を廃絶することを企図して創設された。しかしその規約に紛争を平和的手段で解決せず武力に訴えた国を「侵略国」とみなし、経済軍事制裁を適用する一六条一が盛りこまれたことにより、連盟は「侵略国」を孤立させ、その敵意を煽り、紛争を助長する機関となってしまった。満州をめぐる日中間の紛争において連盟は、日本を「侵略国」と名指すことこそしなかったものの、そのように示唆するような言動を繰り返し、日本を疎外した。こうして連盟は、日中間の紛争解決を促進する中立的な国際機関となることに失敗した[26]。

このようなムーアの論調は、日米開戦間近でも変わらなかった。ムーアは一九四一年の論説「夜が何だというのだ」において、アメリカの対中政策の行き詰まりの根本原因として、それが、中国大陸におけるアメリカの実質的な利害よりも、感情的な要素――「ある集団に対する想像上の愛情や無知ゆえの嫌悪、私たちとは関係のない他者の利益を、あたかも私たち自身の利害であり、それゆえ守らなければならないと感じるよう企図された宣伝に踊らされたもの」――に基づいて展開されてきたことを指摘した。もっともムーアによれば、この傾向は近年顕著となってきたもので、アメリカの極東政策がより「現実的で聡明」な時代もあった。ムーアがそのようなものとして高く評価したのが、ルートが国務長官を務めたセオドア・ローズヴェルト大統領時代の極東政策であった。同政権は、日本にとってアジアにおける権益がいかに重要かをよく理解し、日本の韓国併合をいち早く承認し、満州をめぐって日露戦争が起こった際には日本の資金調達に協力した。しかしその後、このような外交における現実感覚は失われ、アメリカは、中国大陸に死活的な利害が存在するわけではないにもかかわらず、極めて感情的な理由で、自国の安全すら他国に依存するような状態にある中国に中途半端な支援を与えてきた。しかしムーアの分析では、そのような外国の干渉は、中国の統一を助けるどころかむしろ分裂を助長する結果を招いてきた(27)。

日本が満州に有する死活的な（利害）関係をアメリカや連盟が理解しようとせず、条約の条文に拘泥するばかりであったことを糾弾するムーアの主張は、連盟脱退以降、国際的な孤立を深めていた日本で好意的に受け入れられた。ムーアのもとで学んだ経験を持つ菱田静治が同論説を紹介すると、日露戦争中、ローズヴェルト政権のアメリカに渡り、日本の戦争大義を訴え、アメリカの支持を取り付けるための精力的な広報外交を行った金子堅太郎は序文を寄せ、ムーアの分析を「現実的かつ持続的な平和」に貢献するものと称えた(28)。一九三三年二月の連盟総会に首席全権として参加し、満州国に関する日本の主張が受け入れられなかったことを不服とし、会場を後にした松岡洋右も序文を寄せ、当時の連盟に満ちていた日本に対する敵対的な雰囲気に言及しながら、ムーアが提示した「現実主義的な視点」こそが国際平和の基礎を提供しうるのだと強調した(29)。

確かにアメリカが、国際法の規定ではなく、現実の利害関係を基準にした「現実主義的」な外交政策に徹し、日本がその死活的な重要性を主張する中国権益に対してもより妥協な姿勢を見せていたら、日米の決定的な対立は回避され得たかもしれない。しかしそれは、中国を犠牲にした不道徳な「平和」であり、早晩、中国ナショナリズムによる挑戦を免れ得ない、脆弱な「平和」であっただろう。さらにそれは、大戦間期に国際連盟や各国の国際法学者、平和主義者たちの努力によって進められた戦争違法化の流れに逆らった、時代遅れの「平和」であっただろう。第一次世界大戦後、大戦がもたらした惨禍への反省から、連盟規約、パリ不戦条約など一連の条約によって、自衛目的の武力行使など一部の例外を除き、戦争が原則的に違法化されていった。この戦争違法化という新しい潮流に対する日本の態度は消極的、さらには敵対的ですらあった。一九二八年八月二七日、国策の手段としての戦争の放棄を誓約する第一条、平和的に紛争を解決することを誓約する第二条、批准について定めた第三条から成る不戦条約が調印され、日本も締約国に名を連ねたが、それは条約の理念への賛同というより、多分に大勢順応的な判断であった。そして満州事変以降、日本は戦争違法化という潮流の消極的な順応者から、明白な侵犯者へと転化していく。国際法学者たちに目を転じても、アメリカでは、激しい論争を伴いながらも、戦争の違法化を国際平和への進歩とみなし、積極的に呼応する学者たちが多数派となっていったのに対し、日本の国際法学者はこの潮流に懐疑的な者が多く、目立った理論的貢献もできなかった[30]。

もちろん日本にも、国際法学者の横田喜三郎のように、極めて少数ながらも、満州における「自衛」の範囲を明らかに超えた日本の行動に異を唱えた者もいた[31]。では安達は満州事変をどのように見ていたのだろうか。安達が、第一次世界大戦後の戦争違法化の潮流、そしてその一つの結晶であった不戦条約の歴史的な意義を理解し、それを高く評価していたことは疑い得ない。他方、満州事変についての安達の立場はそれほど明確ではない。斎藤実首相に宛てた書簡では、満州事変は、ＰＣＩＪによってではなく、政治的に解決されるべきだという見解を提示しているが、これを安達の本心を表すものとも断定できない[32]。安達の本心がどこにあったにせよ、横田がとった道は官僚であるところの安達がとるところではなかっただろう。
しかし安達は、言葉や理論よりも、ＰＣＩＪ判事としての実践を通じ、法の支配の実現に向けて貢献し続けた。安達は、平和運動の黎明期から「世界最高裁」の理想を追求してきたアメリカ国際法学者たちから、国際法廷の裁判官を担うにふさわしい、言葉の真なる意味での「司法官」として讃えられた。満州事変以降、「自衛」を掲げ、不戦条約違反ではないと主張しながら、明らかに「自衛」の範囲を超えた軍事行使を行う日本に対し、アメリカの国際法学者たちは不信感を強めていったが、アメリカにおける安達の評価は、日本という国家に対する不信感の高まりに決して影響されなかった。そこには、「判事は国家の代表ではない」というＰＣＩＪの原則を体現した活動に努めてきた安達という人間への信頼があったといえよう。

そのことをよく表すのが、次にみるスウェーデンの法律家・外交官オーケ・ハマーショルドの安達に対する追悼演説である。ハマーショルドは、一九二二年からＰＣＩＪ書記官を長く務め、フランク・Ｂ・ケロッグなどアメリカＰＣＩＪ判事とも信頼関係を構築し、アメリカＰＣＡ裁判官団による安達の後任人事をめぐる議論においても有望な候補者の一名として挙げられていた[33]。最終的に、一九三六年の選挙でＰＣＩＪ判事に選出されることになる。安達とは、一九二〇年のハーグ法律家諮問委員会および同委員会起草のＰＣＩＪ規程を採択した連盟総会以来の長い付き合いであった。安達の死から約一年後の一九三六年一月、アメリカ国際法学会の年次大会に招かれたハマーショルドは、そこで安達を追悼する演説を行った。その内容は、アメリカにおける「司法官」安達のレガシーを雄弁に物語るものであった。

ＰＣＩＪ判事の最も重要な義務は、国籍を保持しつつも、すべての物事を適切な角度から思考するために、巨視的かつ高尚な知見を採用することにある。そのことを通じてその人物は、母国に存する過剰な情緒的つながりからくる偏見や、他国が抱える問題やその利害を自国のそれのように包括的に把握できないこと、他国の反応に関する理解不足といった問題から解放される。……PCIJ規程の第一草案を準備していた際、その補佐をしていた私は、後に所長となる安達が、この判事の義務を見事に言い当てるのを聞いた。……判事は神性をまとわなければならない（robe himself with divinity)。この義務を自らの身体能力の限界を超えて果たすことが、安達所長にとっての到達目標であり、安達所長はPCIJで過ごした日々のいかなる瞬間においても、その目標を追求し続けた。(34)

こう述べてハマーショルドは、PCIJにおいて安達という「偉大な外交官」が、自らの意思の力によって「彼が正しく理解していたところの、崇高な意味での司法官」へと「変容」していったことへの驚きと称賛を吐露した。

一九二八年七月二三日、安達に宛てた書簡でエリュー・ルートは、再会への熱望を表明し、「私とあなたの間に存在する、親愛と誠実さに満ちた喜ばしい関係を、日米のすべての人々が互いに取り結ぶ」ことへの期待を表明した。(35) PCIJ判事としての安達の活躍に対し、アメリカの国際法サークルが寄せた信頼と尊敬には、大戦間期の日米が目指すべきであった平和像が示唆されている。大戦間期においてそれは理想に終わった。しかしその課題は今日の日米、そして世界にも依然、引き継がれているといえよう。

五　おわりに——国際協調の実践者　安達峰一郎

なぜ戦前日本の多くの人々にとって、連盟やワシントン諸条約に基づいた国際協調外交は魅力を失っていってしまったのだろうか。なぜ国際協調派のオピニオン・リーダーたちは、国際協調の中にこそ、日本の生きる道があることを人々に説得的に提示できなかったのだろうか。満州事変を批判した横田はその後も、第一次世界大戦後に制定された諸条約と諸制度の尊重を訴え続けた。横田は、アメリカがラテンアメリカに関して「モンロー主義」を主張しているように、日本も「アジア・モンロー主義」を主張する権利があるとして、連盟規約、不戦条約、九カ国条約、四カ国条約といった既存の条約をないがしろにする人々を批判し、諸条約を遵守した対中政策の遂行を強く求めた[36]。日本の連盟脱退後も、連盟は国際協力の「最も重要な、現在における殆んど唯一の機関」であるとして、それを擁護し続けた[37]。しかしこのような横田の主張は、日本人の大勢が、もはや既存の諸条約は日本が中国に有する死活的な利害を保護してくれない、それどころか脅かすものであると固く信じている中では、ほとんど顧みられなかった。

この問題は横田だけではなく、大戦間期の国際協調論に広くに見られたものであった。第一次世界大戦後、オピニオン・リーダーたちはこぞって連盟やワシントン諸条約を、第一次世界大戦後に生まれた、国際協調という新しい「世界の大勢」を体現するものとして賛美し、それに日本が「順応」していく必要性を説いた。しかしその主張の多くは、連盟やワシントン諸条約の抽象的な賛美にとどまり、これらの制度や条約を尊重し、国際協調を実現させながら、日本の国益をいかに確保・伸張させていくかという実践的な考察を欠く傾向にあった。連盟やワシントン諸条約を、純粋に国際協調を体現するものとして美化する議論は、一九三〇年代、少なくとも日本人の目からみたとき、それらが「国際協調」とは程遠い実態を露呈していく中で、人々の信頼をそれらの制度や条約につなぎとめる有力な立地点にはなり得なかった。

近年の研究が改めて光を当てているように、連盟とその関連の諸機関が体現した「国際主義」は決して公平無私のものではなかった[38]。そして、日本の国際協調外交に必要だったのはまさに、「国際主義」の実態に対する現実感覚であったのではなかろうか。現実主義とシニシズムは異なる。安達は、国際協調の重要性を誰よりも理解していた人物である。しかし、長年の勤務を通じて連盟やＰＣＩＪの実態を肌身で知っていた安達にとって、国際協調とは、抽象的な理想ではなく、日々の実践によって積み上げていく実践的な課題であった。また、官僚として、国益の実現という課題が安達の頭から離れたこともなかっただろう。

安達の生涯にわたる国際協調外交への貢献は、「国益」と「国際主義」を二項対立的に捉えることがいかに不毛かを教えてくれる。決して公平無私とはいえない国際組織の実態が明らかになったとき、だからといってそれに背を向けるわけでも、そのような負の側面に目をつぶり、ひたすら順応しようとするのでもなく、敢えてそこに身を投じ、国際協調を創出するプロセスに積極的に関わることを通じて、国際組織における日本の信用と発言権を高め、日本の長期的な国益を実現していく、第三の道が存在したということである。そのような意味で安達は、同時代の多くの国際協調論者とは一線を画す存在であり、国際協調の実践者と呼ぶのがふさわしいかもしれない。安達の生涯は、戦前日本の国際協調外交がとり得た、そしてとるべきであった針路についての尽きない探究へ、私たちを誘ってくれる。

（1）The Secretary General of the League of Nations to Manley O. Hudson, "Election of a Successor to the Late M. Mineichiro Adatci, Judge of the Permanent Court of International Justice," February 22, 1935, Manley O. Hudson Paper, Harvard Law School Library, Box 130, Folder 6; Cordell Hull to Hudson, March 26, 1935, *ibid.*

（2）Hiroshi Saito to Hudson, "Desired Nomination of Dr. Nagaoka," March 4, 1935, *ibid.*

（3）Hudson to Saito, March 6, 1935, *ibid.*

（4）Hudson to Saito, March 11, 1935, *ibid.*

（5）Hudson to Elihu Root, March 6, 1935, *ibid.*; Hudson to Root, March 27, 1935, *ibid.*

（6）Hudson to Newton D. Baker, March 25, 1935, *ibid.*; Hudson to Baker, March 29, 1935, *ibid.*

（7）Baker to Hudson, March 13, 1935, *ibid.*

（8）Hudson to Root, March 6, 1935, *ibid.*

（9）Hudson to Root, April 18, 1935, *ibid.*

（10） Arthur Sweetser to Hudson, March 11, 1935, *ibid*; Baker to Hudson, March 26, 1935, *ibid*.

（11） 州間紛争に関する連邦最高裁の判例については，James B. Scott, *Judicial Settlement of Controversies between States of the American Union: Cases Decided in the Supreme Court of the United States*（New York, NY: Oxford University Press, 1918）.

（12） 三牧聖子『戦争違法化運動の時代――「危機の二〇年」のアメリカ国際関係思想』（名古屋大学出版会，二〇一四年）四〇―八二頁。

（13） John M. Hay, "Instructions to the International Peace at the Hague（April 18, 1899）," James B. Scott, *The Hague Peace Conferences of 1899 and 1907: A Series of Lectures Delivered before the Johns Hopkins University in the Year of 1908*（2vols. New York, NY: Garland Pub., 1972［1909］）, vol. 2, p. 8.

（14） Elihu Root, "The Hague Peace Conference: Address in Opening the National Arbitration and Peace Congress in the City of New York, April 15, 1907," Robert Bacon and James B. Scott eds., *Addresses on International Subjects by Elihu Root*（Cambridge, MA: Harvard University Press, 1916）, pp. 129–144.

（15） Elihu Root, "Instructions to the American Delegates to the Conference of 1907（May 31, 1907）," Scott, *The Hague Peace Conference*, vol. 2, p. 191.

（16） 同委員会の活動については，James B. Scott, *The Project of A Permanent Court of International Justice and Resolutions of the Advisory Committee of Jurists: Report and Commentary*（Washington, D.C.: The Carnegie Endowment for International Peace, 1920）.

（17） *Ibid*., pp. 16–17.

（18） *Ibid*., p. 35.

（19） *Ibid*., pp. 29–33.

（20） *Year Book of the Carnegie Endowment for International Peace*, vol. 10（Washington, D.C.: The Carnegie Endowment for International Peace, 1921）, p. 117.

（21） Philip C. Jessup, *Elihu Root*（2vols., New York: Dodd, Mead and Company, 1938）, vol. 2, pp. 420–421.

（22） Manley O. Hudson, "The Permanent Court of International Justice," *Harvard Law Review* 35, no. 3（January, 1922）, p. 250;

Hudson, "American Cooperation with the League of Nations," *World Peace Foundation Pamphlets* 7 (1924), p. 8 (reprinted from *New York Times*, April 6, 1924); Hudson, *The Permanent Court of International Justice and the Question of American Participation* (Cambridge, MA: Harvard University Press, 1925), pp. 177-178; Hudson, *The Permanent Court of International Justice, 1920-1942: A Treatises* (New York, NY: The Macmillan Company, 1943), p. 247.

(23) James B. Scott, "The Election of Judges for The Permanent Court of International Justice," *American Journal of International Law* 15, no. 4 (July, 1921), pp. 556-558.

(24) John B. Moore, *History and Digest of the International Arbitrations to Which the United States Has Been a Party, Together with Appendices Containing the Treaties Relating to Such Arbitrations, and Historical and Legal Notes on Other International Arbitrations Ancient and Modern, and on the Domestic Commissions of the United States for the Adjustment of International Claims* (6vols., Washington, D.C.: US Government Printing Office, 1898).

(25) John B. Moore, *American Diplomacy: Its Spirit and Achievements* (New York, NY: Harper & Brothers, 1905); Moore, *The Principles of American Diplomacy* (New York, NY: Harper and Brothers, 1918).

(26) John B. Moore, "An Appeal to Reason," *Foreign Affairs* 11, no. 4 (July, 1933), pp. 547-588.

(27) John B. Moore, "What of the Night?" *Virginia Quarterly Review* 17 (1941), pp. 82-88.

(28) Kentaro Kaneko, "Foreword," in Seiji Hishida, "Comments on John Bassett Moore's Discussion: With Reference to Manchurian Incident, Embargo and Neutrality, 'Aggressor,' Kellogg Pact, League, American 'Birthright,' etc." (Tokyo: Maruzen, 1933), pp. i-ii. 日露戦争中の金子の広報外交については、松村正義『日露戦争と金子堅太郎――広報外交の研究』(新有堂、一九八七年)。

(29) Yosuke Matsuoka, "Preface," in "Comments on John Bassett Moore's Discussion," pp. iii-iv.

(30) 伊香俊哉『近代日本と戦争違法化体制――第一次世界大戦から日中戦争へ』(吉川弘文館、二〇〇二年)。篠原初枝『戦争の法から平和の法へ――戦間期のアメリカ国際法学者』(東京大学出版会、二〇〇三年)。

(31) 横田喜三郎「満州事変と国際法」『国際法外交雑誌』第三一巻第四号、四三―七三頁。横田「満洲事変と国際連盟――寧ろ当然の干渉」『帝国大学新聞』一九三一年一〇月五日。

(32) Masaharu Yanagihara, "Mineichiro Adatci (1869-1934): His Concept of International Adjudication," *Japanese Yearbook of*

International Law 56 (2013), pp. 120–121.

(33) Hudson to Baker, March 25, 1935, Hudson Paper, Box 130, Folder 6.

(34) Åke Hammarskjöld, "The Late President Adatci," *American Journal of International Law* 30, no. 1 (January, 1936), pp. 115–116.

(35) Root to Adatci, July 23, 1928, Elihu Root Paper, Library of Congress, Box 143.

(36) 横田喜三郎「アジア・モンロー主義批判」『中央公論』八巻七号、一九三三年七月、九二―一〇四頁。

(37) 横田喜三郎「国際連盟の没落?.」『中央公論』九巻一号、一九三四年一月、六八―七六頁。

(38) 後藤春美『国際主義との格闘――日本、国際連盟、イギリス帝国』(中公叢書、二〇一六年)。

第Ⅲ部　安達峰一郎と国際連盟

国際連盟理事会〔1929年。中央の議長が安達〕（安達峰一郎記念財団提供）

第七章　戦間期日本と普遍的国際組織

植木俊哉

一　はじめに――戦間期日本と国際連盟

一九二〇年代から三〇年代にかけての両大戦間期の国際秩序において、国際連盟が果たした役割は、功罪両面で非常に大きなものがあった。当時、連盟理事会の「常任理事国」としての地位にあった日本は、欧州域外で唯一の「常任」の理事国として、今日の国際連合（国連）における中国にも対比さるべき特別の地位を有していた。

欧州における第一次世界大戦の未曽有の惨禍の強い影響の下で発足した国際連盟は、人類史上初めて誕生した普遍的かつ一般的な国際組織として、多くの国際的な事件や紛争の処理を行った。その中で、連盟が一九二〇年代に対処を迫られた紛争や事件の多くは、主として欧州域内の諸問題（特に少数民族問題、国境画定問題等）であった。

国際連盟発足から一九三〇年までの一九二〇年代を前半期、一九三〇年以降一九三九年に第二次世界大戦が始まるまでの一九三〇年代を後半期、と国際連盟の活動を二つの時期に分類した場合、連盟の前半期である一九二〇年代にこれら欧州域内で発生した諸問題を連盟が処理する過程で、理事会の常任理事国であった日本、そして連盟に関係する日本人が果たした役割は、実は小さなものではなかった。その中でも、国際連盟の一九二一年の第二回総会から一九二九年の第一〇回総会に至るまで、一九二〇年代を通じて国際連盟総会の日本代表を務めた安達峰一郎の貢献は、彼の国際人としての力量（語学能力や交渉能力を含む）及び信頼された人柄とも相まって、極めて大きなものであった。

安達は、一九三〇年二月にはオランダのハーグにある常設国際司法裁判所の裁判官選挙に立候補するため欧州を離れて日本に帰国し、同年九月に国際連盟で行われた裁判官選挙で最高得票を得て裁判官に当選した。その後、翌一九三一年一月に安達は常設国際司法裁判官就任と同時に裁判所長に選出されて常設司法裁判所を代表する重責を担うこととなった。安達がジュネーヴにある国際連盟を離れ、ハーグの常設国際司法裁判所に赴任するのとほぼ時を同じくして、日本は一九三一年に発生したいわゆる満州事変以降、国際連盟内での孤立を深め、一九三三年には国際連盟からの脱退を宣言し、一九三五年には連盟からの脱退が正式に効力を生じることになる。

一九二〇年代の国際連盟における安達の活躍は、これに続く一九三〇年代に入ってからの日本の国際連盟に対する姿勢とは鮮やかに対比されるように映る[1]。安達が、一九二〇年代の国際連盟において、欧州域外の「大国」日本の有能な外交官という立場でなしえた「国際貢献」は、今日から振り返ってどのように捉えられるであろうか。また、当時の歴史的・政治的な制約要因を前提とした上で、当時の安達による国際連盟観及び国際組織一般に対する認識に関する検討から、どのような現代的な知見を得ることができるであろうか。これらの諸問題の探究が、以下の本章での中心的な検討課題である。

二　国際連盟における安達峰一郎の活躍

1　パリ平和会議における国際連盟規約の作成と安達峰一郎

安達峰一郎の国際連盟との関わりは、一九一九年一月から開催された第一次大戦後のパリ平和（講和）会議への日本の「全権委員随員・代表代理」としての参加に端を発する。

安達は、第一次大戦中の一九一七年五月に駐ベルギー特命全権公使に任命される。これを受けて安達は、一九一七年九月に日本を出発し、シベリア鉄道を利用しロシア革命の動乱の最中にあるロシアを通過して首都ペトログラードからノルウェー、イギリスを経由して当時駐ベルギー臨時日本公使館が置かれていたフランスのル・アーヴルに到着する。第一次大戦中、国土の大半をドイツの占領下に置かれていたベルギーは、同盟国フランスのル・アーヴルに臨時政府を置いてドイツと戦っており、安達が日本を代表する特命全権公使としてベルギー国王アルベール一世に信任状を奉呈したのも、このような状況下においてであった。なお、駐ベルギー日本公使館は、一九二一年には大使館に昇格し、安達も同年に駐ベルギー公使から駐ベルギー日本大使に昇格する。

駐ベルギー日本公使としてパリ平和会議に日本代表団の主要メンバーの一人として参加することとなった安達は、平和会議の各種委員会に参加し、平和条約の第一編となった国際連盟規約の起草と採択の過程にも積極的に関わることとなる。安達が実際にパリ平和会議に参加するためフランスに到着するのは一九一九年一月末であり、同年二月五日付けで安達は日本政府から「全権委員随員・代表代理」の辞令を受けた。なお、パリ平和会議への日本代表団は、西園寺公望が首席全権、牧野伸顕が次席全権を務めたが、次席全権の牧野が日本からパリに到着したのは一九一九年一月一八日であり、この日に平和会議の第一回総会が開始された。首席全権の西園寺が会議場であるパリに到着するのは、同年三月のことであった。

安達は、一九一三年からメキシコ駐在特命全権公使としてメキシコに滞在するが、病気やメキシコ革命などさまざまな困難に遭遇し、一九一五年にはメキシコを離れて日本に帰国する。帰国後外務省勤務となった安達は、外務大臣石井菊次郎から第一次大戦終結時の平和会議における日本の外交方針の検討を行うことを指示された。当初、安達はパリ平和会議の日本代表団のメンバーに入っていなかったが、安達自身が自らをメンバーに加えるよう寺内正毅に直訴し、寺内の計らいにより安達は急遽代表団の一員に加えられた(2)。この事実からも、安達自身の第一次大戦後の平和会議に向けた一方ならぬ情熱と自負を窺い知ることができる。

パリ平和会議での実質的な議論は、英仏米伊の戦勝四大国に日本を加えた五ヵ国を中心とする一〇人会議（Council of Ten）等を中心に大国主導で進められたが、そこでは全体会議の下に賠償委員会や領土委員会など多くの委員会が設けられ、細部にわたる議論が行われた。安達は、このうちの四〜五つの委員会に日本政府代表として出席した(3)。国際連盟創設の法的基礎となった国際連盟規約は、このパリ平和会議の連盟規約検討委員会において条文案が起草された。連盟規約検討委員会には、英仏米伊日の五大国から各二名の代表が参加し、それ以外の中国、ブラジル、ベルギー等から各一名の代表が参加した。同委員会への日本からの参加メンバーは、会議の次席全権であった牧野伸顕と当時駐英全権大使であった珍田捨己の二名であった。一九一九年一月二五日に開始された連盟規約検討委員会は、同年二月三日の第一回委員会以降、二ヵ月以上にわたり集中的な議論を行い、四月一一日の第一五回委員会において国際連盟規約の最終案を採択した(4)。ここで採択された連盟規約は、その後一九一九年六月にパリ郊外のヴェルサイユで開催された外交会議において各国代表により調印され、翌一九二〇年一月に正式に発効することとなった。国際連盟規約が作成され国際連盟の法的基盤が築かれたパリ平和会議に安達峰一郎が代表代理として直接参加していたことは、一九二〇年代にジュネーヴにおいて国際連盟が実際の活動を開始して以降、安達が国際連盟の場で活躍する際の精神的な支えになっていたものと推察される。

2　ジュネーヴの国際連盟における安達峰一郎の活躍

一九一九年六月にパリ郊外のヴェルサイユ宮殿で調印されたヴェルサイユ条約の第一編とされた国際連盟規約は、翌一九二〇年一月一〇日に発効し、国際連盟が正式に発足することとなった。国際連盟の本部は、永世中立国スイスのジュネーヴに置かれることが連盟規約に明記されていた（規約第一条一）が、一九二〇年一月に開催された第一回理事会は、ジュネーヴでの準備が間に合わないためフランスのパリで開催された。その後、国際連盟の第一回総会は、一九二〇年一一月から一二月にかけてスイスのジュネーヴで開催され、国際連盟の多くの加盟国がこの記念すべき第一回の連盟総会に大規模な代表団を送り込んだ。安達峰一郎は、この第一回連盟総会には日本政府随員として出席したが、翌一九二一年の第二回総会からは日本政府代表として連盟総会に参加し、一九二九年の第一〇回総会に至るまで、安達は連盟総会での日本政府代表を九年間連続して務めることになる。

なお、国際連盟における連盟総会と連盟理事会、連盟事務局の関係は、時代とともに実際上の変遷はあるものの、連盟規約上は連盟総会と連盟理事会は――規約上理事会のみに属する権限、あるいは総会のみに属する権限とされる事項はあったが――両者は原則として対等な立場にあるものとされた。[5] このように、国際連盟における総会と理事会との関係は、今日の国連における総会と例えば安全保障理事会の関係とは法的にかなり異なることに留意する必要がある。

連盟総会は毎年原則として一回すべての連盟加盟国が参加してジュネーヴで開催されたのに対して、連盟理事会は年に数回、理事国のみが参加して開催された。一九二〇年に開催された第一回の連盟理事会から一九三〇年の第五八回連盟理事会に至るまで、連盟理事会における日本政府代表を務めたのは、主として石井菊次郎と安達峰一郎の二人であった。[6] 石井菊次郎は、一九一五年に外務大臣に就任し一九一七年には米国との間で石井・ランシング協定を結んだことで著名であるが、連盟創設時の初代国際連盟日本代表を務め、一九二〇年代には駐仏特命全権大使として国際連盟での日本代表をしばしば務めた。[7] 石井は、連盟理事会の議長にも複数回にわたり就任したが、特に一九二三年にイタリア・ギリシア間で発生したコルフ島事件を連盟理事会議長として解決に導いたことは特筆に値する。[8]

安達峰一郎も、石井とともに一九二〇年代に国際連盟が扱った数多くの事件や紛争において、連盟理事会常任理事国の一国である日本の有能な外交官として積極的に関与することになる。具体的には、一九二三年には、ドイツ・ポーランド間のダンチッヒ問題に関する連盟主催会議に出席し、また第一次大戦後新たにルーマニア領となった地域に居住するハンガリー国籍選択者の財産をルーマニアが没収したことによるハンガリー・ルーマニア間の事件に関する会議の議長を務め、また南アフリカの委任統治問題にも関与している。さらに、一九二四年には、イタリアがギリシア領のコルフ島を占拠したコルフ島事件に関する連盟総会法律家委員会の委員長を務め、一九二五年にはポーランド・エストニア・ラトビア・フィンランド国際仲裁常設委員会委員長に就任した。

一九二七年一二月、安達は石井菊次郎の後を継ぐ駐仏特命全権大使に任ぜられ、翌一九二八年二月に駐仏日本大使としてパリに着任する。駐仏大使に着任後も、国際連盟における安達の活躍は引き続き目覚ましいものがあり、国際連盟によるアヘン取締り問題やルーマニア・ハンガリー間、ギリシア・トルコ間の問題等に関与するが、一九二八年と一九二九年に安達が深く関与することになるのが上部シレジアにおけるドイツ系住民の権利をめぐるドイツ・ポーランド間の問題であった。

他方で、安達はこの間、一九二八年八月にパリで採択された「戦争抛棄に関する条約」（不戦条約、ブリアン＝ケロッグ規約）の調印式にも出席し、日本から派遣された内田康哉全権（枢密顧問官）による同条約への調印に駐仏全権大使として鏡子夫人とともに立ち合っている。

安達峰一郎は、一九三〇年二月には常設国際司法裁判所裁判官への立候補準備のためフランスから日本に帰国し、六月には駐仏勤務を免じられ国際連盟での日本代表としての役割も終了することになる。そして、同年九月に行われた常設国際司法裁判所裁判官選挙において最高得票で当選を果たし、翌一九三一年一月よりオランダのハーグで常設国際司法裁判所の裁判官として、また同時に裁判所長としての職務を開始するのである。

以上のように、安達がジュネーヴの国際連盟の現場で活躍するのは一九二九年までであり、特に駐仏全権大使となってからの一九二八年と二九年の二年間は、安達の国際連盟での活躍が頂点に達した時期であるといえる。この時期は、不戦条約の調印に続いて一ヵ月後の一九二八年九月に国際紛争平和的処理一般議定書が採択されるなど、国際協調主義の風潮が高まりをみせる一方で、欧州においては特に上部シレジア地方におけるドイツ系住民の権利をめぐるドイツ・ポーランド間の対立が先鋭化し、安達はこの問題の調停に心血を注ぐことになる。安達は、二九年六月のスペイン・マドリードで開催された連盟理事会で議長を務めたが、この間、安達は上部シレジア少数民族問題でのドイツ・ポーランド間の交渉、さらにはポーランド在住ドイツ人財産の没収に関するドイツ・ポーランド間の交渉において司会を務め、対ドイツ賠償問題会議に日本の首席全権として出席してこの問題に関する英仏両国間の対立を両国の代表を「茶会」に招待して仲介し、さらに少数民族学校に関するドイツ・ポーランド間の交渉を司会してその報告者(Rapporteur)として報告書を取りまとめる(一九二九年三月)など、連盟において八面六臂の活躍を行った。特に、上部シレジアをめぐるドイツ・ポーランド間の紛争に関して、安達は、シュトレーゼマン・ドイツ外相とザレスキー・ポーランド外相双方の主張に十分耳を傾け、公平な解決のために尽力した[9]。このような安達の誠実な努力の結果、そこで示された解決案はドイツ側にやや有利な内容のものであったが、ポーランド側もそこで示された結論に納得したのである[10]。安達自身も、国際連盟の場で自らがドイツ・ポーランド間の上部シレジア問題をめぐる紛争の収拾にあたった際の経験について、後に次のように語っている。「ドイツとポーランド間に、永年わだかまっていた少数民族に関する十数個の問題の内、多数の問題について、ポーランドは、日本人である報告者(安達自身を指す——筆者注記)の為に敗北しました。私は、その判断が出された直後にヨーロッパを離れましたので、その結果がポーランドの人心にどのような影響を及ぼしたのか、何も知らずにヨーロッパを去りました。しかし今、聞くところによりますと、正義に基づける公平なる態度を以って、しかも同情の心を以って研究し、ああなったのであるからというので、彼の国の世論は、等しく満足し、日本の努力に対して感謝しているそうであります[11]。」

また、安達は、国際連盟とともに第一次大戦後にスイスのジュネーヴに新たに設立された国際労働機関(International Labour Organization: ILO）においても、一九二二年の第四回ＩＬＯ総会では日本政府代表委員を務め、一九二三年の第五回ＩＬＯ総会では日本政府代表委員とともに総会議長を務めた。国際労働機関の総会（ＩＬＯ総会）は、政府代表に加えて使用者団体代表及び労働者団体代表の三者から構成される革新的な意思決定制度を備えた機関であったが[12]、その創設直後の一九二〇年代に安達が同会議に出席していかなる感想を抱いたかは興味深いところである[13]。

さらに国際連盟は、国際社会における平和と紛争解決といった分野のみでなく、連盟規約第二三条の規定に基づき、人道的、社会的、経済的分野においても幅広く国際協力を促進する任務を与えられた初めての世界的規模の国際組織であり、とりわけ保健衛生の分野においては国際連盟保健機関（ＬＮＨＯ）や保健委員会の活動等を通じて伝染病の予防や撲滅などに大きな成果を上げたが[14]、安達は国際連盟において保健衛生分野でのラテンアメリカ諸国との協力の促進にも尽力した。

3　ハーグの常設国際司法裁判所に赴任後の安達峰一郎の苦悩

以上のように、一九二〇年代の約一〇年間にわたり国際連盟を舞台とする安達峰一郎の活躍は、そのスケールの大きさや成果の素晴らしさなど、日本の外交官としては特筆に値するものであったといえよう。これは、安達がジュネーヴの国際連盟で活躍した時代が、一九三一年九月に発生した柳条湖事件以降日本が連盟内で孤立を深めていく直前までの「黄金の二〇年代」であったという事実と無縁でないことはここで指摘するまでもない。もし、安達が仮に一九三一年以降もハーグの常設国際司法裁判所に裁判官として赴任せず、ジュネーヴの国際連盟の場で日本代表としての活動を継続していたとすればどうなっていたか、その後の歴史的事実と同様にリットン報告書が連盟総会で圧倒的多数の賛成で採択されたのか否か、歴史には仮定は禁物であるが、非常に興味深いところである。

実際には、一九三一年九月の柳条湖事件発生以降、安達はオランダ・ハーグの常設国際司法裁判所の所長として裁判所運営の激務に従事しながら、祖国日本をめぐる国際情勢の緊迫化に大きく心を痛めることになる。その意味で、安達が一九三一年一月にハーグに赴任してから一九三四年一二月にオランダで逝去するまでの常設国際司法裁判所裁判官としての約四年間の任期のほとんどは、安達がジュネーヴの国際連盟で華々しく活躍したその前の一〇年間とは異なり、徐々に国際的に孤立を深めていく祖国を思いながら裁判所での任務に従事する苦悩の日々であったものと推察できる。

以下では、安達の国際連盟観及びさらに広く国際組織一般に関する考え方について、さらに具体的に検討を進めることとしたい。

三　安達の国際連盟観と国際組織に対する認識

1　第一次大戦後の国際連盟の誕生に伴う外交の革命的変化という認識

安達峰一郎の国際連盟と国際組織一般に対する認識のうち、まず指摘しなければならない点は、国際連盟の誕生が従来の外交スタイルの革命的転換をもたらした、という安達自身の認識である。第一次大戦後の国際連盟の誕生は、二国間外交を中心としつつ時に応じてアドホックな国際会議が開催される、というそれまでの外交の基本的なスタイルを、常設の国際連盟という場を通じた恒常的な多国間外交を可能とするスタイルへと変化させた。二〇世紀における米国の国際法学の泰斗であり外交実務家でもあったジェサップ（Philip C. Jessup）は、国際連盟の誕生に端を発しその後の国際連合において花開いたこのような新たな外交上の形態を「議会外交」（Parliamentary Diplomacy）と後に呼んだが[15]、安達は国際社会におけるこのような外交上の構造変化を一九二〇年代に正確に認識し、明確に指摘しているのである。

同時に安達は、このような国際連盟の誕生により生じた外交上の構造変化が、具体的には条約作成（いわば国際立法）に要する労力と時間の革命的短縮をもたらし、そのような場としての国際連盟（及び国際労働機関）の役割の重要性を指摘する。この点に関して安達は、一九三〇年に一時帰国した際に行った貴族院定例午餐会での講演において、次のように述べている。「私は、外務省の吏員としての経歴は既に久しく、戦前においても永く外交の任務を負っておりました。その経験から申し上げるのでありますが、戦前戦後における外交事件の処理方法の根本的大変化は、戦前におけるそれは国別的であり、戦後のそれは会議的になったということであります。例えば、万国議員商事会議、万国議員同盟会議の如きものは、戦前も名義上ありましたが、実際に活動を始めたのは戦後であります。殊に顕著な例は、北米合衆国の主唱を容れて国際連盟という大きな世界的団体ができました。この団体は、ほとんど総ての会議の元締めをしております。例えば今申し上げました一つの会議の如きも、国際連盟規約第十八条の規定により、国際連盟のオブザーヴァント・パトロネージを受けておるのであります。その結果は、常に国際連盟に報告され、連盟はこれを適切に制度化するのであります。即ち連盟は、本当に責任ある世界の団体として、各国がこれを有効に実行する時には、総て総会にかけられます。そして、可能性のあるものは条約として各国政府の批准に供します。[16]」

安達が指摘するように、国際連盟の設立は第一次大戦の「戦前戦後における外交事件の処理方法の根本的大変化」をもたらした。安達が正しく指摘したこの外交システムの「根本的大変化」は、安達がジュネーヴの国際連盟を去った一九三一年以降のいわゆる満州事変をめぐるリットン調査団報告書の連盟での採択に際して、日本外交に痛撃を加えることになる。一九三〇年時点での安達による国際連盟に関する正鵠を得た指摘は、その後の日本外交の行方に十分な影響を与えるには至らなかったのである。

また、安達は、国際連盟の創設により一般条約の定立が飛躍的に促進されたことについて、次のように指摘している。「戦後、連盟の動静により、若しくはその保護の下に出来ました国際協約・協定は、数え切れないほど沢山あるのであります。戦前は、数十年にして漸く締結し得たる諸種の協約が、連盟によって、極めて迅速に完成せられているのであります。是は、戦前、戦後、ずっとヨーロッパに居る私にとりまして不思議に感じる位であります[17]。」このような安達の指摘は、国際法の定立システムの進化（いわゆる国際立法の組織化）に関して国際連盟の創設が大きな画期となったことを正確に指摘するものであるといえよう[18]。

2　国際連盟における理事会と総会の関係に関する洞察

次に、安達は、国際連盟自体の組織構造に関してどのような理解を有していたのであろうか。特にここでは、人類史上初めて創設された普遍的国際組織の主要機関である国際連盟の総会と理事会の関係に関する安達の認識を取り上げることとしたい。

安達は、国際連盟における総会と理事会の関係について、次のように述べている。「総会は言論の趨勢を指導する所の機関であり、理事会は、その潮流に乗じて実際の執行方法を探すので、極めて少数よりなる団体であります。言葉を換えて申し上げますれば、この世界を治める団体であります。更に言葉を換えて申し上げますれば、天下の治者であります[19]。」また、連盟の総会と理事会について、次のようにも述べている。「この国際連盟には、二つの機関がありまして、一つは総会、一つは理事会であります。総会は、空気を養成する所であり、理事会に対して希望を発表する機関であります。これは、毎年一月に開会します。この会議には、各国の最も責任ある全権、即ち首相、外相、若しくは蔵相が列席して、種々討論して、理事会その他の団体に指導的な訓辞を与えます[20]。」ここで、安達は連盟総会を「空気を養成する所」と表現しているが、ここでの「空気」とは決して無意味であり軽視できるもの、という意味ではないであろう。連盟総会が「養成」する「空気」とは、国際社会を代表する一種の正統性を持った「国際世論」

という意味であり、これはまさにその後のリットン調査団報告書の処理をめぐり安達の祖国である日本に突き刺さるものとなるのである。

本章でも既に触れた通り、国際連盟の総会と理事会の関係に関してはさまざまな議論が行われてきたが、連盟理事会が大国主導の欧州協調体制の流れを汲む機関であるのに対して、連盟総会はそこにおいて採用された一国一票制という投票様式とも相まって、第一次大戦後に確立した国家平等原則が実定法上のルールとして結実した機関であると評価することができる。国際連盟における総会と理事会の関係は、さまざまな問題性を含むものでもあったが、以上のような両者の関係に関する安達の認識は、一九三〇年代以降の国際連盟と日本の関係、そして第二次大戦後の国連における総会と理事会、とりわけ安全保障理事会との関係に関しても一定の有益な示唆を与えるものであろう。

3　国際連盟理事会の常任理事国としての日本の地位に関する認識

以上のようにして設立された国際連盟の理事会において、日本はその発足以来常任理事国としての地位にあった。安達はこの点に関して、「天佑」との認識を有していた。彼は、連盟の理事会は「この世界を治める団体」であり、「天下の治者」であると述べた上で、「然るに天佑とも私が信ずる事情の下に、日本帝国は、常任理事国の一つとなっております」と述べ、「日本は、この常任理事国として、連盟の機務に携わり、叉その他の諸種の国際会議にも、大黒柱の地位を占めつつ出席している」と指摘する。[21] また、安達は、「天下の治者たる小さい理事会に、日本が永久的に代表せらるるということ、是を私は、天佑の一種と心得て、我が国運の将来に深く満足し、叉そうしてくれた人々に、感謝の念をもって居ります。」とも述べている。[22] さらに、安達は、「日本は、先ほど申し上げたほとんど天佑的の事情によりまして、連盟理事会の永久的理事となっており結果として、今申し上げたように極めて重要な会合にも、直ちに一時間、若しくは二時間の中に召集せられ、それに赴く機会もあるのであります。[23]」と述べるが、ここで安達が指摘する連盟理事会常任理事国の地位は、まさに現在の国連の安全保障理事会常任理事国の地位に対比されるものといえよう。

そして、安達は、連盟理事会において常任理事国の地位を日本が有していることが、他の外交上の問題に関しても日本が大きな地位や役割を与えられる原因となっていることを鋭く指摘する。「過去ほとんど十年に亘りまして、賠償委員会における日本の位置は、ヴェルサイユ条約の規定の結果として頗る不利益な、寧ろ不正な位置に在ったにも拘らず、この度、ヘーグ会議においては、英仏と全く同じ召集団の一人となって、他の諸国を招請し、大会議の成功の責任を負うことになり、また、その結果についても、また、その取り分についても総て、例えば国際決済銀行、その他これ等、ほとんど九十年間に亘る大きな世界の金融機関に携わることについても、英仏と全く同様に位置に立つことが出来る機会を得たのは、これ偏に国際連盟の理事会において永久的の座席を持っている結果であります。ですから、ジエネバなければヘーグなしで、日本が賠償会議に召集国の一人として参加する機会も無かったのであります。それでありますから、斯くの如き連盟に直接関係のないように見える問題でも、皆連盟の機関によって支配されることになり、また、賠償の協定は各国においての批准を遂げ、それを連盟に登録することになっております。[24]」ここで安達は、ヴェルサイユ条約におけるドイツの賠償問題に関して、当初は主要な地位を与えられていなかったにもかかわらず、日本が国際連盟の常任理事国の地位を有していたために、いわゆるヤング案を取りまとめた一九二九年の賠償委員会では英仏両国と対等な地位を得ることができたことを具体的に指摘している。

また、安達は、連盟理事会における常任理事国と非常任理事国について、次のように述べている。「理事会は総会決議の精神に則り、その実行方法を講じたり、その他、突発的に起こる国際紛争事件を裁きます。ご承知の通り、この理事会に任命されている国は、極めて少数でありました。数年来、民主的な考え方により、多少増えましたが、まだ十四カ国に過ぎません。その中で五カ国が永久的理事国であり、通常、常任理事国と称します。それらの国は、理事会に於いて、国際紛争事件の処理、並びに総会決議に基づいて、一般の事務を処理します。また、非常任理事国は、選挙により、一、二年、若しくは三年の任期を以って選ばれておりました。しかしだんだんそのシステムを変えまして、現在は、何れも三年の任期となりました。[25]」

その上で安達は、この連盟理事会における常任理事国の一票は実際には非常任理事国の一票よりも大きな影響力を持ち、またこの理事会常任理事国としての地位はヴェルサイユ条約及び連盟規約に明記されているのでその変更は極めて困難であることを次のように指摘している。「常任理事国の発言は、非常なる重要性を持っておりまして、その一票によって、非常任理事国の投票を大いに動かします。日本は一種の天佑によって、常任理事国である、とヴェルサイユ条約に明記されているのであります。……ヴェルサイユ条約及び連盟規約を改正する手続きは、極めて複雑、且つ困難でありますから、この常任理事国という日本の地位は、近い将来において変ることはないと信じて喜んで居ります。[26]」一九三三年二月の日本による国際連盟からの脱退宣言は、日本が手にしたこのような「天佑」としての特権的地位を自ら手離す意思表示であったわけであるが、ハーグの常設国際司法裁判所でこの事実に接した安達の思いは、果たしていかなるものであったであろうか。

4　日本が関係する東アジアの問題への国際連盟の関与に関する認識

国際連盟との関係で最後に取り上げるのは、日本が関係する東アジアにおける紛争や問題に関して、国際連盟の役割をどのようなものとして安達が捉えていたかという点である。日本、さらに東アジアの問題に関する国際連盟の立場について、安達は次のように述べている。「右の諸会議の下に於ける日本の立場を、唯だ精神的に申し上げますと、今日の処、日本は連盟理事会にお世話になることは無いようです、アジアの東方の国といたしまして連盟の理事会の御世話によって処分しなければならぬ問題は当分無いようです。差し当り、今暫くは、欧州各国の紛争を解決するということが、蓋し連盟理事会の運命であります。で日本全権の理事会における立場は、割合に公平に行うことが出来ます。また各国も左様に信じております。ヨーロッパ人が解決することが到底できない、而かも解決しなければ平和が破れる恐れのある大問題について、日本代表の協力を求めることが自然の趨勢であります。[27]」(傍点は筆者)

安達による以上の言及は、一九三〇年五月に彼が一時帰国した際の貴族院定例午餐会での講演会の際のものであるが、ここで用いられている「今日の処」「当分」「差し当り」「今暫くは」という安達の留保的表現は、翌一九三一年九月の柳条湖事件以降の歴史の流れ、具体的にはその後の国際連盟における日本の孤立とそこからの脱退をどこまで予期するものであったのだろうか。

戦間期一九二〇年代の新たな国際レジームの中枢を担う国際連盟の場で華々しく活躍した安達峰一郎、さらに一般的にいえば戦間期国際連盟体制を支えた日本の国際人の「悲劇」の本質が、そしてあえて厳しく言えばある種の「限界」が、ここに現れているようにも思われる。

四 おわりに——安達峰一郎と国際連盟:その現代的意義

以上本章では、安達峰一郎が、一九二〇年代(一九三〇年まで)の国際連盟において、公平・中立な欧州域外の「大国」日本の有能・有徳な外交官という立場でなしえた一種の「国際貢献」について、具体的な紹介と検討を試みた。当時の歴史的・政治的制約要因を前提とした上で、当時の安達による国際連盟と国際組織一般に関する知見や認識から得られる現代的示唆は何であろうか。

欧州を主戦場とした第一次大戦において戦勝国の一員となったという「天佑」により、日本は国際連盟において「常任理事国」としての地位を獲得し、安達はそのような日本の立場を背景として、彼が有する優れた才能を遺憾なく発揮して一九二〇年代の国際連盟において堂々たる「国際人」としての大きな成果を収めた。現代から振り返ると驚嘆に値する安達のこのような国際舞台での活躍は、彼自身の優れた人格能力と、日本という彼の祖国の当時の立ち位置との双方が合体してもたらされたものと理解することができる。

安達がジュネーヴの国際連盟を去った一九三〇年以降、周知のように日本は柳条湖事件に端を発するいわゆる満州事変を転機として、国際連盟の中で、そして全世界の中で孤立を深め、一九三三年には連盟からの脱退を一方的に宣言して安達が「天佑」と呼んだ連盟理事会常任理事国としての地位を投げ出すことになる。国際連盟にとっても、一九三〇年代以降に連盟が歩んだ道は決して平坦なものではなかったことは周知の事実である。一九三九年九月にドイツ軍のポーランド侵攻により第二次大戦が始まると、国際連盟は事実上の活動停止状態に陥った。人類史上初めての普遍的・一般的国際組織として大きな期待を集めてスタートした国際連盟は、第二次大戦の発生を防ぐことに「失敗」した組織としてのレッテルを貼られ、一九四五年に新たに発足した国際連合（国連）にその役割を引き継いだ後、一九四六年四月に静かに終焉を迎えることとなる。

このような国際連盟の「失敗」の反省の上に創設された国連では、連盟の理事会に相当する地位を引き継いだ安全保障理事会（安保理）に「国際の平和及び安全」を維持するための強力な権限が付与され、安保理の常任理事国には連盟の常任理事国以上の強力な実質的権限が付与されることになった(28)。現在まで続くこの国連体制の下で、安保理常任理事国の地位にある国は、第二次大戦の敗戦国となった日本ではもちろんなく、第二次大戦の戦勝国となった中国が欧米以外で唯一この地位を占めるに至った。これは、国連が国際連盟による「失敗」の教訓を踏まえて第二次大戦の戦勝国を中心として形作られた新たな普遍的国際組織である以上、当然の帰結であるといえよう。

第二次大戦後、敗戦国となった日本は、「平和国家」として再スタートし、一九五二年にサンフランシスコ平和条約の発効により独立を回復して、一九五六年には国連加盟を果たして正式に国際舞台に復帰する。このような第二次大戦後の現在に至るまで基本的に続く国連体制下で、安保理常任理事国（いわゆる五大国ないしP5）ではない「経済大国」「平和国家」として日本が歩んできた針路と国際貢献のあり方との関係で、戦間期一九二〇年代の国際連盟における安達の活躍からわれわれが学ぶべき点は非常に多いものと考えられる。

安達峰一郎の国際連盟での活躍と彼が示した国際連盟と国際組織一般に関する知見は、それから約一世紀近くの時間が経過した現代のわれわれに対しても、極めて多くの有益な示唆を与えてくれるものであるといえよう。

（1）もちろん、一九三〇年代の日本の外交も、単線的に国際的孤立の道を一直線に歩んだものではない。この点を指摘した優れた研究として、井上寿一『戦前日本の「グローバリズム」――一九三〇年代の教訓』（新潮選書、二〇一一年）。

（2）寺内正毅は、一九一〇年から一九一六年まで初代朝鮮総督を務めた陸軍元帥であり、一九一六年一〇月から一九一八年九月まで第一八代内閣総理大臣を務めた。一九一五年一二月から一九一六年一月にかけてロシア皇帝ニコライ二世の名代ミハイロウィッチ大公が来日した際、安達がその接遇員として朝鮮総督である寺内の補佐をして以来、寺内と安達は親しい間柄にあった。安達峰一郎記念財団『安達峰一郎、人と業績』（安達峰一郎記念財団、二〇〇九年）八九―九〇頁。

（3）安達がパリ平和会議で参加した委員会の中には、ドイツの開戦責任に関する戦争指導者の処罰問題に関する「開戦責任及び制裁調査委員会」などがあり、安達は東京帝国大学教授であった立作太郎とともに同委員会に参加している。安達峰一郎記念財団『安達峰一郎、人と業績』九〇―九一頁。

（4）パリ平和会議における国際連盟規約の起草過程での議論と日本代表団の対応等に関しては、篠原初枝『国際連盟――世界平和への夢と挫折』（中公新書、二〇一〇年）三〇―七四頁参照。

（5）国際連盟規約第一一条から第一六条に至る紛争解決と戦争の部分的禁止、そして加盟国に対する制裁発動に関する権限は連盟理事会に認められる一方、例えば規約第一九条の条約の再審議に関する権限は連盟総会に認められていたが、連盟理事会と連盟総会はともに「聯盟ノ行動範囲ニ属シ又ハ世界ノ平和ニ影響スル一切ノ事項ヲ其ノ会議ニ於テ処理」するものとされ（連盟規約第三条三及び第四条四）、両者が有する権限の範囲は同一であると理解されていた。このような国際連盟における総会と理事会の権限関係に関しては、植木俊哉「国連による紛争処理システムの構造と課題――二〇世紀の普遍的国際組織による紛争処理機能再考」『世界法年報』第二三号（世界法学会、二〇〇四年）四八—五三頁参照。また、規約第一五条に基づいて本来は連盟理事会が行うべき紛争審査に関しても、連盟理事会は「本条（第一五条を指す——筆者注記）ニ依ル一切ノ場合ニ於テ紛争ヲ聯盟総会ニ移スコトヲ得」ものとされ（第一五条九）、いわゆる満州事変に際してのリットン調査団報告の処理に関しても、このような手続（連盟理事会から連盟総会への案件の移送）が取られた。

（6）一九二〇年から三〇年までの国際連盟理事会日本政府代表は、第一八、二〇、二一、二二～二五、四六～五八の各会期では安達峰一郎が務め、第一〇～一七、一九、二〇、二五～三七、三九～四五の各会期では石井菊次郎が務めた。篠原初枝『国際連盟』一七六頁参照。この二人が一九二〇年代の国際連盟における中心的人物として活躍したことが、ここからも窺われる。

（7）石井菊次郎の国際連盟における活躍に関しては、篠原初枝『国際連盟』一七五—一七七頁参照。

（8）石井は、紛争当事国双方の代表を茶会に招いて十分にその主張を聞き取り、紛争を解決に導いたが、その粘り強い手法は「石井の茶会」として当時のこの世界では広く知られていた。

（9）安達峰一郎記念財団『安達峰一郎、人と業績』一四〇—一四二頁。

（10）このような上部シレジア問題をめぐる安達の国際連盟での活躍に関しては、篠原初枝『国際連盟』一一〇—一一二頁、一七八—一七九頁参照。

（11）安達峰一郎書簡集編集委員会編『国際法にもとづく平和と正義を求めた安達峰一郎——書簡を中心にして』（安達峰一郎博士顕彰会、二〇一一年〔以下『書簡集』と略記〕）一八一—一八二頁。別の機会に、安達は、次のようにも述べている。「……私の提議に基き、ポーランドの主張は、遂に理事会により排斥されたのであります。この結果はどうであったか、提議者たる私も懸念して居りました。是を是とし、非を非とする。何等疚しいことはないが、政治上の結果はどうでありましたろうか。去る二月中旬、欧州を去りて帰朝の旅を急ぎ乍らも、時々念頭に懸かって居りました。然るに当地に於いて、先日ある先輩のお話を承りますれば、在東京のポーランド公使が、日本全権の為に、過般の事件には負けたけれども、その審査の方法が極めて公平であり、深き同情を以って、飽くまで研究してくれた結果だと信ずるから、ポーランドの人民は皆、悦服して居ります、とのことです。」同右一六八—一六九頁。

（12）このような国際労働機関の創設に伴う新たな諸問題ととりわけ日本におけるその対応に関しては、海野芳郎『国際連盟と日本』（原書房、一九七二年）七一—八五頁参照。

（13）安達峰一郎は、一九三〇年に一時帰国した際に、日本で何回か講演を行っているが、同年五月一七日に貴族院定例午餐会で行った講演の中で、「先年、私が日本政府の代表として労働総会に、二、三年参加しておりましたが」と述べて、若干の言及を行っている。『書簡集』一九一頁。

(14) このような保健衛生の分野における国際連盟の取組みの成果等に関しては、海時芳郎『国際連盟と日本』一〇二―一〇七頁、篠原初枝『国際連盟』一二六―一二九頁参照。

(15) Philip C. Jessup, "Parliamentary diplomacy: an examination of the legal quality of the rules of procedure of organs of the United Nations", *Collected Courses of the Hague Academy of International Law*, Vol. 89 (The Hague Academy of International Law, 1956).

(16) 『書簡集』一七七頁。

(17) 同右一六三―一六四頁。安達は、一九三〇年の貴族院定例午餐会での講演会（五月一七日）の前日の五月一六日に行った日本国際連盟協会通常総会での講演において、次のようにも述べている。「戦前と戦後の外交事件処理の上に於いて、一大変化を来したことは、御承知の通りで、三十八年以上、外務の官吏として、約二十五年間、欧米に在任して居った私にとっては、殊に深く感ぜられます。戦前に於きましては、外交は殆んど国別的でありまして、甲の国と乙の国とが外交事件を処理する。これが原則であったが、大戦後、米国の故大統領ウィルソン君の時勢に適合したる天才的の創意の結果、世界の平和を具体的に、また実効的に組織する国際連盟が出来、単に直接に平和を維持する方法を講ずるのみならず、その他諸種の世界的大問題をも、ほとんど皆、この団体に於いて扱うこととなりました。」同右一六三頁。

(18) 国際組織による国際法定立への関与を「国際立法」という概念で捉える方法とその限界を検討したものとして、植木俊哉「国際組織の国際法定立機能の関する一考察――『国際立法』概念の批判的検討を手がかりとして」『法学』第五二巻第五号（東北法学会、一九八八年）一八〇―二二〇頁参照。

(19) 『書簡集』一六四頁。これは、一九三〇年五月一六日に日本国際連盟協会通常総会において行われた安達の講演の中での言及である。

(20) 同右一七七頁。

(21) 同右一六四頁。

(22) 同右。

（23）　同右一六六頁。
（24）　同右一六六—一六七頁。
（25）　同右一七七—一七八頁。
（26）　同右一七八頁。
（27）　同右一六七頁。
（28）　国連憲章第七章の下で国連が強制措置を発動するために必要とされる「平和に対する脅威」「平和の破壊」「侵略行為」の存在の決定（憲章第三九条）や、それを前提とした強制措置の発動——非軍事的強制措置（憲章第四一条）及び軍事的強制措置（憲章第四二条）——に際して安保理の常任理事国にいわゆる「拒否権」が認められたことが、国連体制における安保理常任理事国（Ｐ５）に付与された特権の中枢部分であることはここで改めて指摘するまでもない。なお、「拒否権」とは、安全保障理事会の非手続事項の決定に関して、「常任理事国の同意投票を含む」九理事国の賛成投票が必要とされていることから（憲章第二七条三項）、常任理事国が一国でも反対すれば安保理での非手続事項（実質事項）の決定を阻むことができることを意味するが、憲章の条文中に「拒否権」（veto）という文言が明記されているわけではない。また、国連憲章の改正（常任理事国の変更又は新たな追加を含む）に関しても、安保理の常任理事国には事実上の「拒否権」が認められている（国連憲章第一〇八条）点も、国連の基本構造の変革が五大国のいずれかの意に反しては行われないことを保証するものとして、極めて重要な意味を有する。

第八章　国際連盟理事会における安達峰一郎

——「報告者」の役割——

篠原初枝

一　はじめに

安達峰一郎が国際連盟で活躍したことは、当時安達と共に連盟で働いた同僚の記憶に残るものであった。連盟事務局に勤務したイギリス人ウォルターズは、一九五二年に出版した大著『国際連盟史』のなかで、「安達の見識は深遠で、彼の頭脳は多くの日本人とは異なりあたかもラテン民族のような俊敏さに満ちており、時間のかかる細かいことが続く問題に彼は粘り強く対応した」と書いている[1]。このような安達の国際連盟における活躍は近年の学術書のなかでも、「安達は、常に礼儀正しく、端正に身なりを整えた当時の日本のエリートの一員であった。数々の問題に機敏に対応し、安達は一九二〇年代の連盟を軌道に載せた一人であったのである」と記されており、安達が国際連盟にとって重要な人物であったことが現在でも認識されているといってよい[2]。

本章の目的は、連盟理事会でとりあげられた係争にいかに安達が対応したかを検討することで、安達の連盟理事会における活躍を描くことにある。安達のどのような対応や発言が、ウォルターズに「俊敏な頭脳と忍耐強さ」を持つ安達を印象付けたのであろうか。筆者はこれまでも、ドイツ・ポーランド間少数民族問題に対処した安達について記してきたが[3]、本章は一九二〇年代全体に分析の対象を広げ、連盟における安達の姿を包括的に叙述するが、加えて、国際連盟における「報告者（Reporter）」の役割をも考察してみたい。安達は連盟理事会で「報告者」としての任務を果たしたが、連盟研究史において「報告者」の制度的意義を検討する研究は見当たらず、「報告者」の位置づけを考える一助となればと望んでいる。連盟規約には、「報告者」についての明確な規定は存在しないが、一九二〇年五月一七日の連盟理事会において理事会に関する規則が定められ、その第二条で理事会は個々の案件について「報告者を任命することができる」と規定された[4]。この「報告者」は連盟が実行を積み上げていくなかで徐々に制度として確立していく。

安達自身が「報告者」として連盟に貢献した一方で、彼は連盟における日本の立場をよく理解していた。アジアの一国である日本は、地理的バランスを欧米列強が配慮したこともあって常任理事国の地位を得たが、その地位にふさわしい役割を果たすことが期待された。安達は、「日本は、天祐的にも、その理事会に永久的の座席をもっており、その責任は極めて重大なるものであります」と述べていたのである[5]。

以上のような本章の射程に即し、この章は連盟理事会における安達の発言や彼が記した報告書を考察の中心とするので、連盟の公刊史料――*Official Journal of the League of Nations*――を一次史料として主に用いる[6]。事例としては、安達が扱った係争であるダンツィヒ問題、トランシルヴァニア問題、ドイツ・ポーランド少数民族問題、リトアニア問題をとりあげ検討する。

二　ダンツィヒ問題

ダンツィヒは、ヴェルサイユ会議で国際連盟の管轄に置かれることが決定され、ヴェルサイユ条約（第一〇〇条から第一〇八条）で「国際連盟による保護」にあると規定された。旧ドイツ領ダンツィヒは、ポーランドに海洋アクセスを与えるための方策であったが、ポーランド領ではなく連盟が管理する「自由市」とされ住民には自治が約された。一九二〇年一一月九日にポーランド・ダンツィヒ条約が締結され、一一月一三日に正式に、ダンツィヒは自由市として発足した。連盟によって高等弁務官が任命されたが、多くの問題が連盟理事会に持ち込まれ、それらの諸問題に一九二二年から一九二三年にかけて対応したのが安達であった。安達が取り組んだのは、飛行機の製造問題、ポーランド政府の財産権、ポーランド人の追放問題、ダンツィヒの対外関係（ポーランドがいかにダンツィヒの外交関係を処理するかという問題、ダンツィヒの国際会議における代表権問題）、財政問題であった。

安達は、設立まもない連盟事務局とよく連携しており、ダンツィヒにおけるポーランド政府の財産権の問題では、ポーランド政府、ダンツィヒ当局、高等弁務官および連盟事務局の代表を交えてこの問題を話し合うように指示した。最終的にポーランド政府は自国政府の財産権不可侵性が認められることを条件として、この問題を取り下げると同意した。安達は、「ポーランド政府とダンツィヒ当局の間の問題が実務的に処理可能な問題に過ぎない場合は、両者は和解の精神を以って問題に臨み、常に連盟理事会に問題を持ち込まないように望む」と述べた。当時、あらゆる問題が発足間もない連盟理事会に持ち込まれる傾向にあったので、安達は両者に歩み寄りの精神を説いたのであった[7]。

次に理事会に持ち込まれたのは、ダンツィヒからのポーランド人追放問題であった。ダンツィヒ当局とポーランド政府に異なる見解が生じていた。一九二一年一〇月二四日ポーランド・ダンツィヒ協約は、経済的・政治的混乱を招くと判断されない限り、ダンツィヒはポーランド人を同地から追放しないと規定していたが、実際にこの追放に関して誰が権限を有するのかが明確ではなかった。安達は一九二一年一〇月二四日協約第二九条の「正しい解釈」によれば、ダンツィヒ当局がこれを宣言することができるが、他方で、ポーランド政府はこの措置が妥当と思われない場合は一九二〇年条約第三九条に基づき、ダンツィヒ当局に申し入れをおこない、高等弁務官の判断を仰ぐことができると述べている。安達は、連盟理事会がこの見解を受け入れるのであるならば、今後はこの問題について明確な原則とすることができるのであり、ポーランド政府、ダンツィヒ当局および高等弁務官の三者で問題を解決することができると述べている。(8)

加えて安達が処理しなくてはならなかったのは、ダンツィヒの対外関係であり、まずはドイツとの関係をいかに規定するかが重要であった。一九二〇年八月二七日ドイツとダンツィヒの間で一定の外交関係を維持するための協定が、連合国占領下に交わされたが、これは批准されなかった。高等弁務官は一九二一年一二月一八日付で、ポーランド政府に対しダンツィヒ当局がドイツと外交関係を有することを認めるように要請したが、一九二〇年一一月九日のポーランド・ダンツィヒ条約では、ダンツィヒの外交権はポーランドが有することとなっていた。安達は、「我々に課された課題は、何らかの実行可能な取り決め（practical arrangement）を結ぶ」ことだと発言し、ポーランドとダンツィヒの間での話し合いが持たれ、ポーランドとドイツの交渉が始まった。(9)

また、このドイツとダンツィヒの外交関係の一件と同時に、ダンツィヒの外交関係一般も議論された。この件について安達は、ポーランドとダンツィヒがただちに直接交渉に入るのではなく、「報告者」および高等弁務官を交えて予備的会合を持つべきであると主張している。すなわち、「報告者」が積極的に調停の役割を果たすことを提言している。安達の提言に基づき、ポーランド、ダンツィヒ、高等弁務官、「報告者」の四者で会談を行い、その結果、高等弁務官が一九二一年一二月一七日に下した決定の詳細が再確認された。(10)

その他にも、安達はダンツィヒの財政問題や、ダンツィヒの警察がフランスの軍服を着用している問題といった細かい問題についても報告し、解決策を提示した。(11)ダンツィヒ問題への安達の対応には、条約の解釈による解決策の提示、細かい問題の精査、当事者間交渉の調停という特色がみられるが、このような安達の対応振りは、後の事例でも見られるものであった。

三 トランシルヴァニア問題

第一次世界大戦後のパリ講和会議では東欧諸国に新たな国境線が引かれることとなった。この過程で、民族分布を重視し国境線の確定を主張するアメリカと、経済的理由を配慮して国境線画定を主張した英仏という大国間の対立が一方では存在し、他方ルーマニアは第一次世界大戦後の軍事占領を国境線画定に反映することを望んでいた[12]。この結果、トランシルヴァニア地方はルーマニア領土となったが、ハンガリー系住民が多く住んでいたので少数民族問題が生じたのである。このトランシルヴァニアにおける少数民族問題は、当時から書籍も出版されていたように、第一世界大戦後懸案とされた少数民族問題のひとつとされていた[13]。理事会での争点は、ルーマニアにおけるハンガリー系住民の土地接収であった。ハンガリーの主張によれば、ルーマニア政府が一九二一年七月制定の農業改革法における不在者の財産接収規定に基づきハンガリー系住民の土地を接収したが、このような政策は、ルーマニア領においてハンガリー国籍保持者は不動産所持の権利があると規定したトリアノン条約第六三条およびルーマニアと連合国との少数者保護条約第三条に違反するという見解であった。

1 一九二三年四月理事会

四月二〇日理事会では、安達は「報告者」として、問題を精査する前に両者の言い分を聞くべきだとし、ハンガリーとルーマニアの双方に意見を求めた。ルーマニアは、少数者保護条約はハンガリー国籍保持者に有利な取り扱いを認めるものではないと主張したが、ハンガリーは不在者の不動産接収はこの条約に違反すると述べた。安達は「両者の主張から、問題の核心は条約の解釈である」と述べて、この日の議論を取りまとめた[14]。

四月二三日の理事会では安達の報告書が読まれ、その提案が紹介された。安達は両者の法的主張が異なることから、常設国際司法裁判所の判断を仰ぐべきだとハンガリーとルーマニアに提議した。ルーマニアの農業改革法が、トリアノン条約第六三条および第六四条、ならびに連合国とルーマニア少数者保護条約第三条に違反するかの判断を、常設国際司法裁判所に付託せよというものであった(15)。

しかしながら、この安達の提案にハンガリーおよびルーマニア両政府から反論があがり、理事会では議論が続いた。ルーマニアの主張は、この問題は単に法の解釈という問題ではないというものであった。この主張に対し、安達は少数者保護条約第一条および常設国際司法裁判所規程第三八条を用いて説得を試みた。安達は、裁判所規程第三八条に言及し、裁判所が単に法理の面から規定することはないと説明し、「安達はルーマニア代表に彼の妥協案の受諾を強く迫った」。これに対し、ルーマニア代表はこの問題は少数民族問題ではないと主張した。少数民族問題であるならば、ハンガリー政府がこの問題をとりあげるべきではなく、少数民族自身が直接理事会に問題を請願できる。しかし、ハンガリーとルーマニアという国家同士の問題であるから、「調停は強制的ではない」と論じた。安達は、ルーマニアが常設国際司法裁判所への付託を望まないのであるならば、連盟理事会は同裁判所に勧告的意見を求めることができると応じた(16)。

ルーマニアの反対が続いたので、理事会議長は、この問題を再び検討し次の会期までに解決策を探るように安達に求めた。この議長案について、ルーマニア代表はこの問題を解決できない理事会が無能だといった趣旨の発言を行った。しかしながら安達は、安達の妥協案および議長案を受け入れられないと表明したルーマニア代表に遺憾の意を表明した。理事会で、明確な進展が見られなくともそれは理事会の責任ではなく、「ルーマニア政府は交渉失敗の責任を負わされることのないように望む」と発言した。さらに、このように連盟理事会の対応が批判される中では、「自分は連盟のために懸命に働いてきたが、「報告者」の任務を継続することは困難である」とまで述べ、「報告者」辞任をほのめかしたが、イタリア代表が、安達は「この問題をきわめて公平に処理してきたので、報告者を続けるべきだ」と主張した[17]。安達は毅然とした態度で臨んだといえる。

2　五月ブリュッセルでの仲介

理事会での議論を受けて、ブリュッセルのパレスホテルで安達による調停が行われた。安達、ハンガリーからの代表およびルーマニアからの代表が出席し、さらに連盟事務局法務部から二名が陪席して会合は行われた。

この場では、トリアノン条約の規定はハンガリー国籍保持者への措置を妨げるものではないことが確認され、不在期間またその理由、さらに土地接収後の補償額および補償方法が議論された。議論の内容は、きわめて仔細にわたり、たとえば補償の場合、ロシアでフランスの財産接収に用いられた方法が用いられるべきであること、また、ハンガリー人地主の不在はトランシルヴァニア地方にルーマニア軍が侵攻しその結果であることが勘案されるべきだといった議論がなされた。最終的に、常設国際司法裁判所に付託する問題ではなく連盟規約第一一条が適用される問題であると合意された。安達はこの二国間に合意が成立したものとみなし、七月の理事会へ向けての決議案が作成された。その決議案の概要は以下の通りである。

連盟理事会は、ハンガリー国籍保持者の問題が、ハンガリー・ルーマニア両国に紛争をもたらさないことを望む。
ハンガリー政府は、両国政府による協議の結果の後、その旨をハンガリー国籍者に保障する。
ルーマニア政府は、条約を遵守し、農業改革法の精神にのっとりハンガリー国籍取得者の利益に配慮する[18]。

すなわちブリュッセルでの合意は、ハンガリーおよびルーマニアに政治的な和解を求めるものであった。安達は、この問題の解決は決して簡単なものではなく、「このような事例においては、抽象的な法原則を適用するというのではなく（付属の議事録を見てみれば、法原則の点からも困難な問題であることは明確であるが）、平和的解決へ向けて満足のいくような実行可能な（practical）解決策の提示が必要である」と述べている。

3　一九二三年七月の理事会

しかしながら、六月一二日付でハンガリー政府からブリュッセル合意に従うことはできないと連盟に通告してきた。安達はこれに憤慨し、ハンガリー政府の説明を求めた。「加盟国の紛争解決をめざして努力している連盟理事会は、もし連盟に派遣され正当に交渉権を与えられた代表がその政府によって信頼されなかったなら、機能できない」と発言したのであった[19]。七月五日理事会で安達は、「きわめて驚いたことであるが、新たなる状況の進展があった」と述べ、「理事会の場で、ハンガリー政府がとった行動の愚かさ（当初、安達はabsurdという単語を用いた）を問題にしようというわけではないが」、さらに議論が必要であると発言した。七月二日付で、ハンガリー政府から連盟事務総長宛の新文書が送られたが、安達はこのハンガリー政府からの新しい文書についても言及し、それらの論点はすでにブリュッセルで議論の尽くされた問題であると指摘し、理事会で、ハンガリー政府はなぜ一度妥結をみたブリュッセルでの合意を覆すことになったかを説明すべきであると述べた。この日の安達には、トランシルヴァニア問題よりもまずハンガリー政府の対応を正すという態度が読み取れる[20]。

ハンガリー代表は、自国の立場を擁護するため、連盟成立後も全権大使による合意が後に覆されたという事例が存在したと指摘したが、安達は、連盟事務局にその事実の確認を依頼した上で、以前の事例は、交渉といえるものではなく個人的な口頭による合意であったが、今回の事例は、連盟事務局代表の陪席を備えた正式な交渉であったと反論した。加えて、今次は口頭のみではなく文書による合意の確認がなされていたということが異なると論じた。ハンガリー代表から、安達がハンガリー政府の措置について「absurd（愚かさ）」という言葉を使ったという非難に対し、安達はすかさず「正統性」ということを強調するだけであると反論したが、ハンガリー政府が望むならこの言葉を喜んで削除するとも発言した[21]。

ルーマニア代表は、このようなハンガリーの対応は交渉を振り出しに戻すものであると非難した。理事会の議論は、トランシルヴァニア問題という様相から、ハンガリー政府の不誠実さへと方向性が変わっていった。安達はこの間、重ねて自分がいかに驚いたかを告げている。たとえば、ハンガリー政府からの通知は、「痛恨の驚き（extremely painful surprise）」とまで発言している[22]。

夜六時からのセッションでは、理事会議長は安達に再び発言を促した。安達は四月からの交渉を振り返り、当初、自分が常設国際司法裁判所への付託を提議したが、失敗に終わったこと、また勧告的意見を求めることにも失敗したことをあげる。この結果、両者の直接交渉の結果が決議案の作成であったとし、以下のように発言した。

この決議案が根本的問題の解決ではないという点で欠点があることは認めるし、この欠点にむろん最初から気づいていた。しかしながら、この決議案を採択することで理事会は賢明な努力をしたことになる。連盟は、現時点ですべての人を満足させることはできず、政治的・法的・社会的な視点からすべての問題を解決することはできない。しかし、ハンガリーとルーマニアがこの決議案を紳士的に受諾し、そこから解決策を探れば両国の平和的関係への糸口になると信じている。したがって、ハンガリー代表に決議案に反対しないように、迅速な対応を求めたい。この決議案を受諾することで、ハンガリー代表は真に愛国的な行為を行うことになる、なぜならこの決議案が平和への最初の糸口となるからである[23]。

イギリスのセシル卿は、両国の間の係争は決して容易に解決できるものではないが、双方の主張およびブリュッセルでの交渉経緯も明らかになったと評価し、「このような合意の遵守はきわめて重要と考える。なぜならば連盟全体の根幹たる基盤は合意の遵守にあるからである」と安達の立場を支持した[24]。

ハンガリー代表は、この問題を解決できないのであるから、この決議案には賛成できないという意見を繰り返した。安達は、ブリュッセル交渉ではハンガリー代表がこの決議案の文書はよく練られたものであると述べたことに言及し、ハンガリーの国内世論の影響があるのであろうが、最終的にはハンガリー政府の指導によってこの問題も解決できるであろうと述べた。この安達の発言後、理事会は、一時中断し非公式交渉を行った[25]。再開後、ベルギー代表が現決議案の採択が望ましいと提議し、原案のまま採決が行われ、理事会は全会一致で安達の原案を採択した。安達の手続き事項や合意へのこだわりが読み取れるのであり、また理事会での応酬から、安達が俊敏な頭脳で「ラテン的」気質を覗かせ機敏に対応したともいえる。

四　ドイツ・ポーランド少数民族問題

一九二〇年代後半になると、連盟は理事会における「報告者」を制度として確立し、理事会メンバーにその担当を割り振っており、どのような問題が理事会の検討課題であったかが理解できる。表からもわかるように、少数民族問題は、日本の担当問題とされていた。

1　一九二八年ルガーノでの理事会

ドイツとポーランドの上部シレジアをめぐる少数民族問題は、連盟設立直後から多くの係争が持ち上がっていたが、ドイツが連盟に加盟したことで、連盟におけるドイツの外交課題として取り上げられるようになっていた。一九二八年になるとドイツ政府の少数民族問題への外交的対応が弱腰であるといった議論がドイツ国内でなされていたのである。一九二八年一二月スイス、ルガーノで開催される国際連盟理事会を前に、上部シレジア問題にかんする請願が九件持ち込まれており、シュトレーゼマンはドイツ政府内でも積極策をとると宣言していた(26)。

この問題は具体的諸問題をめぐる係争であったと同時に、少数民族問題全般にかかわる制度的争点をも含んでいた。

表　国際連盟理事会の検討課題と担当国

問　題	担当国（28-29年）	担当国（29-30年）
(1)　財政問題	キューバ	カナダ
(2)　経済問題	ドイツ	ドイツ
(3)　運輸委員会	ポーランド	ポーランド
(4)　公衆衛生	スペイン	キューバ
(5)　国際法	イタリア	イタリア
(6)　連盟の財政問題	ペルシア	キューバ
(7)　国際ビューロー	ヴェネズエラ	ヴェネズエラ
(8)　委任統治	フィンランド	フィンランド
(9)　少数民族問題	日　本	日　本
(10)　軍　備	ルーマニア	スペイン
(11)　ザール	イタリア	イタリア
(12)　ダンツィヒ	チ　リ	イギリス
(13)　（知的）国際協力	フランス	フランス
(14)　アヘン	カナダ	ユーゴスラヴィア
(15)　女性と子供の人身売買	イギリス	ペルシア
(16)　人道問題	ヴェネズエラ	ペルー
(17)　児童の福祉	カナダ	ユーゴスラヴィア
(10)　難民問題	28-29年は項目なし	ヴェネズエラ

LNOJ, October 1928, 1652, November 1929, 1669 より筆者作成。

少数民族保護条約では、少数民族が連盟理事会に直接請願することが認められていた。ドイツの少数民族団体は国際連盟の少数民族問題に対する制度的手続き変更を要求したが、他方、連盟側はドイツ系団体による直接請願が増加しプロパガンダ的な性格を持つようになったこともあり、直接請願手続きの見直しを模索する動きが生じていた。一九二八年九月八日付で国際連盟理事会に提出された報告書では、一九二二年ドイツ・ポーランド協約第一四七条にもとづく直接請願手続きの修正を求める動きがみられていた。この報告書では、当該政府が妥当な措置をとらなかった場合、また緊急の事態を除いては直接理事会に請願をするべきではないと述べられていた(27)。

安達は、日本の理事会代表として報告者となり、この問題の処理にあたった。同年一二月一五日に開催された理事会では、特にこの問題の審議は重要であった。この日、午前一〇時半から開始された理事会では九件の請願が議論されたが、この九案件を安達は報告者として手際よく処理していった。案件の内容は、上部シレジアにおける少数民族学校の問題や、財産移転などのきわめて細かいものであった。安達が読み上げた案件は以下のようなものであった。

一九二八年六月五日に提議された少数民族の学校問題では、一、この地域にある少数民族学校を一定の地域に集中させること、二、生徒数に応じて教員数を増やすこと、三、少数民族児童に配慮して午前中に教育がおこなわれること、四、教育方針については、少数民族である教師が決める、といった要求が提示された。これに対し、一については、ポーランド政府による対応が可能である。二については、この地域には三三〇名程の生徒がおり五クラス制であるが四名の教員しかいない。一九二五年七月三〇日付の報告では、二七五名以上の生徒がいる場合、五五名に一人の教員が妥当であるとされたので、この点については請願側の要求は妥当である。第四の点については、状況が改善されたので一一月二八日に請願側からの取り下げがあった。第三の授業を午前中におこなうことについては、少数民族学校については、教室確保の点から午後の授業のみしか可能ではない。したがって報告者としては、この問題を事実上さらに調査すべきであり、現時点では理事会が直接解決に乗り出すべきではなく、現地での状況を踏まえ将来的な解決への努力を促すべきと論じた(28)。

他の請願内容も現地の状況に即した細かいもので、安達は案件によっては、その内容をひとつひとつ丁寧に検討し、これまでポーランド政府がどのように対応してきたかを説明していった。全体としては、理事会が解決にまで踏み込む程の重要性は低く、関係国での討議をもとに解決策を模索すべきであるといった論旨がみられた。すべての事案で安達が提示した報告が採択され、案件によっては、次回理事会までにさらに事実関係を調査する、請願側の論点が正当ではない、あるいは理事会が具体的な解決策にまで踏み込む必要性はないといった所見が述べられた。

おそらくは二時間以上はかかったと思われる安達の報告後、理事会議長ブリアン（Aristide Briand 一九二六―

一九三二年フランス外相）は多大な仕事量をこなし重要な責務を果たした安達に謝意を表明した。安達の報告書は、案件をきわめて緻密に的確に分析しその報告が綿密な調査に基づくものであった。そのうえで、ブリアンは、連盟理事会は少数民族の「神聖なる大義（sacred cause）」や「神聖なる権利（sacred right）」を侵すものではないと、理念的な言葉を挙げてこのセッションを締めくくった。(29)

2　一九二九年三月理事会

三月六日理事会でカナダ代表が、少数民族問題をめぐる手続き改正を求める包括的決議案を提出した。その改正内容の要点は、国際連盟少数民族委員会の権能を強化し、暫定的委員会ではなく常設委員会に格上げするという提案であった。そして少数民族問題委員会は請願がなされた場合には、その報告書を理事会で公開し討議するというものであった。(30)カナダ代表の立場は、ドイツとポーランドのどちらかに味方しようという政治的なものではなかったが、結果として現状制度に不満を持つドイツとの連携が成立した。(31)

この手続き事項改正案に賛成したシュトレーゼマンは、カナダ代表に続き長い演説をおこない、自国の立場を擁護した。シュトレーゼマンは、「数奇な運命のいたずらに対して盾となるのが、人間であり、国家であり、民族である」というゲーテの言葉を引用し自らの立場を擁護した。理事会メンバーの発言が相次ぎ、ポーランド代表が反論した。現在の手続きは、少数民族保護条約で詳細に決められたものではなく、連盟が実態に応じて発展させてきたものである。これまでドイツ側は否定側面ばかり主張してきたが、このシステムで進歩がみられてきたことも忘れてはならない。したがって、この制度改正要求案について、報告者を任命してさらに討議することを要求すると述べた。(32)

これにルーマニア代表が賛意を示し、手続き問題再考についての報告者の任命を要求した。さらにイギリス代表チェンバレン（Austen Chamberlain　一九二四―一九二九年イギリス外相）が発言した。チェンバレンは、連盟で活躍した大国政治家のなかで最も少数民族問題に関心が高く[33]、現システムの擁護に立ち上がった。少数民族問題がこれまでしばしば戦争原因となってきたことの一因に当事国のみの関心事であったという点があるが、連盟は、少数民族保護条約を締結し、その実行を積み重ね国際的関心事としてきたのであった。最後にルーマニア代表の提議に賛成して、この問題は非常にデリケートな問題であるから報告者を任命してさらに注意深い議論が必要であると述べた。この後フィンランド代表が、日本代表が昨年の秋にも報告者であったから、安達に再びこの問題を託すべきだと発言した[34]。ブリアンも最後に、ルーマニアやポーランド代表が報告者に解決を委ねることを提議したことに賛成し、安達の名前をあげ安達にこの問題を委ねたいと述べた。提案者であるカナダ代表も日本代表安達にこの問題を委ねることに異論はないと述べた。

このセッションの最後に安達自身が口を開き、一九二八年九月にこの問題の報告者を引き受けて以来、自分は可能な限り得られる情報からこの問題を精査してきたと述べ、以下のように発言した。

今朝、理事会に足を踏み入れるとき、一抹の不安がありました。自分に課せられた責務の重さに畏怖の念さえ抱きました。しかし今日の議論が終わりに向かうにつけ、その不安は消えていきました。理事会メンバーのなかに確かに意見の相違はありますが、国際協力を達成しようとする真摯な態度が現れています。私は勇気づけられました。議長、私に報告者としてこの問題をさらに調査させてください。次の理事会までに決議案を準備したいと思います。（中略）昨年ルガーノの理事会で述べられたように、連盟に委ねられた少数民族保護の「聖なる義務」を果たすように努めます。多くの国々で、少数民族が多数民族と一緒に共存していることを忘れてはなりません[35]。

ゲーテを引用しドイツの文化的独自性の権利を唱えるシュトレーゼマン、それに対抗するチェンバレンといったヨーロッパを代表する大物政治家に交じり、安達はブリアンの「聖なる義務」という言辞を当意即妙に引用し、何のひけもとらずにこの日の議論の幕を引いたのであった。

最終的にドイツとポーランド間の係争は、安達や佐藤尚武が加わった二国間の直接交渉がパリで行われ、連盟理事会ではなくむしろ現地での解決を模索することに合意をみた。

3　一九二九年六月マドリード理事会

ドイツ・ポーランド間の問題に加え、安達は、カナダ代表によって提起された手続き見直し問題を処理しなければならなかった。カナダからの要求に応じ、三月の理事会では安達に加え、イギリスのチェンバレン、スペインのレオン（Quinones de León）の三名が報告書を作成することが決められた。この作業は同年五月、チェンバレンが政務多忙なため、ロンドンのイギリス外務省の一室で行われた。この業務を補佐した国際連盟事務局少数民族部のアズカラテは、安達は「可能な限り公正にこの問題の解決に尽くしたいという真摯な態度」を有していたと記している。(36) この少数民族問題に関する「ロンドン報告書」は、これまでの少数民族問題にかんする沿革および連盟のシステムをまとめつつ、今後の改革案を含む包括的なものであった。(37)

マドリードで開かれた理事会予備会談は、六月六日、七日、八日、一一日に集中討議を行い、安達はこの「ロンドン報告書」に盛り込まれた決議案の採択を求めたが、カナダとドイツの反対があり全会一致での採択が危ぶまれた。カナダは、本質的な制度改善を求め、今次理事会での議論を見送りとすることを主張し、ドイツのシュトレーゼマン外相は、問題の常設国際司法裁判所への付託、手続き事項の改善を求め、安達が提出した決議案に反対し、審議延期を求めた。他方、ブリアンはこの「ロンドン報告書」はよく書かれていると評価したうえで、連盟理事会による全会一致の決議採択が世論に協力精神を示すことができると主張する安達の立場を支持した。このような立場から、安達は会合をさらにもう一度増やして妥協の余地を探ろうと試みたのであった[38]。

この予備会談における安達の発言は、連盟理事会の権威や影響力の保持を重視したうえで妥協と和解を説くものであった。カナダ代表の審議延長要求に対して、安達はそれが世論にどのような影響を与えるか考えるべきであり、「理事会は最終的な解決に努力していた証拠を示すべき」だと主張した。シュトレーゼマンが原則論を繰り広げ決議案に反対した時には、「連盟理事会の利益という点からは、この問題を原則や法という視点ではなく、政治的・現実的な視点から考えるべきである」と論駁した。六月一一日午前の理事会では、これまでの議論でも歩み寄りの可能性はあったのであるから、決議案を採択せずに「理事会の無力さ」を露呈することは避けるべきだと主張した。このような議論の応酬ののち、安達は六月一一日午後六時半から開催されたセッションに修正決議案を提議した[39]。

こうして予備会談での議論をふまえて、六月一三日、安達が議長を務める連盟理事会において、修正決議案が全会一致で採択された。この決議案によって、カナダ代表が提議したような常設少数民族保護委員会の設置とはならなかったが、少数民族委員会を頻繁に開くこと、また少数民族委員会の議事録を公開とすることが定められ、カナダ案ほど急進的改革ではなかったが、漸進的改革案について妥結をみたのである。

佐藤尚武は少数民族問題にまつわるこのマドリードでの連盟理事会の様子を、「安達大使の流朗たる声で報告書が読まれ、片っ端から採決されてドイツ、ポーランド両国もその採決に加わるというふうで、理事会にかかったときはすべて何事もなく平穏無事で、あたかも水の流れるように採決されてゆくのを常とした」と記しているが[40]、その裏には安達の地道な働きがあった。

この政治的に困難なドイツ・ポーランド間少数民族問題を処理した安達には、複雑な問題に対処する忍耐強さや、高いコミュニケーション能力が認められる。現地の学校における教室や生徒の数といった細かい問題を調べ挙げると同時に、理想的な言辞で理事会の議論をまとめ上げている。このような安達の働きぶりは、ルーマニア代表やフィンランド代表が、手続き問題改正案件を安達に任せようと実名を挙げたことからもわかるように、連盟理事会メンバーから信頼されるものであった。

五 リトアニアのロシア系住民問題

一九二九年から一九三〇年の冬にかけて安達が扱ったリトアニアのロシア系住民の土地収用問題は、安達の連盟における活躍の最後を飾るものとなった。安達は、この事例においても、緻密で論旨の通った報告書を理事会に提出し、理事会で再び高い賞賛を得ることになる。

一九二八年八月二日、三四名のロシア系リトアニア住民が、一九二二年のリトアニア農業改革法によってその土地を強制収容されたと、連盟理事会に直接請願をおこなった。連盟事務局は、少数民族問題手続きレジームに従い、フィンランド、イギリス、イタリアの代表から構成される「三人委員会」を任命し、事実の調査を行うことになった。「三人委員会」は、リトアニアに請願の事実を告げ、リトアニアからの情報提供を求めたが、リトアニアはこれに全く応じず、連盟からの要請を完全に無視する態度をとり、一九二九年九月六日理事会で、リトアニアは「三人委員会」からの情報提供要請に応じる義務はないとまで発言した。このようなリトアニアの対応は、連盟が発展させてきた少数民族問題レジームの根幹を揺るがす異議申し立てといえる重要な問題であり、理事会は安達に報告者としてこの問題を調査するように要請した。

リトアニアは第一次世界大戦後に形成された少数民族保護制度に不満を抱いていたので、このように連盟に対して挑戦的な態度をとったといえる。リトアニアは、一九二二年五月一二日、連盟への加盟にあたり、自国内の少数民族を尊重することを宣言した。しかしながら、一九二五年リトアニアは連盟総会に決議案を提出し、少数民族保護の義務は全加盟国に適用する方向で議論を開始すべきだと提議した。リトアニア代表は、この決議案を提出した理由は現在のシステムが法的に不平等だからであると述べた。ある国家は少数民族保護義務を負っているのに、他の国家は同様の義務から自由であるということは、国家の種類を二つに分けるものであり、これは政治的・道義的な問題である。リトアニアでは、国内世論が連盟の全加盟国が同様の義務を負うべきであり一般原則の確立を要求していると主張した。このときの総会では明確な結論に至ることはなかったが、少数者保護を一般的な義務とすべきかについて、活発な議論が交わされた(41)。

安達は、今次のリトアニアの対応に関して、きわめて緻密な議論を展開し報告書を作成した。リトアニアは「三人委員会」の決定に従う義務はないと主張したが、一九二九年三月の少数民族問題にかんする法律家委員会の決定に従うならば、二つのルールが存在すると安達は発言した。関係諸国の意向にかかわらず、連盟理事会が独立して行使できる決定と、関係諸国の協力を得てする決定の二種類があるが、今次の情報提供を要求する決定は前者なので、リトアニアは「三人委員会」に従う義務があると、安達は関連する決議内容に言及し主張した。加えて、当該国から「三人委員会」への情報提供は、連盟初期では黙示的合意であったが、「三人委員会」と理事会および当該国の関係は一九二五年九月二二日の総会決議で明確になっていると論じた。また、少数民族保護に合意した一九二二年五月の宣言は国際条約ではないとするリトアニアの主張に対して、一九二三年一二月一一日リトアニア政府は理事会への書簡でリトアニアはこの宣言に従うと明示していると論じた(42)。このように安達は関係する決議を参照し、リトアニアの主張にひとつひとつ論拠を示しながら反駁した。

一九三〇年一月一五日の理事会で安達の報告書が討議された時、「三人委員会」のメンバーであったフィンランド代表は、安達の報告書を「論点を詳細かつ明確に説明するもので、必要な情報を提供し整理した」と称賛した。イギリス代表も、理事会が過去数ヵ月頭を抱えていた難題を、この報告書は「複雑な事例の詳細を解き明かし、論点をきわめて明確にまた慎重に提示した」と高く評価した[43]。このように安達の詳細かつ明確な報告書が提示された結果、リトアニア政府は既存の手続きを受け入れ「三人委員会」の要求に従い、連盟事務総長に事情説明の連絡を行い、「三人委員会」への情報提供の義務を果たすことになった。

この問題を解決した意義は連盟と安達の双方に大きかった。リトアニアという少数民族保護レジームへの不満分子からの異議申し立てに対し、安達はリトアニア政府の主張に根拠がないことを緻密に論証し、既存の手続きに従わせることができたのである。理事会でリトアニア代表は、安達の報告書を最終的には受け入れたものの、「現実的諸問題について法的側面を強調しすぎることはどうかと思う」と発言した。他方で、この報告書の説得的論旨が「法的」であったことは安達にとっても大きな意味を持ったのではないであろうか。この一九三〇年一月という時期に、安達がこのように論点を既存の手続きや宣言の解釈という法的議論の積み重ねによって整理し解決したことは、安達が常設国際司法裁判所判事に最高位の投票数をもって当選するということにつながっていくと思われる。

六　おわりに

安達が関与した四件の事例は、いずれも第一世界大戦後に新たに設けられた制度（ダンツィヒ自由市、少数民族保護レジーム）や新たな国境線画定が生み出す少数民族問題にかかわるもので、ヨーロッパの安定を左右する重要な案件であった。重要問題であるからこそ、連盟理事会が取り上げ、その解決策が模索されたのである。安達は連盟理事会を「世界を治める団体」と表現していたが[44]、本章の叙述からその「世界を治める団体」に安達が貢献し寄与したことは明らかである。

安達は、複雑な問題についてもその本質を把握し、忍耐強くその問題解決の糸口を探った。その解決策の提示は、リトアニア問題に見られたように、安達の法的な知識にもとづく説得力のあるものであった。また、安達が、多国間会議外交（円卓外交）を乗り切る優れたコミュニケーション能力（語学能力）を有していた点も、明らかである。安達の発言は、シュトレーゼマンやブリアンといった大国の政治家に引けをとらず、ときには理想的な修辞を用いて理事会の議論を治めた。さらに、ハンガリーが合意を遵守しないと通告してきたときに、安達が使った「愚かさ」という文言について応酬があったように、機敏かつ毅然とした態度をとっていた。

このような理事会メンバーから信頼を受けた安達の対応は、安達が抱いていた信念に支えられていた。安達は一九二八年のドイツ・ポーランド問題で、ポーランド側に結果として不利な裁定を下したことを懸念したが、必ず敗北側にも承認してもらえるだろうと信じていたのである。「正義の観念を本とし、終始、公平な態度を執って、事件そのものを深く、また細かく研究して明白なる結論に達し、之を行うに当たっては決して躊躇しないなれば、必ず敗北国にも承認せらるるに違いない」と記している(45)。

本章が叙述した連盟理事会でみられた安達は、卓越した「外交官」としての一面であったといえる。安達は、リトアニア問題では、法的解釈に基づき解決策を模索し提示したが、他方で、安達は政治的妥協の必要性を度々説いており、事態を解決させることに強い意欲を見せ、シュトレーゼマンに対しても、抽象的原則ではなく政治的妥協が重要だと明言していた。また安達は理事会の場で「実行可能な（practical）やり方」という言葉をよく口にした。安達は、公平無私に問題に対処し、法的争点が絡むときにはその法的根拠を明らかにしたが、連盟の場での安達が最も重視したのは、妥協の重要性であったと思われる。それゆえ理事会が懸命に努力をすることが必要であり、根本的な解決に至らずとも、合意や妥協が形成されたことを示すべきだと安達は考えていた。このように連盟理事会の権威を高め維持することが重要だと考えていた一方で、連盟の限界を認識しており、安達は理事会がすべての問題を解決することはできないとまで発言していた。安達が力説したのは、連盟理事会という公論外交の場における「和解への歩み寄り」であったといえる。この意味では、安達はまさしく「ジュネーヴ精神」の体現者であった。日本が理事国になったことを「天祐」と安達は評していたが、安達の存在は連盟にとって「天の配剤」であったといえる。

安達が関与した事例から、連盟理事会における「報告者」の役割の一端が明らかになったといえる。「報告者」は担当事案について、連盟事務局との協力の上で、情報収集、解決策を含む報告書の作成、理事会での説明、そして場合によって当事国間の調停といった多面的な役割を果たすものであった。本章では、安達が関与した少数民族問題に限られた四件のみを分析したが、「報告者」が理事会の紛争解決にどのような役割を果たしたかについて、今後さらに検討を深めることが望まれる。

このように連盟に深く関与した安達が、国際連盟を高く評価し、連盟がますます発展すると考えたのは、至極当然のことであった。一九三〇年五月に講演した際も、安達は、「連盟の存在、発達が、天下の平和のため、世界の正義のため、最も重要なことであると信じます」と述べている[46]。連盟の発展を、身をもって感じ取り信じていた安達にとって、一九二六年に起きたスペインとブラジルの連盟脱退は嘆かわしい出来事であった。このため一九二八年三月チリ代表がブラジルとスペインの再加盟を提議したとき、安達はこれに賛同し、「連盟は、その本質的な性格上普遍的でなければならない。この二国の脱退は連盟の根本原則を大幅に揺るがすものである」と連盟があくまで普遍性を有するべきだと発言していた[47]。この発言からわずか五年後一九三三年三月日本は連盟脱退を通告する。連盟の発展に深く寄与しその将来を信じた安達にとって、日本の脱退はどれほどの悲痛であったのであろうか。

（1）F. P. Walters, *A History of the League of Nations* (Oxford: Oxford University Press, 1952), vol. 1, p. 407.

（2）Dorothy V. Jones, *Toward a Just World: The Critical Years in the Search for International Justice* (Chicago: University of

Chicago Press, 2002), p. 20.

（3）篠原初枝「国際連盟外交――ヨーロッパ国際政治と日本」井上寿一編『日本の外交　第一巻　外交史　戦前編』（岩波書店、二〇一三年）。

（4）League of Nations, *Official Journal* (hereafter *LNOJ*), July-August 1920, p. 272.

（5）安達峰一郎「国際連盟の現状と今後の課題」安達峰一郎書簡集編集委員会編『国際法にもとづく平和と正義を求めた安達峰一郎――書簡を中心にして』（安達峰一郎博士顕彰会、二〇一一年〔以下『書簡集』と略記〕）一七〇頁。

（6）本章を記す上で，*LNOJ* における安達について網羅的なデータベースを作成してくれた Charly von Solmes 氏に深く感謝する。

（7）*LNOJ*, June 1922, pp. 554–555.

（8）*Ibid*., pp. 673–674.

（9）*LNOJ*, June 1923, p. 675.

（10）*Ibid*., p. 676.

（11）*LNOJ*, March 1923, pp. 203–205.

（12）吉田裕季「パリ講和会議におけるハンガリー・ルーマニア間の国境画定（一九一九）」『立正史学』第一一三号（二〇一三年）六五―八五頁。

（13）Zsombor de Szász, *The Minorities in Roumanian Transylvania* (London: The Richard Press, 1927); Syvius Dragomir, *The Ethnical Minorities in Transylvania* (Geneva: Sonor Printing, 1927).

（14）*LNOJ*, June 1923, pp. 573–577.

（15）*Ibid*., pp. 703–704.

（16）*Ibid*., pp. 606–608.

（17）*Ibid*., p. 610.

（18）*LNOJ*, August 1923, pp. 1011–1012.

（19）Dragomir, *The Ethnical Minorities in Transylvania*, p. 117; *LNOJ*, April 1927, p. 359.

（20）*LNOJ*, August 1923, p. 891.

(21) *Ibid*., p. 894

(22) *Ibid*., p. 902.

(23) *Ibid*., p. 904.

(24) *Ibid*., p. 904.

(25) *Ibid*., pp. 907–908.

(26) Christoph M. Kimmich, *Germany and the League of Nations* (Chicago: University of Chicago Press, 1976), p. 139.

(27) Christian Raitz von Frentz, *A Lesson Forgotten: Minority Protection under the League of Nations, the Case of German Minority in Poland, 1920-1934* (New York: St. Martin's Press, 1999), p. 122.

(28) *LNOJ*, January 1929, pp. 57–58.

(29) *Ibid*., pp. 70–71.

(30) Richard Veatch, "Minorities and the League of Nations," *The League of Nations in Retrospect: Proceedings of the Symposium* (New York: Walter de Gruyter, 1983), pp. 377–378.

(31) *LNOJ*, April 1929, pp. 515-516.

(32) *Ibid*., pp. 518–523.

(33) Veatch, pp. 378–379.

(34) *LNOJ*, April 1929, pp. 523–527.

(35) *Ibid*., p. 532.

(36) P. de Azcárate, *League of Nations and National Minorities: An Experiment* (Washington DC: Carnegie Endowment for International Peace, 1945), pp. 106–107.

(37) ロンドン報告書については、*Ibid*., pp. 163-209.

(38) *LNOJ*, 1929, Special Supplement, No.73, pp. 10, 12, 23.

(39) *Ibid*., pp. 10–11, 19, 25.

(40) 佐藤尚武『回顧八十年』（時事通信社、一九六三年）二一一頁。

（41）リトアニアと少数民族保護レジームについては、篠原初枝「国際連盟と少数民族問――なぜ、誰が、誰を、誰から、どのようにして、保護するのか」『アジア太平洋討究』第二四号（二〇一五年）七八―八〇頁参照。

（42）*LNOJ*, February 1930, Annex, pp. 179–185.

（43）*LNOJ*, February 1930, p. 102.

（44）『書簡集』一六四頁。

（45）同右、一六九頁。

（46）同右、一六六頁。

（47）*LNOJ*, April 1928, p. 407.

第九章　安達峰一郎と国際連盟の判事選挙
——国際社会における地位——

後藤春美

一　はじめに

安達峰一郎は、一九三〇年の常設国際司法裁判所（以下、ＰＣＩＪ）判事選挙で他を引き離した圧倒的一位で選出され、所長（プレジデント）ともなった。この選挙は、国際連盟の総会、理事会で行われた。本章は、この選挙に安達とイギリスに注目して接近し、安達の連盟における外交官としての活躍が選挙での好結果につながったことを示していく。

本章に関連する先行研究としては、ＰＣＩＪ創設やその過程における安達の役割を検討した牧田幸人や関野昭一の研究、国際連盟脱退後の日本とＰＣＩＪの関係を扱った神山晃令の研究、ＰＣＩＪでの国際法に関する議論を包括的に扱ったＯ・スピーアマンの研究、応訴義務に関するイギリスの姿勢を扱った新井京の研究、日本の姿勢の変化を扱った番定賢治の研究などがあるが、これらは一九三〇年の選挙そのものを詳しく扱ってはいない[1]。

以下、本章第二節ではＰＣＩＪ規定の制定につき本章に関連のある範囲で概観し、第三節では選挙までの状況にふれる。第四節では選挙そのもの、第五節では比較のために安達の後任選挙を検討し、安達が一九三〇年に第一位で選出されたことの意味を考察する。

二　ＰＣＩＪ規定の制定

一九二〇年六月一六日から七月二四日にかけて、国際連盟理事会に任命された一〇名の法律家からなる法律家諮問委員会がオランダのハーグで開催され、連盟規約一四条に基づくＰＣＩＪの設置案を検討した。ベルギー大使であった安達峰一郎は、日本の委員としてこの法律家諮問委員会に参加した。当時依然として日本の同盟国であったイギリスからは、枢密顧問官で法律家のフィリモア男爵が参加した。彼は第一次世界大戦中に首相デイヴィッド・ロイド＝ジョージにより国際連盟に関する検討を依頼され、連盟案検討のための初期の委員会を率いた人物である。

ＰＣＩＪ設置に向けては二つの大きな検討課題があった。第一は判事を何名とし、どのように選任するかという裁判所の構成に関して、第二は裁判所に強制的管轄権を与え、当事国の一方のみが付託した事件でも他方は応じなければならないとするかどうかという応訴義務に関しての問題であった(2)。

第一点に関し、日本の目標は常時日本人判事の枠を確保することであり、当初は連盟における五大国の一員としての地位を利用しようと「五大国永久代表権の確保」を目指した。フィリモアやアメリカ合衆国委員エリュー・ルート前国務長官はこの考え方に好意的であったが、中小国や他の法律家たちの間では国家平等主義の主張が強かった。結局、法律家諮問委員会には米英仏の妥協によってルート・フィリモア案が提出され、安達はこれを「原則として連盟理事会の多数投票を得なければ判事とはなれないのだから五国主義を事実上認めたもの」として支持した(3)。

法律家諮問委員会から提出された規定案は、国際連盟理事会での討議を経、第一回連盟総会の決議によって一九二〇年一二月一三日に採択された。安達はこの総会においても日本を代表した。採択されたＰＣＩＪ規定第四条は、一八九九年のハーグ条約によってすでに設立されていた常設仲裁裁判所（以下、ＰＣＡ）のナショナル・グループ（国別裁判官団）がノミネートした候補者のリストから、連盟総会と理事会がPCIJ判事を選挙するとした。ただし、PCAに参加していない連盟加盟国に関しても、当該連盟加盟国の政府がナショナル・メンバーを決定できると定められた(4)。

PCIJ規定第五条では、各ナショナル・グループは四名まで、そのうち二名まで自国人をノミネートできると定められた。選挙の手順としては、第八条により連盟理事会と総会が別々に選挙を行うこと、第一〇条により候補は過半数を獲得すべきこと、連盟の同じメンバー国の複数の候補が必要な票数を獲得した場合には最年長者のみが選出されることが定められていた(5)。

法律家諮問委員会で第二の課題であった応訴義務に関しては、一九二〇年時点ではイギリスも懐疑的であったことにのみふれておこう。イギリスは帝国内の問題が国際裁判の俎上に載せられることを危惧していたのである。

第一次世界大戦に際してのドミニオン（白人自治領）およびインドの貢献によってイギリス帝国のあり方は変化し、国際連盟にはイギリス本国に加え、カナダ、オーストラリア、ニュージーランド、南アフリカ連邦のドミニオン四カ国とインドの計六カ国が加盟していた。一方で、イギリスはこれらの国々の関係を通常の主権国家間のそれとは異なると考えていたのだが、イギリス帝国外の国々にとって、この状況は自明ではなかった。

ちなみに、両大戦間期はアジア、アフリカの多くの地域が依然帝国支配を受けていたため連盟加盟国の数は現在の国際連合加盟国よりはるかに少なく、発足当初は四二カ国であった。この中でイギリス帝国が六カ国を占め、重要案件の際にも複数の票を持つことについては、パリ講和会議の時点ですでにアメリカのウッドロー・ウィルソン大統領はじめ日本やイタリアも不満を感じていた。

イギリスおよびドミニオン諸国が応訴義務の受け入れを表明したのは一九二九年九月である(6)。この時期政権についていた労働党は、国際連盟に対して保守党よりもはるかに好意的であった。

三　一九三〇年判事選挙までの状況

1　イギリスは安達をどのように見ていたか

イギリスの在外公館からは、毎年、任地の外交団について情報が送られていた。判事選挙までの安達に対する評価の一端を知るため、彼についての報告を確認しよう。一九二六年、ブリュッセル駐在イギリス大使のサー・ジョージ・グレアムは、「安達は昨年連盟関係の種々の仕事に従事した。時々はＰＣＩＪの特別委員会にアドバイザーとして参加した」と連盟関係の活躍を記録している(7)。一九二八年には、安達が前年の連盟総会で日本の首席代表を務めとした後、段落を改めて次の情報を加えている。

安達は駐仏大使に任命され、新しい任地へ出発するところである。彼はこの地の世論に受け入れられるよう——時には誇張されたやり方で、大いなる努力を払った。安達は非常に礼儀正しい人である。その政治的能力に関して判断するのは難しい。彼を送るためいくつかの公的な行事が行われた(8)。

イギリス人らしい、ややシニカルな書き方かも知れないが、前年に書かれた中華民国のベルギー駐在王景岐大使に対する批判的な評(9)と比較すると、ベルギーとの友好を深め、両国関係をもり立てていこうという安達の努力が認識されていたと考えられる。

実際、外交において席次は重要であり、ヨーロッパの国であっても大国ではなかったベルギーにとって、国際連盟の常任理事国となった日本に対する感情には複雑なものがあったようである(10)。ベルギーの人々に安達自らを、そして日本を受け入れ、好意を持ってもらおうとする安達の努力は大いに必要とされるものであったと考えられる。後に安達の葬儀に際して、ベルギー皇帝の名代が出席し、この努力に報いている。

イギリス外交文書に残る、安達に向けられた最も暖かい言葉の一つは、一九二四年からの保守党内閣で外務大臣を務め、本書第八章（篠原論文）でもふれられたように、連盟の少数民族問題検討委員会で安達とともに活動する機会のあったサー・オースティン・チェンバレンのメッセージであろう。ちなみに彼は対ドイツ宥和政策で有名なネヴィルの異母兄であり、ロカルノ条約締結などの功績により一九二五年にノーベル平和賞を受賞していた。

保守党が政権を担当したのは一九二九年六月四日までで、翌日には第二次マクドナルド労働党内閣が成立した。マドリードで開催される連盟理事会に出席できない見込みとなったチェンバレンは、ベルギーから移動してマドリード駐在となっていたグレアム大使に、まさにこの六月四日、以下のメッセージを安達に伝えてほしいと依頼した。

> 貴方が［少数民族問題に関する連盟理事会の――筆者注］三人委員会報告書を理事会に提出する際に出席して貴方をサポートできないことを非常に遺憾に思っています。理事会が貴方に任せた重要な仕事において、貴方とキノネス・ド・レオン氏［スペインの外交官――筆者注］と協力して仕事をすることができたのはとても満足なことでした。最初から最後まで完全に一致して仕事ができたのでうれしいですし、我々の仕事が理事会にとって役立つものとなると信じています(11)。

そして、チェンバレンは安達に友情の意を伝えている。六月四日付けでイギリス外交文書に残っている文書のうち、チェンバレンからの個人的なものは、この安達への暖かいメッセージだけである。

国際連盟における安達の努力は、日本の貢献に対するイギリスの評価としても残っている。

ヨーロッパの問題が議論されている時には、もしヨーロッパ以外のふさわしいメンバーがいれば、その人を入れることには利点があるかもしれない。たとえば、最初にブラジル、次いで日本の代表は、少数民族問題の報告者として有用な働きをした[12]。

安達の姿勢、働きぶりはイギリスの信頼を勝ち得ていたと言えよう。

2　イギリスの問題と法律家たち

ＰＣＡの各参加国はナショナル・グループに四人のメンバーを選ぶ権利を持っていたが、ＰＣＩＪの選挙が迫った一九二九年、イギリスはＰＣＡメンバーがいないという問題に直面していた。

実は、すでに一九二四年にはＰＣＩＪ判事でもあったフィンレイ子爵が唯一のＰＣＡメンバーとなり追加が検討されたのだが、ここでも帝国という問題があった。イギリスはドミニオンもカバーしなければならなかったのだが空席は三で、小規模で連盟非加盟のニューファウンドランドを除いても、ドミニオンの数四よりも少なかった。検討が先送りされるうちに二九年三月にフィンレイ卿が亡くなり、ＰＣＩＪのイギリス人判事も、ＰＣＡのイギリス・ナショナル・グループメンバーもいないという状況に陥ってしまったのである[13]。

その後、大法官（英国最高位の判事、内閣の法律顧問、国璽保管者で、さらに上院議長でもある）サンキー子爵の意見に基づき、サー・セシル・ハーストをＰＣＡメンバーとすることとした。ハーストは一九二九年九月にＰＣＡメンバーとなった後、フィンレイ卿の後任としてＰＣＩＪの判事ともなった[14]。

ハーストは、後に三四年から三六年にかけ安達の後任としてＰＣＩＪ所長を務めることとなる。彼の経歴を見ておこう。彼はケンブリッジ大学トリニティ・コレッジで法律を学んだ後、一九〇二年に外務省法律顧問補佐に任命され、国際関係分野で活躍することとなった。一九〇七年には第二回ハーグ平和会議に参加、一九〇八年のロンドン海軍会議ではイギリス代表を務め、一二年以降は英米間の仲裁問題で活躍した。大戦中にはフィリモア委員会の委員となり、一八年には外務省法律顧問に昇格した。国際連盟規約に関しては、大戦終結後のパリ講和会議に際して、アメリカ合衆国国務省法律顧問のデイヴィッド・ハンター・ミラーとハースト＝ミラー案を作成し、PCIJ設置に関する第一四条を盛り込んだことが重要である。最終的に彼は四六年にPCIJが解散し、国際司法裁判所が設立されるまで判事を務め続けた[15]。

さて、一九三〇年九月の国際連盟総会で、翌三一年一月一日から三九年一二月三一日までの九年間PCIJの判事となる候補者の選挙が行われる予定であった。それまでの判事と予備判事は全員任期満了となり、全員を新たに選挙するものであった。

PCIJ規定五条（三カ月前までの招請）に基づき、一九三〇年三月二一日、連盟事務総長でイギリス人のサー・エリック・ドラモンドは、PCAメンバーであるすべての国に候補をノミネートするよう招請を送った。また、六月一六日付けのドラモンドによる文書は、ノミネーションを八月一日までに提出するよう招請したことを記している[16]。五月二一日、イギリス議会では、PCAナショナル・グループのメンバーがハーストだけという状況を適切なものと考えるかという質問が出された。二三日、第二次マクドナルド労働党内閣の外相で国際連盟にも理解のあったアーサー・ヘンダーソンは、問題を検討するつもりがあるとした。外務省では、ドミニオンがPCAメンバーを任命する必要のある案件浮上に備えて空席を維持してきたが、それは一つで良いのではないかと考えられ、ドミニオン省も空席は一つのみで問題ないと回答した[17]。

そこで外務省は大法官の秘書と話し合い、大法官サンキー卿とケンブリッジ大学国際法教授を長く務めていたピアス・ヒギンズ教授をＰＣＡメンバー候補とすることとした。本書第六章（三牧論文）で述べられているように、アメリカでは国際紛争の解決における法の役割に対する期待が高く、一九〇六年のアメリカ国際法学会設立以来ほとんどの国務長官がその会員でもあった。一方イギリスでは、国際紛争の原因には経済や人種間関係などを含め多様なものがあり得ると考えられ、その解決には法よりもむしろ政治外交が重視されてきた。ヒギンズ教授のＰＣＡメンバー就任は、イギリスにおける国際法学の地位を政府が認めることを意味すると考えられた[18]。

四　ＰＣＩＪ判事選挙

1　候補のノミネート

すべての国際紛争を平和的に処理するとした不戦条約に伴い、ＰＣＩＪ規定の改定が一九二九年二月から四月にかけて検討された。そして九月に合意された改定規定に則って三〇年の判事選挙は行われる予定であった。改定規定第四条でも、判事はＰＣＡのナショナル・グループによってノミネートされた者のリストから連盟総会と理事会によって選挙されると定められていた。ＰＣＩＪ規定を受け入れたが連盟加盟国でない国の選挙参加規則は理事会の提案を受けて総会で作成するとされた[19]。

大きな変更点の一つは判事の数であった。一九二〇年規定ではＰＣＩＪは一一人の判事と専念義務のない四人の予備判事から構成されていたのだが、これを専念義務のある一五人の判事に改定しようというのであった。ドラモンド事務総長は、予備判事四人は廃止する方向だが、改定が選挙の日までに発効していなければ、判事選抜の後、予備判事も選ぶことと連絡した。また、秘密投票を行うことも伝えた[20]。結局、改定規定は三〇年九月一日までに規定全加盟国の批准を得ることができず、発効しなかった。最終的に発効し、実施されたのは三六年二月一日からであった[21]。

表　1930年PCIJ判事選挙結果

	属　性	職業，職歴など（17位まで）	8月1日までのノミネート数	9月8日までのノミネート数	総会得票数	地　域	1931年1月序列（1930年末の年齢）
安達峰一郎（日本） Mineitciro Adatci	常任理事国	外交官	20	22（米を含む）	49 ○	アジア	President（60歳）
アンツィロッティ（イタリア） Dionisio Anzilotti	常任理事国，現判事	法学者	5	6	40 ○	欧	9（61歳）
フロマジョ（フランス） Henri Fromageot	常任理事国，現判事	外務省法律顧問	4	5	40 ○	欧	6（66歳）
ハースト（イギリス） Cecil Hurst	常任理事国，現判事	外務省法律顧問	3	3	40 ○	欧	11（60歳）
ゲレーロ（エルサルバドル） J. Gustavo Guerrero		外交官	16	17	38 ○	中南米	Vice-President（54歳）
ロラン・ジャックマン（ベルギー） Rolin Jaequemyns		法律家，内務大臣など	6	6	38 ○	欧	4（67歳）
アルタミラ（スペイン） Rafael Altamira y Crevea	現判事	歴史学者	4	4	38 ○	欧	8（64歳）
ファン・アイジンガ（オランダ） Jonkheer Willem Jan Mari van Eysinga		法律家	2	2	38 ○	欧	14（52歳）
ケロッグ（アメリカ合衆国） Frank B. Kellogg	現判事	前国務長官	1	2	35 ○	合衆国	3（74歳）
ロストウォロウスキ（ポーランド） Michel Rostworowski	法学者		7	7	34 ○	欧	5（66歳）
シュッキング（ドイツ） Walther Schucking	常任理事国	法学者	5	5	34 ○	欧	12（55歳）
王寵恵（中華民国） Wang Chung-Hui	現予備判事	司法院院長	0	1	32 ○	アジア	15（49歳）
ブスタマンテ（キューバ） Antonio Sanchez de Bustamente y Sirven	現判事	法学者	7	11	31 ○	中南米	7（65歳）
ネグレスコ（ルーマニア） Demetre Negulesco	現予備判事	法学者	4	4	30 ○	欧	13（55歳）
ウルチア（コロンビア） Francisco José Urrutia		外交官（連盟代表など）	5	6	○	中南米	10（60歳）
ハマーショルド（スウェーデン） Åke Hammarskjöld	PCIJ書記	法律家，外交官	5	5	×		
クルチャガ＝トコルナル（チリ） Miguel Cruchaga-Tocornal		前駐米大使	3	4	×		
フーバー（スイス） Max Huber	現判事		7	8	辞退		
ジーモンズ（ドイツ） Walther Simons			5	5	×（独重複）		
ベイヒマン（ノルウェー） F. V. N. Beichmann	現予備判事		3	3	×		
ダ・シルバ（ブラジル） Epitacio Da Silva Pessoa			3	3	辞退		
パウンド（アメリカ合衆国） Roscoe Pound			3	3	×（米重複）		
李錦綸（中華民国，NY生まれ） Chinglun Frank William Lee			1	1	×（中重複）		
レドリッヒ（オーストリア） Joseph Redlich			1	1	予備判事	欧	副1
エリック（フィンランド） Rafael Waldemar Erich			2	2	予備判事	欧	副2
ダ・マッタ（ポルトガル） José Caeiro da Matta			1	1	予備判事	欧	副3
ノヴァコウィッチ（ユーゴスラヴィア） Mileta Novakovitch			2	2	予備判事	欧	副4

出典：本章注22，27，28，30に示された資料より筆者作成。
注：3票以上のノミネートは全員，2票以下は関連のある者のみを載せた。姓の読みは注28のアジア歴史資料センター資料を基に若干の修正を加えた。年齢は，Spiermann, *International Legal Argument* による。

八月一日までで締め切られたノミネートの結果は、アルファベット順のリストとされ、安達は最初に登場する。本人は不安を感じていたのだが、表に見られるように、一〜二カ国のノミネートしか受けない者もある中、安達は二〇カ国からノミネートされ、この時点から他を引き離した圧倒的な一位であった[22]。この時点までに彼をノミネートしたのは、アルファベット順に、オーストリア、ベルギー、ボリヴィア、ブルガリア、チリ、コロンビア、チェコ、エストニア、フィンランド、ギリシア、日本、ラトヴィア、ルクセンブルク、ペルー、ポーランド、ポルトガル、ルーマニア、エルサルバドル、スウェーデン、ユーゴの二〇カ国であった。

イギリスは安達をノミネートしてはいないが、ヘンダーソン外相が安達を支持すると約束し、八月一九日、日本の堀義貴代理大使がイギリス外務省にサー・ヴィクター・ウェルズリー事務次官補を訪れ謝意を表した。そして、ドミニオンも安達を支持してくれるか尋ねるよう指示されて来訪したと述べた。これはイギリスを差し置いて自治領と話をするのは良くないであろうとの松平恒雄駐英大使の判断によるものであった。イギリス側では、日本の希望を外相に伝えできるだけ早く返事をするとし、ヘンダーソンは同意する旨（I agree と）サインしている[23]。

国際連盟も担当していたイギリス外務省西方部の書記官は、八月二七日、次のような意見を記している。

> 公式にドミニオンに話を持ちかけるわけにはいかない。代表団がジュネーヴに着けば内々に依頼できるかもしれない。安達の当選を確実にすることは明らかに望ましいが、通常あらかじめ投票態度を明らかにはせず、安達の場合には特例的に行動していることを考えると公式な行動はしない方がよい。コモンウェルス代表団がジュネーヴに着けば必ず安達の資質と判事の席にふさわしいと代表団に伝えると日本の代理大使に口頭で説明することができる。それ以外にできることがあるとは思われない[24]。

そして九月八日、極東部長から事務次官補佐に昇進したばかりのジョージ・マウンジーは、「堀氏がいなかったので、一等書記官の藤井啓之助氏に状況を説明した。藤井氏は日本政府が感謝することを確信していると述べた」と記している。[25]

日本に対して安達支持を表明したことは、イギリスの通常の行動とは異なっていた。この選挙の際にも、前年PCIJ判事としてハーストを支持したのでA・ブスタマンテの再選を支持してくれるかと尋ねたキューバに対し、外務省で国際連盟関係アドバイザーを務めていたアレクサンダー・カダガンは、あらかじめ投票を約束することは決してしないと言ってロビイングは拒絶する方針を明らかにしていた。[26]

政権担当経験が浅かった労働党のヘンダーソン外相が通常の外交の文化から逸脱して約束したということはあったかもしれないが、イギリスはそれを撤回することなく、日本、安達を支持することを口頭ではあっても例外的に明示してくれていた。好意的な行動であったと考えられる。

九月八日、ドラモンド事務総長は、八月一日以降に到着したノミネートを加え、連盟総会と理事会に最終リストを提出した。安達をノミネートした国は、アメリカ合衆国とペルシアを加えて二二カ国となった。また、ラテンアメリカの国々は、連盟加盟国の三分の一がラテンアメリカであることを踏まえ、PCIJ判事のうち三人はラテンアメリカから任命すべきだとの手紙を事務総長に提出していた。[27]

2　選挙からPCIJ所長へ

ノミネートの確定後、選挙は九月二五日に国際連盟総会と理事会で行われ、一五人の判事と、四人の予備判事が選ばれた。選挙方法は無記名連記投票で過半数を得た候補者を当選者とし、一度で一五人の当選者が出ない時は当選者以外の全部の候補者について新たに投票を行い、一五人に達するまでこの手続きを繰り返すものであった。その後、総会と理事会とで当選者を付き合わせ、両方で過半数の票数を得たものを当選者と決定するのであった[28]。一九二〇年の法律家諮問委員会の段階で安達が、「原則として連盟理事会の多数投票を得なければ判事とはなれない」と看破した投票方法である。

安達は総会では五二票中四九票を得て第一位、理事会でもただ一人全員一致で選出された。幣原喜重郎外相も「最高点を以て御当選ありたるに対し本大臣の深厚なる祝意を表す」との言葉を贈った[29]。

総会の第一回投票で過半数を得たのは、安達を含め全部で一四名であった。D・アンツィロッティ（伊）、H・フロマジョ（仏）、ハースト（英）、W・シュッキング（独）は常任理事国から選出され、このうち前三者はそれまでも判事を務めていた。他に過半数を得たR・アルタミラ（スペイン）、F・ケロッグ（米）、ブスタマンテ（キューバ）も、それまでの判事、王寵恵（中華民国）とD・ネグレスコ（ルーマニア）はそれまで予備判事を務めていた。以上で一〇名である。

このうち、ケロッグは一九二五—二九年に国務長官を務め、不戦条約（ブリアン＝ケロッグ規約）作成に尽力したことで名高く、二九年にはノーベル平和賞を受けていた。アメリカは国際連盟に加盟してはいなかったが、経済社会人道分野では連盟と密接に活動していたし、連盟側もアメリカとの絆を強めたいと常に考えていた。

中華民国の王は一八八一年広東省の生まれ、一九〇一年には東京で孫文の同盟会に参加した。その後、アメリカで学びイェール大学法学博士、イギリスの弁護士資格も得た。一九二二年から三〇年までPCIJ予備判事、二八年からは中国国民政府司法院院長、PCAメンバーを務めていた[30]。

実は中華民国は、八月一日までのノミネートでは、ブスタマンテ、ポーランドのM・ロストウォロウスキと並んで、中国（ただしニューヨーク生まれ）の李錦綸をあげていた。その後、追加の四人目として王をノミネートしたのだが、両者とも中国一国のみの推薦であった。

判事選挙が連盟総会や理事会で行われる以上、国際政治上の判断は重要な要素であった。中国一国のノミネートしか受けなかった王の当選には、地理的バランスの考慮も大きかったと思われる。国際連盟がヨーロッパだけでなく、世界大の国際協調を目指す機関であることを示すためには、アジアの巨大な国である中華民国の存在は重要であった。さらに、南京国民政府成立後、国際連盟は中華民国との協力関係を強めようと努力している最中であった。(31)

残りの当選者を見ると、エルサルバドルのJ・G・ゲレーロ、ベルギーのロラン・ジャックマン、ポーランドのロストウォロウスキは、ノミネートの段階で六票以上を得ていた。J・W・アイジンガは二国のみのノミネートではあったが、PCIJが立地するオランダの法律家であった。(32)

このようにして一四人はすんなりと決まったのだが、最後の一人をめぐっては紛糾した。すなわち、総会では、六カ国がノミネートしたコロンビアの大物外交官F・J・ウルチアと、五カ国がノミネートし、それまでPCIJ事務の責任者である裁判所書記を務めていたスウェーデンのA・ハマーショルドの競争となり、四回目の投票でウルチアが選ばれた。ところが理事会では、四カ国がノミネートしイギリスも投票したチリの前駐米、駐ブラジル大使M・クルチャガ＝トコルナルが選ばれた。投票はやり直しとなり、総会でイギリスは、スカンジナヴィアの候補が誰も選ばれていなかったので、当初の投票を変えてハマーショルドを支持しようとした。しかし、理事会はウルチアを選ぶ方針に変更し、総会は一端ハマーショルドを選んだ後に理事会の方針を聞き、結局ウルチアが選ばれたのであった。これは、三者の中でノミネートの多かった者に落ち着いたと言えるし、ラテンアメリカ諸国による三名の判事という要求も満たされた。ハマーショルドは、五カ国以上のノミネートを受けて、辞退あるいは同じ国からの重複以外で、選ばれなかった唯一の候補となった。ラテンアメリカの大物外交官との競争となったこと、大国出身でないことなどが要因であろう。なお、このハマーショルドは後に国際連合第二代事務総長となるダグの兄である。(33)

このように見てくると、判事選挙に際しては国際政治上の判断、すなわち、常任理事国の出身であることや、地域のバランスも重要な要素であったと考えられる。すでに一九二九年の段階で、ハーストやフロマジョのような外務省法律顧問が判事となることには、ＰＣＩＪに政治的色彩を加え裁判の独立と公平を損なうという意見もあったのだが[34]、彼らや外交官たちは選挙に際しては有利だったようである。というのも、ある国の著名な国際法学者が他国においても良く知られているとは限らないからである[35]。安達が首位で選出されたのは、もちろん彼個人の人物・識見・能力の優れていたことが最大の理由であろう。ただし、その事実が知られたのにも、彼が総会や理事会に出席していたという前提があった。日本外務省も彼の当選のために各国に働きかけた。安達の首位当選を下支えするものとして、アジアの常任理事国としての日本に対する期待があったということも忘れてはならないであろう。

予備判事には、オーストリアのＪ・レドリッヒ、フィンランドのＲ・Ｗ・エリック、ユーゴスラヴィアのＭ・ノヴァコウィッチ、ポルトガルのＪ・Ｃ・ダ・マッタが選ばれた。実は総会は当初ブラジルのＲ・オクタヴィオを選出したのだが、これも投票を繰り返すことで決着した。ただし、この四人の予備判事が招集されることはなかった。なお、ブラジルはすでに一九二六年に連盟を脱退していたが、規定署名国としてＰＣＩＪへの参加は継続していた[36]。

一九三一年一月には、判事の互選により三三年一二月まで三年任期の所長と副所長の選挙が行われ、安達が所長に、ゲレーロが副所長に選ばれた[37]。ノミネート時から二二票という圧倒的多数の支持を得た安達が所長、一七票で二位のゲレーロが副所長となったのは順当な結果であったと考えられる。

五　安達のオランダ国葬と後任判事選挙

圧倒的な支持を受けてＰＣＩＪ判事そして所長に選出された安達であったが、十二分に活躍する時は残されていなかった。翌三一年の国際連盟総会時には満洲事変への対処が必要となっていた。この満洲事変から日本の連盟脱退通告という事態が安達に非常なる心痛を与えたことは想像に難くない。自分がＰＣＩＪ所長を続けることを奇異に感じる者もあるようだとしていた(38)。一九三四年六月頃、彼は体調を崩し、八月には入院、一二月二八日、アムステルダムで死去したのである。

この時、日本はすでに連盟脱退を通告していたが、連盟規約第一条第三項により脱退が正式なものとなるのは通告から二年後と定められていた。したがって、安達が死去した時、日本は依然として国際連盟の一員であり、常任理事国のままであった。

国際連盟の常任理事国を努めていた日本を代表して選出され、在任中に死去したＰＣＩＪ判事であった安達峰一郎を、一九三五年一月三日木曜日、オランダは国葬で送った。その予定につきイギリス大使は、キリスト教徒ではない安達のために宗教とは関係のない儀式が入念に企画され、正式の軍葬とオーケストラの演奏も予定されていると報告していた(39)。安達一家はオランダにいた。長女功子（いさお）の夫でオランダ公使であった武富敏彦は以下のように報告している。

三日……霊柩を平和宮に移し、十時半より同宮正面大「ホール」に於て告別式開始せられ、式場には当国皇帝陛下、及、白耳義国皇帝陛下の御名代御差遣あり。当国駐在外交団、及、文武諸高官、並に一般参会者多数参列の下に、蘭国外務大臣始め在欧諸国際団体代表者の弔辞あり。其の間荘重なる名悲曲奏楽を交へ、正午前極めて厳粛なる式を終り、直に「ヘーグ」市中央墓地の行進式に移りたるが、陸軍儀仗兵を前後に、遺族の外前記各御名代武者小路大使……当国外務大臣、国際司法裁判所長及各判事、有田大使及当公使館員、当国各省大臣、軍司令官、州知事、市長等、霊柩に扈従し、堵列せる沿道市民の弔意を受けつつ墓地に着き、仮埋葬式を行ひ、本使より謝辞、国際司法裁判所長［ハースト――筆者注］より最後の別辞を述べ、儀仗兵捧げ銃、君が代吹奏の後散会。茲に当国に於ては近来稀に見るの盛儀を以て午後一時半葬儀を終れり(40)。

一月一一日の連盟第八四回理事会では、議長を務めていたトルコ代表が亡くなった安達をたたえた。イギリスを代表して理事会に出席していた挙国一致内閣（大恐慌のイギリスへの波及後に成立）外相で自らも法律家であった自由党のサー・ジョン・サイモンは、議長が述べたことにイギリス政府も完全に、心から賛同するため、イギリスを代表して言葉を添える許可を求めた。

私も議長や理事会の他のメンバーと同様に、非常に傑出した、教養のある人物を失ったことを嘆いています。安達氏は非常に立派にお国のために勤めを果たされた後、常設国際司法裁判所での仕事への国際的な理解を深めるためにその偉大な才能を捧げられました。議長は理事会のすべてのメンバーを代表して発言されましたが、私の同国人たちがハーグやその他の場所で安達氏と非常にしばしば仕事をしたことを考え、私はこの補完的な言葉を付け加えることをお許しいただきたいと思います(41)。

一方、イギリス外務省では早くも一月一日にはＰＣＩＪ判事の空席に言及していた。来たる九月の連盟総会会期中に理事会と総会での選挙によって空席を埋めることになり、理論的には日本も後任候補を立てられるのだが、選挙までには日本の脱退も確定し、総会および理事会に出席できない見込みであった。イギリス外務省次席法律顧問のサー・ハーバート・マルキンは日本人の後任選出に否定的であった。彼は、前年九月に連盟に加盟して常任理事国となっていたソヴィエト連邦、あるいはスカンジナヴィアが良いのではないかと考えた(42)。

日本は連盟脱退後も「裁判所とは世界最高の平和機関として従来同様協力する方針(43)」で、安達の後任に関しても「是非共日本人裁判官を以て補充し度き希望」を持っていた。ただし、ジョゼフ・アヴノール事務総長は横山正幸国際会議事務局長代理兼総領事に、「此の問題は従来我々の話合ひたる各種委員会の問題とは到底比較にならぬ程厄介且六ヶ敷事件なりと嗟嘆」し、「本件に付個人的声望も大切には相違無きが国際関係上の政治的考量も亦頗る重要なる決定力なるべし（傍点筆者）」と述べた。そして、前回の理事会では実質問題に触れることを避けたが、一部では常任理事国となったソ連の代表者を入れなければならないと話しているものがあったと伝えた。これを聞き横山は、「日本は海牙法廷とも絶縁するに至るやも知れず」と危惧した。(44)

この後、日本は、フランス大使などを務めた長岡春一を推薦することとし、各国に働きかけるとともに、前回選挙で落選したハマーショルドには立候補を思いとどまるよう申し入れすらした。ハマーショルド自身は一九三六年一月に発効された『アメリカ国際法雑誌』に安達の追悼文を載せたほどであったが、選挙に際しては彼を推薦する国も出た。(45)

イギリスに対しては、一九三五年三月四日、松平駐英大使が日本の意向とイギリスの支持を望むことを伝えた。これに対してマルキンは、ＰＣＡのナショナル・グループに影響力を行使することはＰＣＩＪ規定の意図するところではないとしつつも、それを日本に告げても、イギリスのナショナル・グループの一員が政府のメンバー（大法官）でもあることを考えると日本は信じないだろうとした。そこで彼は、安達に適切に言及した上で、日本のナショナル・グループによる長岡のノミネートをイギリスのグループに伝えるが、介入は規定の意図とは考えないと伝えてはどうかと提案し、Ｃ・Ｗ・オード極東部長、マウンジー事務次官補佐、ウェルズリー事務次官代理も同意した。(46)

日本の連盟脱退は正式なものとなったが、三五年九月一四日の選挙では、長岡が後任判事として選出された。連盟理事会においては長岡一一票、ハマーショルド三票、連盟総会においては投票数五一票のうち長岡三五票、ハマーショルド八票、その他八票であった。(47)

六　おわりに

国際連盟に参加したとき、日本は常任理事国として国際社会において高い地位を占めた。安達はこの高い地位を「天佑」と考え[48]、それにふさわしい、国際協調を追求する国としての日本を代表すべく努力を重ね、イギリスなどからもそのような人物として理解されていた。一九三〇年のＰＣＩＪ判事選挙で、安達が圧倒的な第一位を得て選出されたのは、そのような外交官としての安達に対する高い評価があった。加えて、国際協調の体制をともに築き上げるアジアの連盟常任理事国としての日本に対する期待と信頼があった。

安達の後任選挙に向けアヴノールが述べたように、選挙に際しては個人的声望ももちろん大事ではあったが、国際関係上の政治的考量もまた重要な決定要因であった。安達はアジアの連盟常任理事国を代表して選出された現職の判事として死去した。そして、ＰＣＩＪが立地していたオランダは、一七世紀以来長きにわたって、西洋において日本と国交のあった唯一の国であった。安達が盛大な国葬を持って送られたのは、このような国際関係の歴史があってのことであった。

しかし、安達の国葬は、それまで国際社会の中で生きてきた日本を送る儀式のようでもあった。国としての日本は国際社会からの期待や信頼を理解することなく、満洲事変から引き返すことができず、国際社会における高い地位を投げ捨てることを自ら選んだ。また、そのような高い地位を確実なものにすべく安達が傾注した努力も、その貢献も、ふさわしい評価を祖国日本において受けることはなかった。

ひとたび投げ捨てた高い地位の回復は容易ではない。第二次世界大戦後の国際連合も一九四五年に突如出現した機関ではなく、大戦中の連合国（ユナイテッド・ネーションズ）を基盤として、ある面では国際連盟を継承して成立した[49]。

日本は一九五六年に国連に加盟した後も二一世紀の現在に至るまで、連盟常任理事国として得ていたような地位を再び得ることは実現できていない。確かに、戦間期に国際連盟が維持しようとした国際秩序は、一部の帝国や大国だけに有利なものであったと批判することは容易である。それにしても、国際社会とはどのような場で、国際協調とはどのような考えであるか、私たちは常に自らに問い、学び続けなければならないのではないだろうか。

（1）牧田幸人『国際司法裁判所の組織原理』（有信堂高文社、一九八六年）、神山晃令「日本の国際連盟脱退と常設国際司法裁判所との関係について」『外交史料館報』第六号（一九九三年〔以下「日本の国際連盟脱退」と略記〕）、関野昭一『国際司法制度形成史論序説——我が国の外交文書から見たハーグ国際司法裁判所の創設と日本の投影』（国際書院、二〇〇〇年〔以下『国際司法制度』と略記〕）、新井京「戦間期における強制的国際裁判制度とイギリス帝国」『帝京法学』第二九巻第一号（二〇一四年〔以下「戦間期」と略記〕）、番定賢治「戦間期における国際司法制度の形成と日本外交——常設国際司法裁判所の応訴義務と仲裁裁判条約を巡って」『国際関係論研究』三一号（二〇一五年〔以下「戦間期における」と略記〕）、Ole Spiermann, *International Legal Argument in the Permanent Court of International Justice: The Rise of the International Judiciary* (Cambridge: Cambridge University Press, 2005).

（2）関野『国際司法制度』第四章、および本書第六章（三牧論文）、第十章（李論文）も参照。

（3）関野『国際司法制度』一一七頁。

（4）The National Archives, Kew (hereafter, TNA), FO371/14955, W6899, 16 June 1930, League of Nations (hereafter, LN), no. A. 14. 1930. V, LN, Election of Members of the PCIJ, Note by the Secretary-General concerning the Relevant Provisions of the Court's Statute and the Procedure for the Election of the Members of the Court, p. 4. なお、この文書では一九二〇年の規定と一九二九年の改定規定が併記して示されている。

（5）*Ibid*., pp. 4, 5. 紙幅節約のため文書番号が直前の注と同じと示す際にも ibid. を用いる。

（6）Lorna Lloyd, *Peace through Law: Britain and the International Court in the 1920s* (Woodbridge, Suffolk: Boydell, 1997), chapters 6 & 7; 新井「戦間期」四八四—四八七頁。

（7）TNA, FO371/11043, W2201, 21 Feb. 1926, from Sir G. Grahame.

（8）TNA, FO371/13333, W1490, 10 Feb. 1928, from Sir G. Grahame.

（9）TNA, FO371/12618, W1480, 14 Feb. 1927, from Sir G. Grahame.

（10）関野『国際司法制度』一八五—一八七頁。

（11）TNA, FO371/14132, W5472, 4 June 1929, from Sir Austen Chamberlain (FO).

（12）TNA, FO411/18, no. 171, W260, Memorandum on the Revision of the Covenant of the LN, 4 Jan. 1934.

（13）TNA, FO371/14102, W2551, 12 Mar. 1929, PCA and PCIJ: British representation; memo by H. W. Malkin, FO, to W. H. M. Selby, 13 Mar. 1929.

（14）TNA, FO371/14102, W2551, Lord Chancellor to A. Chamberlain, 15 Mar. 1929; outfile from Chamberlain to Hurst, 21 Mar. 1929; outfile from FO to Sir Eric Drummond, 23 Mar. 1929; FO371/14106, W9457, 26 Sept. 1929, from Alexander Cadogan (Geneva), 57th session of the council, extract from final minutes of the 2nd meeting.

（15）Elihu Lauterpachat, "Sir Cecil James Barrington Hurst (1870–1963)," rev., *Oxford Dictionary of National Biography* (online).

（16）*Sixth Annual Report of the PCIJ* from 1929–1930, p. 19. (http://www.icj-cij.org/pcij/ serie_E/English/E_06_en.pdf, accessed 6 Mar. 2015); FO371/14955, W6899, 16 June 1930, LN, no. A. 14. 1930. V, p. 1.

（17）TNA, FO371/14954, W5295, 21 May 1930, Parliamentary Question; W5581, 21 May 1930, Malkin; 26 May 1930, Malkin to Selby.

（18）TNA, FO371/14955, W5765, 3 June 1930, from Beckett, second legal adviser of FO, to the Secretary of State; and outfile dated 10 June; see also, Mark Mazower, *Governing the World: The History of an Idea* (New York: Penguin, 2012), pp. 93, 129［依田卓巳訳『国際協調の先駆者たち——理想と現実の二〇〇年』（ＮＴＴ出版、二〇一五年）］.

（19）安達峰一郎書簡集編集委員会編『国際法にもとづく平和と正義を求めた安達峰一郎——書簡を中心にして』（安達峰一郎博士顕彰会、二〇一一年〔以下、『書簡集』と略記〕）講演三「国際連盟の現状と来期常設国際司法裁判所判事総選挙」（一九三〇年五月一七日）一八七頁、TNA, FO371/14955, W6899, 16 June 1930, LN, no. A. 14. 1930. V, pp. 2, 4.

（20）*Ibid*., pp. 2, 11, 12; FO371/14103, W3108, 4 April 1929, Hurst to Chamberlain.

（21）神山「日本の国際連盟脱退」三〇頁。一九四五年に国際連合の一機構となった国際司法裁判所の規定は、この一九三六年規定に総選挙の廃止など小さな修正を加えたものである。Spiermann, *International Legal Argument*, p. 12.

(22) TNA, FO371/14955, W8270, 2 Aug. 1930, LN, no. C.416. M. 186. 1930. V, LN, General Election of the Members of the PCIJ, List of Candidates Nominated by the National Groups, pp. 11–12.

(23) TNA, FO371/14955, W8674, 19 Aug. 1930, Japanese chargé d'affaires (conversation); アジア歴史資料センター（以下、JACAR）、Ref. B04014039100、画像四〇、堀より幣原、一九三〇年九月九日。

(24) TNA, FO371/14955, W8674, Robertson-Fullarton minute, 27 Aug. 1930.

(25) *Ibid.*, Mounsey minute, 8 Sept. 1930.

(26) TNA, FO371/14954, W1399, 6 Feb. 1930, from Cuban Minister (conversation); Cadogan minute, 11 Feb. 1930.

(27) TNA, FO371/14955, W9457, 8 Sept. 1930, LN, no. A. 31.1930. V; Part III. Letter Addressed to Drummond by the Representatives of Various Latin-American States on the Subject of the Composition of the Court.『書簡集』一九四―一九五頁、エリフ・ルートから安達へ、一九三〇年七月二一日。

(28) JACAR, Ref. B04013981600、画像六一～六二、外務省条約局第三課「国際連盟第十一回通常総会報告」一五―一六頁。

(29) JACAR, Ref. B04014039100、画像五一、寿府三全権より幣原、一九三〇年九月二五日、画像五五、幣原より三全権、一九三〇年九月二六日。

(30) *Seventh Annual Report of the PCIJ* from 1930–31, pp. 17–18, 36–37. (http://www.icj-cij.org/pcij/serie_E/English/E_07_en.pdf, accessed 6 Mar. 2015)

(31) 後藤春美『国際主義との格闘――日本、国際連盟、イギリス帝国』（中公叢書、二〇一六年）参照。

(32) *Seventh Annual Report of the PCIJ* from 1930–31, pp. 17–18.

(33) TNA, FO371/14956, W11869, 10 Nov. 1930, from Sir Henry Chilton (Santiago), Mallet minute; JACAR, Ref. B04013981600、画像六二、外務省条約局第三課「国際連盟第十一回通常総会報告」一七頁。

(34) Spiermann, *International Legal Argument*, pp. 308–316; see also, Mazower, *Governing the World*, pp. 69, 92; 番定「戦間期における」四六頁。

(35)『書簡集』講演三、一八九頁。

(36) 神山「日本の国際連盟脱退」二〇頁、Spiermann, *International Legal Argument*, p. 305.

（37）TNA, FO371/15715, W834, 19 Jan. 1931, LN, no. C.86.M.33.1931.V.

（38）神山「日本の国際連盟脱退」二一頁。

（39）TNA, FO371/19669, W120, 2 Jan. 1935, from Sir H. Montgomery (The Hague).

（40）『日本外交文書』昭和期II第二部第四巻（以下、『日外』二―二―四と略）、六文書（一九三五年一月三日、在オランダ武富敏彦公使より広田弘毅外務大臣宛）。なお、『日本外交文書』からの引用に際しては、旧字を新字に、カタカナをひらがなに改め、適宜句読点を補った。

（41）TNA, FO371/19669, W713, 11 Jan. 1935, LN, extract from minutes of the 1st meeting of the 84th Session of the Council.

（42）TNA, FO371/19669, W55, 1 Jan. 1935, FO Memorandum (Malkin).

（43）『日外』二―二―四、一九文書（広田より在英国松平大使他、一九三五年二月二五日）。連盟脱退後も日本は、一九三八年一一月まで連盟の専門機関には参加を続けた。

（44）同前、一〇文書（広田から横山、一九三五年一月一五日）、一六文書（横山から広田、一九三五年二月八日）。

（45）『日外』二―二―四、一八文書（広田より武富）、一九文書（広田より松平他）、どちらも一九三五年二月二五日、三三文書（武富より広田、同年五月二〇日）。Åke Hammerskjöld, "The Late President Adatci," *The American Journal of International Law*, vol. 30, no. 1, 1936, pp. 114-117.

（46）TNA, FO371/19670, W2003, 4 Mar. 1935, Japanese Ambassador (communicated); Malkin minute, 18 Mar. 1935; outfile to the Japanese Ambassador, 25 Mar. 1925; 神山「日本の国際連盟脱退」二八―二九頁。

（47）関野『国際司法制度』一八七頁、神山「日本の国際連盟脱退」二九頁。また、この次の選挙に向けての危惧に関しては、神山晃令「昭和一三年一〇月一二日付澤田廉三宛長岡春一書簡――常設国際司法裁判所との協力終止に関して」『外交史料館報』第二九号、二〇一六年、特に八五頁注五。

（48）『書簡集』において繰り返し用いられている言葉。たとえば、講演三、一九二頁。

（49）後藤『国際主義との格闘』第八章参照。

第Ⅳ部　安達峰一郎と国際裁判

常設国際司法裁判所大法廷〔中央が安達〕（安達峰一郎記念財団提供）

第十章　安達峰一郎と国際裁判制度

李　禎之

一　はじめに

安達峰一郎の業績を評価するに際して、国際裁判制度との関わりが中心的な課題のひとつとなることに疑いはないであろう。しかし、その考察は、安達峰一郎が活躍した戦間期という時代における国際裁判をどのように理解するのかという前提問題を抜きにしては進めることができない。そして、この「戦間期における国際裁判のあり方」という問題については、常設国際司法裁判所（ＰＣＩＪ）の誕生が以下の二点において国際裁判制度の画期をなしたと考えられる。

まず一点目は、仲裁裁判との断絶という点である。換言すると、これは、裁判所の常設性が当事国意思からの独立を三つの側面（①裁判所構成、②裁判権限、③裁判準則）においてもたらしたという視点である。この断絶の思想的契機を国内法の類推（国内法思考）[1]、とりわけ米国法律家の影響と理解するかどうかはともかく、こうした断絶が常設国際司法裁判所の誕生によって一定程度達成されたということに争いはないように思われる。[2]

そして、二点目として、戦争との断絶という点が挙げられる。[3] それは、国際裁判の位置付けが「戦争の代替」から「国際関係を規律する法技術の一つ」へと変化したということを意味するものである。こうした変化は、実用主義

（pragmatism）および現実主義（realism）の思想的影響に起因するとみる見解もあるが、[4] 一九世紀から二〇世紀への変化というより広い射程でみるならば、ハーグ平和会議（一八九九年、一九〇七年）における国際裁判（仲裁裁判）の位置付けの変化にその制度的な根拠を見いだすことができるように思われる。なぜなら、そもそもハーグ平和会議は開催の一目的が「戦争の代替」として裁判を位置付けることにあったにもかかわらず、[5]「法律的紛争」概念の導入（一八九九年一六条、一九〇七年三八条一項）に伴って裁判と他の紛争処理手段（例えば、調停）との区別の方に焦点が移行していったと考えられるからである。つまり、ハーグ平和会議に端を発する紛争の平和的処理手続に関する制度体系の変容が戦間期に確立したと捉えることができるのである。

以上から、戦間期の国際裁判制度は仲裁裁判および戦争からの断絶をなし遂げていく過程にあったと定位することが可能であり、本章ではこれら指標によって国際裁判制度の発展段階を評価する立場を採ることを予めお断りしておきたい。

では、こうした「国際裁判のあり方」が変容していく戦間期という時代の中で、安達は国際裁判をどのように認識していたのであろうか。本章は、国際裁判、とりわけ常設国際司法裁判所に関連する安達の活動や主張が持つ意義を国際裁判制度の歴史的展開の中に位置付けることで明らかにすることをその目的とするものである。従来、安達の国際裁判観に対する理解は、「裁判による平和」という個人の理念（理想主義的）と日本政府の政策（現実主義的）を対立的に捉え、そのいずれかを強調するものであったように思われる。[6] こうした理解に対して、本章は、安達が理想と現実の対立を止揚しようとしていたという理解を実証的に明らかにすることを試みる。そして、そこで安達が具現した国際裁判観は、国際裁判の限界を見据えた現代的な国際裁判観と軌を一にしていることを指摘したい。以上の考察を進めるにあたって、以下では、安達の活動を常設国際司法裁判所設置の際（第二節）と常設国際司法裁判所判事の際（第三節）とに大別して分析を進めていくことにする。

二　法律家諮問委員会における安達の活動

常設国際司法裁判所の設置に関して、一九二〇年に裁判所設置案を作成するために法律家諮問委員会（Advisory Committee of Jurists）が連盟理事会により設置され[7]、安達は日本の選出委員として同委員会に参加することになる[8]。それでは、法律家諮問委員会における安達の活動および主張について、当事国意思との関係で問題となり、かつ、日本政府の方針に直接的に関わる問題であった裁判所構成（1項）と裁判所権限（2項）に絞って、検討を進めることにしたい。

1　裁判所構成の問題——日本の代表権確保

裁判所構成に関して、安達はすべての国家を対等に扱う形式的平等原則に抗して実質的平等原則の主張を展開しており、それは大国（日本を含む）の優位性を確保するという目的のためであったといえる。安達がこうした主張を行った背景として、日本政府による訓令の存在を指摘できる。すなわち、裁判所構成に対して日本政府は、当初から日本を含む五大国の代表性を確保することに重点を置いていたのである[9]。この点、訓令によると、裁判所構成についての第一案は五大国の永久代表権の確保であり、第一案が困難な場合の第二案は連盟理事会での選挙という方式であったことを確認することができる[10]。そして、こうした大国主義の主張は、「大国の代表性を確保することこそが、常設的な裁判制度の存在基盤となる」という論理によってその正当化が図られたのであった[11]。この点、安達は地理的配分（人種的代表性、法系代表性）を主たる根拠とするものであったが[12]、制度の実効性のために大国の代表性が確保されるべきとの論理は英国委員フィリモア（Walter Phillimore）の主張とも共通していたといえる[13]。

しかしながら、法律家諮問委員会で採択された裁判所構成方式は、連盟の理事会および総会の両選挙各々で多数を得ることを求める方式であった(14)。確かに、同方式は大国として永久代表権確保を「制度上で」は放棄したものといえるが、連盟理事会での選挙を媒介して大国の優位性を「事実上で」反映する仕組みであるとみることも可能であり(15)、安達は日本政府の立場と法律家諮問委員会の立場とを巧みに調整して同問題に対する妥協の成立を導いたと解することもできよう。こうして先のハーグ平和会議でも最も大きな障壁となった問題である裁判官選任方式が妥結したという点は常設的裁判所の成立にとって死活的に重要であり、事前の裁判官選任がなされることになったという点で仲裁裁判と一定の断絶が常設国際司法裁判所の設立によって達成されたと評価できるのである。

ただし、裁判所構成について常設国際司法裁判所には仲裁裁判との連続性が残存しており、その点に安達の主張が反映されていることにも留意すべきである。それこそが国籍裁判官の制度であり、同制度の導入については安達による代表権確保の戦略が大きく影響したと解することができるように思われる(16)。この国籍裁判官制度は、法律家諮問委員会の公式会議において一度否決（七月一四日）されたにもかかわらず(17)、再度復活して（七月一九日(18)）、採択に至っている（七月二一日(19)）。こうした経緯の背景に安達の存在があったことは、七月一七日の非公式会議に先立つルート（Elihu Root）の説得から垣間見ることができる(20)。そして、この点について安達自身が自覚的であったことも、裁判所構成に関してルート・フィリモア案の受け入れを進言し(21)、同案の受入を可とする回訓を受けて(22)、裁判官構成の問題から国籍裁判官の問題にシフトしたことから裏付けることができるであろう(23)。こうした安達の対応は、日本政府の訓令の焦点が永久代表権を断念した後、「帝国カ万一係争国トナリタル場合ニ帝国ヨリ必ズ判事ヲ出シ得ルノ仕組ト為スコトハ欠クベカラザル点ナルニ付右御含ノ上可然折衝アリタシ(24)」という点にあったことに鑑みると、訓令の趣旨を踏まえたものであったともいえる。いずれにせよ、ここで安達は裁判所構成の問題の一部である国籍裁判官制度と強制管轄権をパッケージディールする戦略をとったと考えることができ、ここに安達の交渉手腕の一端を窺い知ることができるのである。

2　裁判所権限の問題——強制的管轄権の否認

法律家諮問委員会において安達が強制的管轄権の導入に反対する論陣を張ったことについては、よく知られている。その理由として、ひとつには、安達は訓令に従ったのであるという理解がなされることがある。例えば、横田喜三郎は、以下のように述べる。

「安達さん自身が反対だったのではなく、日本の国が裁判義務には反対せよという訓令を出したからであります。安達さんは、そういう訓令のもとに、裁判義務はいけないといって、最後まで反対されたのであります。[25]」

他方で、強制的管轄権への反対は、訓令に従っただけではなく、安達個人の現実的感覚の発露でもあったとみる立場もある。例えば、「彼は当時の理想主義的風潮のなかにあって、むしろ現実的感覚を持っていたといえるかもしれない。[26]」という小田滋の評がそうである。

確かに、強制的管轄権に関する訓令は、連盟規約（一四条）の解釈論に依拠した強硬な否定論であり、そこでは以下のように述べられている。

「当事国双方ガ同意スルニ非ザレバ如何ナル事件ヲモ裁判スルノ権限ナシトノ見解ヲ有ス而シテ此ノ見解ヲ堅持スルコトハ帝国政府従来ノ主張ト合致スルナルノミナラズ第十四条決定ノ沿革ニ照ラシ右帝国政府ノ見解ノ正当ナルコト疑ヲイレザル処ナリ[27]」

「〔強制管轄権は、〕明ニ第十四条ノ規定ニ抵触スルモノニシテ同裁判所ヲシテ右ノ如キ権限〔強制管轄権〕ヲ有セシムル為ニハ聯盟規約ノ改正ヲ要シ而シテ帝国政府ニ於テハ右ノ如キ聯盟規約ノ改正ハ絶対ニ之ヲ応諾スル能ハザル[28]」

さらに、強制的管轄権自体に関して、法律的紛争に対する応訴義務を是認するフィリモア提案[29]に妥協すべき旨を安達が請訓しているという事実からは[30]、安達は強制的管轄権問題よりも裁判所構成問題を重視していたことを示唆していると理解できるかもしれない[31]。そのため、強制的管轄権の否認について訓令が決定的な影響を与えたのだという解釈には一定の説得力があるように思われる。

ただし、裁判所権限に関する安達の評価に際しては、常設裁判所に対する安達の立場が「常設裁判所は創設されるべきだが、その権限は限定されるべし」というものであったことに留意する必要がある。すなわち、安達は、国際裁判制度の漸進的発達を是とする現実的判断から強制的管轄権の即時的実現を否認する立場であったと理解することができるのである。

こうした理解は、公式議事録に残された安達の発言からまずは首肯されるところである[32]。第三二回会議（公電では第三〇回会議[33]）において安達は、裁判所をただちに設立することが重要であり、裁判所設立案には喜んで賛成するとしつつも、応訴義務の規定に留保を表明している[34]。安達は、裁判所の強制管轄権は〝近い将来〟に実現されるであろうが[35]、委員会案は国際関係の現状に照らして時期尚早であり、合意に基づく強制管轄権の受入をしばらく見守るべき、という立場をとったといえるのである。

そして、強制的管轄権は漸進的に達成されていくべきとの見解を安達が個人的にも持っていたことは、安達がエリュー・ルート（Elihu Root）に送った書簡（一九二一年一月二五日付）においても確認することができる。その書簡のなかで安達は、「このようにして、裁判所を発展させていきさえすればいいのでありまして、裁判官がうまく選ばれ、良識と正義に満ちた、一定の数の判決が積み重なっていけば、世界中のすべての国家は喜んで義務的管轄権を認めるようになるだろうことに、なんらの疑念もありません」と記しており[36]、安達が強制管轄権に前向きの立場をとっていたことが窺える[37]。

さらに、安達が、選択条項の漸進的受入を通じて強制的管轄権が実現されることを期待していたことは、以下の三宅正太郎の述懐からも見て取れるように思われる。

「各国が殆ど応訴義務を認めるようになった際に、日本が未だ応訴義務を認めることについて何等のステップを取ろうとしないことは、［安達］博士としていかにも寂しいことのようでありました。私に向かわれまして、君たちは裁判所におられるから、応訴義務を認めるということには、さまで反対をされないだろうが、このことがなかなか日本の朝野の共鳴を得るに至らないのは残念だ、というようなお話しをされました[38]。」

ここで安達は、強制管轄権が各国によって受入れられている状態を評価し、日本が受入を進めていないことを残念に思っており、常設国際司法裁判所設置の時点と異なって、日本政府と強制管轄権に対する立場に違いがあることを推測できるのである。

以上から確認できる裁判所権限に対する安達の見解は、管轄権の設定にはあくまで国家の同意を要するという現代国際裁判の大原則（同意原則）を基礎に据えたものとして、肯定的に評価可能であるように思われる[39]。すなわち、安達は、管轄権の設定についても実現可能性や実効性を重視するという観点から、強制的管轄権を常設国際司法裁判所の設置段階において当事国の意思を介することなく導入することが望ましくないと考えていたと理解できるのである。

そして、この点において、強制的管轄権を否認する日本政府の訓令と安達の見解は一致していたと見ることができるであろう。そうであれば、「安達は、あまり露骨すぎない方法で全てを潰す機会を探っていた。」といった評価は、[40]安達の真意をとらえたものとは言い難いといわざるを得ない。

以上の考察から、法律家諮問委員会における安達の主張および活動は、日本政府による訓令の枠内において、国際裁判制度の実現可能性および実効性を高めようとするものであったと考えられる。そして、こうした主張は裁判所の常設性に起因する当事国意思からの独立性に一定の歯止めをかける役割を結果的に担うものであったと評価することができるのである。

三　常設国際司法裁判所における安達の活動

1　裁判官としての安達

安達は、一九三〇年の裁判官選挙で当選した後、一九三四年一二月に客死するまで常設国際司法裁判所判事の任にあった。実質、三年半の活動期間のうち、[41]三一年一月から三三年一二月までは所長職を務めたことは周知の通りである。

裁判官としての安達の活動に対して、スピーアマンは、「安達所長時代の決定は、形式主義と司法自制で満たされている。」と評しており、[42]国際裁判制度の発展という観点からは幾分否定的な位置付けがなされている。しかし、このような評価は安達に対する評価として正当なものといえるのであろうか。本節では、安達が裁判官として常設国際司法裁判所による紛争解決のあり方に関して如何なる影響を与えたのかを再考することにしたい。

ただし、常設国際司法裁判所の意見形成に対する安達の影響を測ることは必ずしも容易ではない。なぜなら、同裁判所の評議は非公開且つ秘密とされており（常設国際司法裁判所規程第五四条三項）、加えて、安達が単独の個別意見を付したこともないからである。そのため、裁判所の意見に安達の考えがどの程度反映されたのか、そして具体的事件に対してそもそも安達個人が如何なる見解を有していたのか、という点を探究することは困難を極めるといわざるを得ない。そこで本節では、間接的ではあるが、安達が共同反対意見に与した独墺関税同盟事件（一九三一年）に着目し、この共同反対意見の特徴を明らかにした上で、そこに安達自身の見解がどの程度反映されていたかを史料によって裏付けるという手法で分析を進めることにしたい(43)。

ここで取り上げる独墺関税同盟事件は、当時の欧州における大きな政治問題であり、政治問題に対する司法機能のあり方に一石を投じるものであった(44)。すなわち、法と政治の関係をどのように把握するのか、そして紛争解決に向けて裁判をどのように位置付けるのかという点が問われたのであり、こうした問題に対する常設国際司法裁判所の立場を示す裁判例である。本件の共同反対意見は、ハースト判事（Cecil Hurst）の起草によるが(45)、国際裁判のあり方（すなわち、国際社会における司法機能とは何かという問題）に対する安達の理解を探る数少ない手掛かりであるといえる。

なお、本件は勧告的意見の事例であるため、司法機能を考察する素材として、争訟事件と同列に扱うことが適当かという点に問題がある。しかし、常設国際司法裁判所時代には、「意見裁判（arbitrage consultatif）」という利用方式が許容されており、勧告的意見が争訟事件類似の機能を担うことがあったことを指摘することができる(46)。実際、勧告的意見と争訟事件との接近は、当初PCIJ SeriesがA（争訟事件）とB（勧告的意見）に分離されていたが、A／Bに合併されたことからも窺い知れるところでもある。そのため、本章では勧告的意見であるという理由により争訟事件と特段の区別を設けるということはせずに、司法機能についての検討を進めることにする。

2　独墺関税同盟事件における共同反対意見

本件は、ドイツとオーストリアの関税同盟結成がオーストリアの負う義務（サンジェルマン条約八八条および一九二二年議定書に基づく義務）と両立するか否かが問われたものであり、その評決は八対七の僅差であった[47]。多数意見は、当該関税同盟はサンジェルマン条約八八条には適合するが、一九二二年議定書違反であると判断しているが[48]、これに対して安達が与した共同反対意見は、関税同盟はサンジェルマン条約とも一九二二年議定書とも両立し、オーストリアの独立を害さないと判断している。しかし、ここでの問題は、結論自体にではなく、そのように共同反対意見が判断した根拠であり、そこに安達の意見がどの程度反映されているのかという点にある。そこで共同反対意見の判断理由を分析すると、その特徴は以下の三点に見いだすことができると考えられる。

第一に、共同反対意見は、本件における関税同盟がオーストリアの独立に対して有する影響を評価することは政治問題であり、そうした判断を裁判所はすべきではない、との立場をとる[49]。なぜならば、裁判所は政治的考慮や政治的結果に関与するものではなく、法的側面のみを取り扱うべきだからである（政治的考慮の排除）[50]。ここには「法廷」として裁判所が持つ制約を意識する姿勢が見て取れるといえる。そして、こうした立場は、安達自身の見解とも合致していると考えられる。それは、安達が所長として示した判決作成のために問題とすべき論点のリスト（以下、スキームペーパー）によって裏付けることができる。同スキームペーパーによると、安達は本件の検討は厳格に法的観点からなされるべきと評議の最初期段階から提示していたことを確認できるのである[51]。

次に第二の特徴は、連盟理事会との関係に対する理解である。これは、前述した裁判の機能的制約と密接に関連する点でもあり、政治問題については、連盟理事会での処理が妥当であると考えるものである。こうした理解は、共同反対意見において関連条約における連盟理事会の同意を重視していることに見て取れるように思われる[52]。そして、この点に関して共同反対意見が安達の見解と一致していることは、前述のスキームペーパーにおいて「連盟理事会の同意がないことを前提とする」としていることから間接的に確認できるであろう[53]。さらに、連盟理事会との関係について安達は、他の事案（リトアニアとポーランドの鉄道運輸事件）においても連盟理事会の決定に強い関心を示しており[54]、紛争解決における連盟理事会の役割を裁判所は尊重すべきと考えていたことが見て取れるように思われる。

最後に、第一点目で指摘した機能的な制約から生じる一帰結と考えられるが、共同反対意見は本件の紛争主題に直結する問題である「独立」の語を法的意味に限定して理解しているといえる。「独立」について共同反対意見は、その語の定義は多様であることを認めつつも、「国家が同意する自由の制限は、それが自己の組織的権能を奪われない限り、独立には影響しない」と述べる[55]。すなわち、「独立」とは、「自己固有の統治諸機関によって対外関係を規律する」という点こそが問題であり、これは「独立」を固有の法制度の有無に還元して理解している、つまりは法的意味に限定しているとみることができる。したがって、共同反対意見では、本件で問題とされる関税同盟がオーストリア固有の立法・行政機関の活動を前提としている以上、「独立」の侵害が現実には生じていないという結論が導かれるのである。そして、こうした共同反対意見の「独立」理解（独立を国家の統治諸機関に帰着させる理解）に安達の意見が強く反映していることは史料的に確認できる。すなわち、評議の際に安達がファン・アイジンガ判事（Willem Jan Marie van Eysinga）に送ったメモによると、安達は本件の関税同盟が「オーストリアの国家機構（mécanisme étatique）を全く侵害しない」と理解しており[56]、この点はまさに共同反対意見の理解と一致していると考えられるのである。

以上から、共同反対意見の特徴は三つに整理でき、いずれの点も安達の見解を色濃く反映したものであるとみなし得ることを確認できる。そこで次には、こうした共同反対意見に反映されている安達の見解が示す国際裁判理解は如何に評価されるのかという点が問われねばならないであろう。

この点について、本件の共同反対意見に反映されている安達の裁判理解は、戦間期における国際裁判の位置変化を具現したものであると考えられる。それは先ず、国際裁判の特質が強く意識されていることに現れているといえる。すなわち、「裁判は法的観点に基づいてなされなければならない」ということから、常設国際司法裁判所は裁判の客体（紛争ないし問題の属性）のみならず裁判所という裁判主体の観点からもその機能領域が法的側面に限定されるということになる。この理解によると、戦争と裁判とは紛争解決に対する機能領域を異にしており代替可能なものとは見なし得ないということになろう。また、常設国際司法裁判所と国際連盟との関係についても、安達の理解は連盟理事会の役割を重視し、裁判との機能分担を念頭に置いていると理解できるものであった。ここでも国際裁判が持つ制約を意識し、その役割を限定的にとらえていることが示唆されるであろう。なお、こうした連盟理事会の機能分担を重視する立場は、安達が自己の経験を踏まえて連盟理事会の活動を評価していたことが影響しているのではないかとも推測できる。(57)

そして、こうした安達の裁判理解は、国際裁判の現代的理解に近似した裁判機能の把握であると評価できるように思われる。なぜならば、現在の国際司法裁判所（ＩＣＪ）は、裁判の機能的な制約を是認し(58)、政治的機関（安全保障理事会）との役割分担を認める立場をとっていると考えられているからである。(59)そうであるならば、戦間期における安達の国際裁判理解は、現在の通説的な国際裁判理解の先駆をなすものと位置付けられるものであるといえよう。

また、「独立」を法的意味に限定する点は、日本の外交政策（特に満州問題）との関連を意識したものであるという評価も可能であろう。そのことは以下の史料によって間接的にではあるが、推測できるといえる。まず、裁判官に当選した直後に安達は「常設国際司法裁判所に対する国内世論に関して情報を送付してほしい」旨、外務省の筒井宛に書簡（昭和五年一〇月一日）(60)を送っているが、その時期に外務省は、満州問題を明示で除外する留保案を作成していたものと思われる。(61)確かに、上記の外務省留保案に安達が直接関与したのかは史料からは詳らかではないとはいえ、(62)安達がこうした日本の方針を知っていたという可能性は高く、独墺関税同盟事件の検討に際しても日支問題が安達の念頭にあったことが推測される。さらに、独墺関税同盟事件後ではあるが、安達は斎藤実への書簡において満州問題を常設国際司法裁判所で解決すべきではないと述べていることからも[63]、安達が日本の政策との関連で裁判の機能的な制約を強く認識していたことを垣間見ることができるのである。

四 おわりに

本章は、国際裁判制度に関連する安達の活動、すなわち安達が法律家諮問委員会の委員および常設国際司法裁判所の判事として主張したことが、「裁判による平和」という理念と日本の国策遂行という現実との対立を止揚するものであったと理解し、その実証的な解明を試みるものであった。

そこで先ず、こうした理想と現実の相克が、法律家諮問委員会での活動において以下の二点において立ち現れていたことを確認した（第二節）。ひとつは裁判所構成の問題についてであり、安達は日本政府と法律家諮問委員会の立場を調整すべく奔走し、同問題に対する妥協の成立に一定の貢献をしたといえる。このように常設国際司法裁判所において事前の裁判官選任という方式が確立されたことは、国際裁判の発展過程という観点からいうと、仲裁裁判との断絶を達成するものであったと評することができるであろう。しかし同時に、裁判所構成に関しては国籍裁判官制度が導入されたことで、仲裁裁判と一定の連続性をも残置させていたことを見落とすべきではない。そして、史料によると、この国籍裁判官制度の導入には、「自国の関わる紛争には必ず裁判官を送り込むべし」という日本政府の訓令にしたがって安達が採った代表権確保の交渉戦略が強く影響したことを見て取ることができたのであった。また、二つ目の問題である裁判所権限についても安達は、「強制的管轄権を否認せよ」との訓令に従いながら常設的裁判所の創設に腐心したのであり、国際裁判制度の漸進的発達を是とする現実的判断から権限の限定を求める立場を採ったといえるのであった。これら二つの問題（裁判所構成および裁判所権限）はいずれも国際裁判制度の実効性を担保するという論理に基礎をおいているとみることができるのであり、法律家諮問委員会における安達の活動は、連盟期の理想主義的風潮を反映した国際裁判所構想に対して実効性の観点から歯止めをかける役割を担ったものと評価できるであろう。

次に、常設国際司法裁判所の判事（所長）として関わった独墺関税同盟事件の分析からは、安達が国際裁判の限界を強く認識していたことが窺い知れた（第三節）。すなわち、裁判と政治問題との関係について、国際裁判の機能的制約や連盟理事会との機能分担が前提とされているのである。こうした国際裁判の機能理解は、安達が国際裁判の現代的理解に近似した理解をしていたことを示しているといえるであろう。この点、さらに敷衍するならば、こうした裁判機能の理解は、安達が日本の外交政策（特に満州問題）をある程度意識していたことを反映しているものと評価できるかもしれない。ここにも国際社会の方向性と日本の方針を摺り合わせようと苦闘する外交官としての安達のバランス感覚を見ることができるように思われる。

以上の考察から、戦間期という時代状況の中で国際裁判に向き合った安達の活動は、それが自覚的であったか無自覚的であったかはともかく、国際社会の現実に起因する国際裁判の制度的・機能的な制約を見据えつつ紛争解決に向けた裁判の役割を肯定する極めて現代的な国際裁判観を安達が有していたことを示していると結論づけられるのである。

（1）　*See* Ole Spiermann, "Who Attempts Too Much Does Nothing Well: The 1920 Advisory Committee of Jurists and the Statute of the Permanent Court of International Justice," *BYIL* 73 (2002), pp. 211, 257–258.

（2）　*See* Mary Ellen O'Connell and Lenore VanderZee, "The History of International Adjudication," Cesare PR Romano *et al.*, *The*

Oxford Handbook of International Adjudication (Oxford: Oxford University Press, 2014), pp. 47-53.

（3）国際裁判と「戦争」との関係については、本書第十一章（柳原論文）を参照されたい。

（4）*See* Christian Tams, "The Contentious Jurisdiction of the Permanent Court," Christian Tams and Malgosia Fitzmaurice, *Legacies of the Permanent Court of International Justice* (Leiden: Martinus Nijhoff Publishers, 2013), pp. 38-39.

（5）*See* Shabtai Rosenne ed. *The Hague Peace Conferences of 1899 and 1907 and International Arbitration: Reports and Documents* (The Hague: TMC Asser Press, 2001), p. xvi.

（6）例えば、個人としての信念を強調する見解として、澤田裕治「今なぜ安達峰一郎研究が必要か?」『山形学』（山形大学出版会、二〇一一年）一一六―一二四頁、外交官としての立場を強調する見解として、牧田幸人『国際司法裁判所の組織原理』（有信堂、一九八六年）一四六頁。

（7）*Documents Concerning the Action Taken by the Council of the League of Nations Under Article 14 of the Covenant and the Adoption by the Assembly of the Statute of the Permanent Court*, p. 11. なお、Advisory Committee of Jurists は、日本の外交文書において、他に「公法家委員会」「ハーグ公法家会議」「裁判所規程起草委員会」等の訳語で呼称されている。

（8）当初は秋月左都夫（元オーストリア・ハンガリー大使）であったが、秋月の辞任により安達が委員を受諾した。任命の経緯については、牧田『国際司法裁判所の組織原理』一〇七―一一五頁、関野昭一『国際司法制度形成史論序説――我が国の外交文書から見たハーグ国際司法裁判所の創設と日本の投影』（国際書院、二〇〇〇年）三三一―三三七頁。

（9）なお、日本政府への請訓に際して安達は、五大国永久代表権の確保は「成功到底覚束ナキモノト認メラル」との理解から、連盟理事会による選任が「帝国ニ取リ一般普通選挙主義［形式的平等原則に基づく選挙］ヨリモ遙ニ得策ナルベシ」との提案を行っている。第一八号、四月一六日発、安達公使ヨリ内田外務大臣宛、外交史料館『日本外交文書デジタルアーカイブ、大正九年（一九二〇年）第三冊上巻』三二三頁（採録文書番号二二九）。

（10）第一二号（別電）、五月一八日発、内田外務大臣発在白国安達公使宛、外交史料館『日本外交文書デジタルアーカイブ、大正九年（一九二〇年）第三冊上巻』三二五―三二六頁（採録文書番号二三一）。

（11）*Procès Verbaux*, pp. 28-29.

（12）欠号、六月一七日発、在蘭国落合公使ヨリ（安達ヨリ）内田外務大臣宛、外交史料館『日本外交文書デジタルアーカイブ、大正九年（一九二〇年）第三冊上巻』三三〇—三三一頁（採録文書番号二三五）。なお、大国の委員が安達の主張に共感していたことは、『ルート』氏及「ロード、フィリモア」氏ハ右陳述［安達の主張］ニ依リ最モ深キ感動ヲ受ケタル旨閉会後本使ニ内話セリ」との報告から確認できる。

(13) *Procès Verbaux*, p. 105.

(14) *Procès Verbaux*, pp. 673-674. 同案の基礎となった「ルート・フィリモア」案については、*Procès Verbaux*, pp. 298-301.

(15) 安達も「［法律家諮問委員会の各国委員も］正面ヨリ国家平等主義ヲ破ルコトナク事実上五大国ヨリ必ズ判事ヲ出スコトトスルノ必要ヲ確信シ居ル儀ナル」と報告しており、同様の理解であると思われる。第一二三号（至急）、七月五日発、在蘭国落合公使ヨリ（安達ヨリ）内が外務大臣宛、外交史料館『日本外交文書デジタルアーカイブ、大正九年（一九二〇年）第三冊上巻』三四四—三四五頁（採録文書番号二四六）。

(16) 同制度について安達は、初会合（六月一七日）の段階で既に言及している。*Procès Verbaux*, p. 29.

(17) *Procès Verbaux*, p. 539. 第一三一号、七月一四日発、在蘭国落合公使ヨリ（安達ヨリ）内田外務大臣宛、外交史料館『日本外交文書デジタルアーカイブ、大正九年（一九二〇年）第三冊上巻』三五〇—三五一頁（採録文書番号二五二）も参照。

(18) 第一三八号、七月二一日発、在蘭国落合公使ヨリ（安達ヨリ）内田外務大臣宛、外交史料館『日本外交文書デジタルアーカイブ、大正九年（一九二〇年）第三冊上巻』三五二頁（採録文書番号二五三）。

(19) 第一四二号（至急）、七月二二日発、在蘭国落合公使ヨリ（安達ヨリ）内田外務大臣宛、外交史料館『日本外交文書デジタルアーカイブ、大正九年（一九二〇年）第三冊上巻』三五二頁（採録文書番号二五四）。

(20) 第一三六号（至急）、七月一七日発、在蘭国落合公使ヨリ（安達ヨリ）内田外務大臣宛、JACAR（アジア歴史資料センター）Ref. B06150565300（第二九画像目）。この点について、「自国判事問題ニ干スル会議ノ決議ヲ覆シ全然本使［安達］ノ主張ニ満足ヲ興フル様斡旋ス可キニ付権限問題ニ干スル本使ノ修正案ヲ撤回アリ度キ旨ヲ来談シ此際英米公法家ト離別スルハ日本国将来ノ利益ニ非ザル可シト迄論ジタル」と報告されている。

(21) 第一二三号（至急）、七月五日発、在蘭国落合公使ヨリ（安達ヨリ）内田外務大臣宛、外交史料館『日本外交文書デジタルアーカイブ、大正九年（一九二〇年）第三冊上巻』三四四—三四五頁（採録文書番号二四六）。「右英米案［ルート・フィリモア案］ハ此ノ際我レノ収メ得可キ最大限ヲ示シタルモノト認メラル」と指摘されている。

(22) 第三九号、七月一〇日発、内田外務大臣ヨリ在蘭国落合公使宛(安達公使へ)、外交史料館『日本外交文書デジタルアーカイブ、大正九年(一九二〇年)第三冊上巻』三四八頁(採録文書番号二五〇)。「判事選任ニ関スル「ルート」「フィリモア」ノ提案ハ貴見ノ如ク此ノ際帝国側ノ収メ得ベキ最大限ト思ハル」と述べられている。

(23) 第一二七号(至急)、七月一〇日発、在蘭国落合公使ヨリ(安達ヨリ)内田外務大臣宛、外交史料館『日本外交文書デジタルアーカイブ、大正九年(一九二〇年)第三冊上巻』三四八—三四九頁(採録文書番号二五一)。この点について、「本使ハ本邦関係ノ事件ニハ必ズ本邦ヨリ判事ヲ出シ得ルノ条文ヲ彼等ノ持論(?)ニ依リ確実ニ成立セシメタル後本件裁判所権限論ヲ主張シ其成功ニ尽力スルノ心算ナル」との記述が見られる。

(24) 第三一号(至急)、六月二七日発、内田外務大臣ヨリ在蘭国落合公使宛(安達公使へ)、判事選任問題ニ関スル本邦側ノ方針回訓ノ件、外交史料館『日本外交文書デジタルアーカイブ、大正九年(一九二〇年)第三冊上巻』三三五—三三六頁(採録文書番号二四一)。

(25) 浮村直光編『世界の良心 安達峰一郎博士——生誕百年・その生涯と足跡』(安達峰一郎記念館、一九六九年)二四頁。なお、日本政府が強制的管轄権を認めたくなかった理由については、織田萬は中国(支那)の濫訴を懸念したと指摘する(織田萬『和蘭の印象と国際法廷の九箇年』(立命館出版部、一九三四年)を参照)。

(26) 小田滋『国際司法裁判所[増補版]』(日本評論社、二〇一一年)五六頁。

(27) 第一一号、五月一八日発、内田外務大臣ヨリ在白国安達公使宛、国際司法裁判所ニ対スル五大国ノ永久代表権確保問題及同裁判所ノ権限問題ニ関シ回訓ノ件、外交史料館『日本外交文書デジタルアーカイブ、大正九年(一九二〇年)第三冊上巻』三二四—三二五頁(採録文書番号二三一)。

(28) 「同右」。同様の訓令は、繰り返し為されている。第三八号(至急)、七月八日発、内田外務大臣ヨリ在蘭国落合公使宛(安達公使へ)、裁判所ハ当事国一方ノミノ出訴ニ依リ裁判スル権限ヲ有スルモノニ非ザル旨安達公使ニ指示ノ件、外交史料館『日本外交文書デジタルアーカイブ、大正九年(一九二〇年)第三冊上巻』三四六—三四七頁(採録文書番号二四八)。第三九号、七月一〇日発、内田外務大臣ヨリ在蘭国落合公使宛(安達公使へ)、判事選任ニ関スル米英案及裁判所ノ適用法則案ニハ異存ナキ並概括的応訴義務ハ認メ得ザル旨回訓ノ件、外交史料館『日本外交文書デジタルアーカイブ、大正九年(一九二〇年)第三冊上巻』三四八頁(採録文書番号二五〇)。

（29）　フィリモア案については、第一一四号（至急）（第一一三号の別電）、六月三〇日発、落合公使発内田外務大臣宛、外交史料館『日本外交文書デジタルアーカイブ、大正九年（一九二〇年）第三冊上巻』三三八―三三九頁（採録文書番号二四三）。

（30）　第一一三号（至急）、六月三〇日発、在蘭国落合公使ヨリ（安達ヨリ）内田外務大臣宛、裁判所ハ当事国一方ノミノ出訴ニ依リ係争事件ヲ受理裁判スル権限ヲ有スルヤノ問題ニ付討議続行ノ件、外交史料館『日本外交文書デジタルアーカイブ、大正九年（一九二〇年）第三冊上巻』三三七―三三八頁（採録文書番号二四三）。

（31）　なお、安達の請訓に対する政府の回訓は、「帝国政府ノ主張ハ往電第一一号ニ尽キ今日ニ於テ何等変更ヲ加フルノ必要ヲ認メズ」というものであった。第三八号（至急）、七月八日発、内田外務大臣ヨリ在蘭国落合公使宛（安達公使へ）、外交史料館『日本外交文書デジタルアーカイブ、大正九年（一九二〇年）第三冊上巻』三四六―三四七頁（採録文書番号二四八）。

（32）　*Procès Verbaux*, pp. 651-652.

（33）　公式議事録は開会式を第一回とするため、実質審議を開始した一七日を第一回とする安達の公電とは、一日ずつずれている。関野『国際司法制度形成史論序説』八九頁。

（34）　*Procès Verbaux*, p. 652.

（35）　この部分のニュアンスについては、柳原正治「近代日本と国際裁判――「裁判嫌い」は神話なのか?」『国際法外交雑誌』第一一三巻第三号（二〇一四年）一九頁注六四を参照。

（36）　Elihu Root papers, Box 138（一九二一年一月二五日）。翻訳は、柳原「近代日本と国際裁判」一八―一九頁による。

（37）　柳原「近代日本と国際裁判」一九頁。

（38）　浮村編『世界の良心　安達峰一郎博士』一四七頁。

（39）　関野昭一も同旨（関野『国際司法制度形成史論序説』三四四―三四六頁。）

（40）　Hammarskjöld to Dr. van Hamel, Thursday evening, July 15th 1920, p. 2, Hammarskjöldska Arkivet, Vol. 480.

（41）　安達は、第二一臨時会合（20 April-15 May, 1931）A/B No.40 から、第三一通常会合（1 February- 22 March 1934）A/B No. 62まで参加した。なお、A/B No. 46（上部サボアとジェックス自由地帯）は織田萬判事が担当した。

（42）　Ole Spiermann, "Historical Introduction," Andreas Zimmermann *et al.*, *The Statute of the International Court of Justice: A Commentary*, 2nd Ed.（Oxford: Oxford University Press, 2012）, p. 67 MN 42.

（43）安達が多数意見への反対を表明したのは、独墺関税同盟事件と一九二七年のギリシアとブルガリアの協定の解釈に関する事件（勧告的意見、一九三二年）の二件のみである。なお、後者は反対という事実の宣言のみで、意見は付されていない。CPJI Série A/B No. 45, p. 88.

（44）横田喜三郎も「ドイツ＝オーストリアの関税連合の問題は、政治的にきわめて重要なもので、この意見も、いくらかそれに影響されたところがあるかもしれない。」と指摘する（横田喜三郎『国際法判例研究Ⅱ』（有斐閣、一九七〇年）二四八—二四九頁）。なお、当時の欧州の政治状況について本書第四章（牧野論文）も参照されたい。

（45）van Eysinga papers, 137.

（46）「意見裁判」については、杉原高嶺『国際司法裁判制度』（有斐閣、一九九六年）四一〇—四一二頁。

（47）CPJI Série A/B No. 41, p. 53.

（48）ちなみに、ブスタマンテ判事（Antonio Sanchez de Bustamante y Sirven）を除く七名は、サンジェルマン条約八八条は経済的独立を脅かす可能性のある行為を控える義務をオーストリアに課していると解しており、多数意見の立論はブスタマンテ判事を取り込むためであったと考えられる。そのため、多数意見に対しては結論の根拠を明確に示していないという点に強い批判がある。

（49）ただし、共同反対意見は本件関税同盟がサンジェルマン条約および一九二二年議定書に抵触するか否かの問題自体について「条約の解釈問題という意味で純粋に法律的である」と解しており（CPJI Série A/B No. 41, p. 75）、付託された問題が「政治的ないし経済的性格」のものであることを理由に回答を拒否すべきという立場（政治的紛争論に基づく立場）をとるアンツィロッティ判事（Dionisio Anzilotti）とは異なる（CPJI Série A/B No. 41, p. 68-69.）。

（50）CPJI Série A/B No. 41, p. 75. 他方、多数意見は、本件関税同盟の制度全体を経済的視点から（de ce point de vue économique, from the economic standpoint）考察すると述べており、オーストリアの独立に対する侵害の有無を法的概念によってではなく政治ないし経済の事実状況に照らして判断しているものと解せる（CPJI Série A/B No. 41, p. 52.）。

（51）「安達峰一郎関係文書（書類の部）」（国立国会図書館・憲政資料室所蔵）四八一—四［Shéma du Président, Annexe a Distr. 2115］. 同文書において安達は、論点として「1. Position de la question」中に「3) L'examen de la Cour doit-il avoir lieu a un point de vue strictement juridique?」を立て、余白に「yes」と書き記している。

（52）CPJI Série A/B No. 41, p. 44. *See also* Ole Spiermann, *International Legal Argument in the Permanent Court of International*

Justice (Cambridge: Cambridge University Press, 2005), p. 322.

（53）「安達峰一郎関係文書（書類の部）」四八一―四 [Shéma du Président, Annexe a Distr. 2115].

（54）Adatci à van Eysinga, Le 17 juin 1931, van Eysinga papers, 135.

（55）CPJI Série A/B No. 41, p. 77.

（56）Adatci to van Eysinga [undated], van Eysinga papers, 137. 本書簡は、日付未定ではあるが、記述内容（ゲレーロ（José Gustavo Guerrero）、アルタミラ（Rafael Altamira y Crevea）、ブスタマンテ（Antonio Sanchez de Bustamante y Sirven）およびウルティア（Francisco José Urrutia）の各判事は論点をまだ検討していない）から、評議の初期段階であると推測できる。

（57）連盟理事会における安達の活動については、本書第七章（植木論文）および第八章（篠原論文）を参照されたい。

（58）『国際法判例百選［第二版］』（有斐閣、二〇一一年）（櫻井利江執筆）二五頁および杉原『国際司法裁判制度』四二〇頁も参照。

（59）ニカラグア事件において国際司法裁判所は、同一の紛争について裁判所は純粋に司法機能を、安全保障理事会は政治的性格の機能をそれぞれ遂行すべきことを指摘している（*See* Military and Paramilitary Activities in and against Nicaragua (Nicaragua *v.* United States of America), Jurisdiction and Admissibility, Judgment, *I.C.J. Reports* 1984, pp. 434-435, para. 95.）。杉原高嶺「国際裁判の機能的制約論の展開――政治的紛争論の検証」『国際法外交雑誌』第九六巻四・五号（一九九七年）一六二―一六三頁。

（60）JACAR（アジア歴史資料センター）Ref. B04014040800（第三九画像目）。なお、宛先の筒井とは、当時、外務省情報部第二・三課長の職にあった筒井潔であると推測される。

（61）JACAR（アジア歴史資料センター）Ref. B04014040800（第四〇・四一画像目）

（62）外務省留保案を安達起案と解する論考もある（番定賢治「戦間期における国際司法制度の形成と日本外交――常設国際司法裁判所の応訴義務と仲裁裁判条約を巡って」『国際関係論研究』第三一号（二〇一五年）五〇頁）が、こうした理解を史料からは確認できない。

（63）安達から斎藤実への書簡（昭和七年五月二七日）、安達峰一郎書簡集編集委員会編『国際法にもとづく平和と正義を求めた安達峰一郎――書簡を中心にして』（安達峰一郎博士顕彰会、二〇一一年）二〇六―二〇七頁。

第十一章　安達峰一郎と国家間紛争の解決方式

柳原正治

一　はじめに

一九三〇年九月に予定されている常設国際司法裁判所判事選挙の準備のために、同年三月にフランスから一時帰国した安達峰一郎は、約三ヵ月の滞在期間中渋谷常盤松の自宅に居住した。その自宅で揮毫（きごう）した、いくつかの書が残されているが、そのうちの一つが「先憂後楽依仁持正　以期萬邦之平和　昭和五年四月　於常盤松　安達峰一郎」である[1]。ここには、仁を成して正義を実現し、それによって世界平和を達成する、という安達の理念が明瞭に表されている。その理念は、国際法を勉強して「大ニ国家ノ為ニ力ヲ致サン」との意気込みの下に一八八九年九月に帝国大学法科大学に入学して以来、常設国際司法裁判所判事在職のまま一九三四年一二月にアムステルダムで客死するまでの四〇年以上にわたって、抱き続けられたものであった。

近代国際法上の諸原則が確立したのは一九世紀後半であるが、国家間紛争の解決方式をめぐっては、一九世紀末から二〇世紀前半にかけて活発な議論が行われ、ルールについて大きな変動がみられた。とりわけ第一次世界大戦は世界の人々に大きな衝撃を与え、戦争の「違法化」に向けた、さまざまな試みがなされた。そうした大変動期、とりわけ戦間期における議論は、紛争解決方式としての仲裁裁判と司法的解決、つまり国際裁判は、戦争に代わって有効なものとして機能しうるかという点が中心的論点の一つであった。

戦間期における、こうした国際裁判と戦争をめぐる議論について、安達が、外交官、常設国際司法裁判所所長・判事、さらには国際法学者として、どのような考えを持っていたかを探究することは、一九〇五年の家屋税事件常設仲裁裁判所判決以来、戦間期を通じて一貫して「裁判嫌い」であったとみなされる日本政府の立場を再検討するためにも、大きな意味がある。安達は日清戦争には直接かかわることはなかったとみられるが[2]、日露戦争と第一次世界大戦の講和には深く関与した。不戦条約の調印式がパリで行われたときには駐仏大使であり、満州事変勃発時には常設国際司法裁判所所長であった。その安達が、とりわけ不戦条約と満州事変をどのように評価し、満州事変についてどのような解決方式を模索していたのかについての探究が、本章の中心的課題である。

二　戦間期における国際紛争解決方式をめぐる議論

一八世紀末から一九世紀前半にかけて、従来の正戦論は維持できないという考え方が主流となっていった。その背景には、ナポレオン戦争を経て、国民軍という概念が定着していき（それまでは傭兵が一般的であった）、法的人格と構成される近代国家が実態として存在するようになり、それにともない、主権国家からなりたつ国際社会には個々の国家に上位する権力者も権威者も存在しないことがいっそう明らかになっていったという状況があった。

近代国際法が国家間の関係を規律する法として完成されていった一九世紀において、なによりも重要なトピックは国家間の戦争についての法的規律をどのようにするかということであった。そもそも戦争は国家間紛争の解決方式の一つとして位置づけうるかということが、大きな論点の一つであった[3]。正戦論の考えをなお唱える学者もいた。国際法上の自国の権利の実現をみずからが行う、自助としての戦争のみを肯定する学者もいた。あるいは、国家には自由な戦争遂行権が与えられているとみなす学者もいた。さらには、戦争の開始そのものは国際法の規律の対象外である（extralegal）と主張する学者もいた。以上のように、戦争の開始については（jus ad bellum）さまざまな見解があったが、いずれの見解をとるにしても、いったん開始された戦争においては守るべき法的ルールがある（jus in bello）という考え方では一致していた。

以上のように、戦争の開始については、一九世紀の理論状況はかなり混沌としており、単一のとらえ方が支配的であったとはいえない。また、戦争の開始を規制する条約は当時存在しなかった。さらに、戦争の開始に関する慣習国際法も存在しているとはいえなかった。現在でも日本の教科書では一九世紀は「無差別戦争観」の時代とひとくくりにして説明されることが多い。しかし、そうした説明はさまざまな問題をかかえている。

二〇世紀になってヨーロッパを主な戦場として行われた第一次世界大戦は、ヨーロッパに甚大な被害をもたらした。ヨーロッパでは「大戦」といえば、いまでもこの第一次世界大戦のことを意味することが多い。戦争の開始をいかに国際法上規制するかが大戦後の大きな課題であった。一九一九年の国際連盟規約は、第一二条一項、第一三条四項、そして第一五条六項により、一定の場合には戦争に訴えてはならないことを規定した。しかしながら、戦争禁止の抜け道が規約自体に内包されていたこと、戦争に違法に訴えた国家に対する制裁を規定した第一六条が有効に機能し得なかったことなどのために、戦争の開始を有効に規制することはできなかった。

その後、とくに米国の平和運動家を中心として繰り広げられた、戦争「違法化（outlawry）」のための運動の影響も受けて、当初米仏間で戦争違法化のための二国間条約締結の交渉が進められた。これを世界大に拡大することで両国が合意し、一九二八年に不戦条約（戦争の抛棄に関する条約）が締結された（日本を含め原加盟国は一五ヵ国）。第一条では、国際紛争の解決のために戦争に訴えることを否定し、国家の政策の手段としての戦争を放棄することが明記された。もっとも、紛争の平和的解決義務を明確に規定しているわけではないこと、自衛権が許容される範囲が明確でないこと、さらには、戦争に至らない武力行使――「事実上の戦争」――を実質的には禁止できなかったこと（満州事変、日華事変などは「戦争」ではなく、「事変」であるという主張がなされた）、などの欠点があった。

戦争の法的規制がこのようなかたちで進んでいくなかで、国家間紛争の解決のために期待されたのが国際裁判である。一九世紀末ぐらいから、英米を中心とする二国間仲裁裁判が活発となり、また、一八九九年のハーグ平和会議の成果である、常設仲裁裁判所制度が整備され、さらには、第一次世界大戦後には、司法的解決（司法裁判）の制度が本格的に導入されていった。そうしたなかで、紛争解決方式としての国際裁判の有効性についての議論――裁判に付しうる紛争と裁判に付し得ない紛争との区別、あるいは、法律的紛争と政治的紛争の区別のあり方などの論点を含めて――が戦間期において何人もの学者たちによりなされていった。

とくに戦争との関連で国際裁判の有効性をとらえたときに、一つの考えは、国際裁判は、国際紛争を解決するための、戦争に代わる「万能薬（panacea）」であると見なす考えであった。とくに第一次世界大戦を経て、戦争に代わる、紛争解決手段としての国際裁判に寄せられた期待には大きなものがあった[4]。代表的な学者としては、ラウターパクト[5]やスコット[6]が挙げられる。

これに対して、国際裁判を「万能薬」と見なす考えを、ブライアリーは一九二八年に発表した著作のなかで明確に否定した。かれは、国際裁判は大きな価値のある、特別の手続きではあるが、その有用性の範囲には限界があると見なす。すなわち、法の支配を通常の生活様式として社会が受け入れているときにのみ、また、その限りで、有用であるという考えである[7]。

三　紛争解決方式に関する安達峰一郎の考え――不戦条約を中心として

易平は、二〇一三年に公刊された『戦争と平和の間——発足期日本国際法学における「正しい戦争」の観念とその帰結』のなかで、有賀長雄、高橋作衛、中村進午、寺尾亨、千賀鶴太郎ら多くの国際法学者の戦争観を検討しているが、「日本国際法学会の呼びかけ人として学会の形成と発展に甚大の貢献を為した山田三良、国際的に名高く優れた外交官たる安達峰一郎は、その重要性にもかかわらず、戦争問題、とくに *jus ad bellum* に関してほとんど言論活動を展開していなかったので、割愛する」と記している。(8) たしかに安達は、戦争や裁判などについて論述した、独立の学術論文を残していない。(9) しかしながら、とくに一九三〇年に東京で行った五つの講演の記録、また、さまざまな書簡などから、一九世紀末から戦間期における戦争のあり方、ひいては紛争解決方式のあり方についての、安達の考えをうかがい知ることができる。

まず安達が帝大の学生の頃に口述翻訳した、パテルノストロ（Alessandro Paternostro）の国際法講義（一八八九年から一八九二年）でどのような説明がなされていたのかを検討したい。パテルノストロは戦争を「暴力ニ訴ヘテ国際上ノ困難ヲ判断ス可キ方法」とみなす。ただ「極端方法」である戦争によって国際上の困難を決定する前に、平和の手段によって決定する方法があることを強調する。国際仲裁判断などがそれにあたる。そうした平和の方法を尽くした後でもただちに戦争の方法を用いずに、「事実上の方法（言論上の方法に反対す）」——「反撃方法」と称されている——が使われることがあるとしている。外国船舶の差押処分、平和的封鎖、他国商船私用などの方法である。(10)

そしてパテルノストロは、近年の進歩により戦争が次第に減少してきている事実を説明する。その原因として、婦女奪掠の習慣の廃滅、養料奪掠の習慣の絶滅、種族間の嫌悪心の減少、宗教盲信の減少、各国君主の功名心の減少、商工業の関係整頓せしに因り生じる減少、外国の他民族を管轄する範囲の減縮、社会主義の発達、尚武的精神の減退、そして憲法主義の変更、という一〇点を挙げている。そのうえでパテルノストロは、現在ヨーロッパにおいて過度の軍拡が行われているのは戦争の勃発を恐れるあまりであり、「戦争ヲ減少スルニ至ル可キハ余ノ確信スル所ナリ」と述べている[11]。

パテルノストロはしかし、こうした社会的・政治的な分析とはべつに、厳格な国際法上の理論の検討がなされるべきであると続ける。そして、戦争の定義としては、「国家カ自己ノ権利ヲ完全ナラシメンカ為メニ開キタルモノニ限ラス、故ニ戦争トハ国家カ国際間ノ難問題ヲ決スル為メニ暴力ヲ以テ他国ニ攻撃ヲ為ス所為ナリ」が妥当であるとする。つまり戦争は「権利法律ノ観念ト常ニ相伴フモノニハ非ス」ととらえるのである[12]。

さきに一九世紀の国際法学者の戦争についてのとらえ方を略述したが、パテルノストロは、戦争の発生が近年減少してきているという社会的事実は指摘しつつも、戦争の開始は法と切り離された側面があるということを強調する立場をとっている[13]。

以上のように安達が大学生のときに立ち会った国際法の講義は、一九世紀的な戦争のとらえ方の一つを濃厚に反映したものであった。ところが、安達が一九三〇年に行った講演のなかでは、戦間期において戦争の位置づけの変化があったという認識が、明瞭に示されている。五月八日の、日本工業倶楽部における講演「欧州の近情並に世界当面の重要諸問題」がそれである。安達はそのなかで、「近時世界の大事件は国際裁判に依つて決せられる趨勢に在ると云ふことを此問題〔＝ドイツ賠償問題〕に於て確証されたやうに思はれるのであります。……国と国との間に争があつてそれを力で決する、即ち戦争の起る所以でありますが、それが段々裁判所の裁判に任せる、それが不戦条約の実施と共に突如として事実になつて来たのであります。……不戦条約が実施になりまして、それから今度英国、仏国、伊国其他の国が、総て響きの物に応ずる如く皆応訴義務を認むることになりました。……不戦条約即ち戦争が禁止せられ、日本では『レヂチメート・デフェンス』の場合は此限りでない、それだから米国が例へば日本の九州を犯すと云ふやうな場合は戦争も已むを得ないでせう、留保しなくても当然のことでありますけれども、大体に於て戦争は禁じられて居る。さうして総ての事件は仲裁若くは裁判に付すべし、仲裁とは其事件毎に仲裁者を双方の政府合意の上に任命してそれに任せる、裁判と云ふのは絶対的にやる。さうなりまして其裁判所に対する応訴義務は世界の各国、日本を除いては皆認めたと云ふことになりました」と述べている。[14]

同様の趣旨のことは、約一週間後の五月一六日に、国際連盟協会通常総会での講演「安達大使の演説」でも述べられている。「本協会に於きまして不戦条約の精神、其実施の当然の帰結たる応訴義務の問題に付て、先刻満場一致を以て決議せられたことは私のたった二ヶ月半の滞京中最も愉快と感じ、又最も本協会の為に慶賀する次第であり、世界の平和的組織上より看るも非常に感謝する所であります。」[15] こうしたとらえ方は、同年五月一一日付けの斎藤実宛の書簡にも記されている。[16] また、同年六月一四日に横浜港を出発して、アメリカ大陸に近づきつつあった六月二四日付けの徳富蘇峰宛の書簡では、「現代転機ニ関スル貴見、小生ノ全然同感ナル所ニ有之、此精神ヲ以テ、世界ニ立チ、実際ニ於テ、同胞ハ科学的文明ニ於テモ、ドノ民族ニモ劣ラサル事ヲ示シ、且ツ、正義ニ基ケル平和ヲ世界ニ与フル力アル事ヲ証シ、以テ我国運ノ将来ヲ確保シタク、千祈万禱致居候」と記している。[17]

安達が不戦条約を高く評価していたことは間違いない。不戦条約の調印式が行われたのは、一九二八年八月二七日パリのフランス外務省においてであった。安達は同年二月一八日から駐仏大使としてパリに駐在しており、調印式には夫妻で参加した。[18] 日本からは、枢密顧問官の内田康哉が全権委員、堀内謙介、谷正之、白鳥敏夫、鈴木九萬ら七名が随員として、パリに赴いた。[19] これについて安達は八月一二日付けの小川平吉宛の書簡のなかで、「不戦条約署名の為め、内田伯を特派被下候段、本邦の世界的政策の見地上、寔ニ難有仕合と喜居申候」と書き送っている。[20]

パリに駐在してから調印式まで、また、調印した後、日本が同条約を批准する翌年六月二七日までの間、安達と日本外務省の間で何度も公電のやり取りがなされている。[21] それらのなかから、不戦条約の本文が確定していく過程で安達がさまざまな情報収集をしていたことがうかがえる。たとえば、一九二八年四月二〇日には、フランス外務省のコルバン（Charles Corbin）とレジェ（Alexis Léger）（サン＝ジョン・ペルス〔Saint-John Perse〕）と会談し、同日フランス政府から日本側に試案として提示された条約草案[22]について、フランス側は条約違反国に対しては当該条約上の義務は免除されるという第三条について、侵略戦争という条件ははずしたものの、どの国家が違反者とみなされるかという難問はなお残っていると説明した、という電報を本省に送っている。この電報には、パリの新聞には、不戦条約は宣戦講和に関する米国上院の権能を奪うことになるので、上院は批准しないかもしれないとの懸念を表明する記事が掲載されたが、フランス草案の第五条と第六条（一年の猶予期間）はそうしたことに関する考慮から規定されたものであろうとの推測も記されている[23]。

不戦条約の調印式が終わって半月が経った頃から、日本国内で大問題となったのが、第一条中の「其ノ各自ノ人民ノ名ニ於テ」という字句であった。この字句は人民が帝国の主体であることを承認し、天皇主権に反し、日本の国体変更の結果をもたらすという反対論である。結局この字句は「日本国ニ限リ適用ナキモノ」という宣言を付して、一九二九年六月二七日にようやく批准の決定がなされた。

日本は批准にあたって、米国を始めとして各国との間でさまざまな点で交渉を行った。フランスとの間の交渉に当たったのが安達大使である。一九二九年三月一九日には、田中義一首相兼外相から、「人民ノ名ニ於テ」の起草者の意見を聴取しようという目的から、フロマジョ（Henri-Auguste Fromageot）仏外務省法律顧問の私見聴取の訓令が安達に送られた[24]。安達が三月二一日にフロマジョに面会し得られた回答は、ただちに本省に送られた。その回答は、当該字句には委任代理・代表の意味はなく、国民全体の意思が戦争放棄にあるという趣旨を明らかにするという目的で挿入されたにすぎないというものであった。そして、この回答は誰にも話さないということを約束したことも、安達は田中に伝えている[25]。

また、日本側で作成した宣言案についてフランス側の内諾を得るようにとの訓令があり、安達は、五月一七日の電報でベルトロ（Philippe Berthelot）外務省事務総長には異存がないこと、また、ブリアン（Aristide Briand）外相も満足していることを伝えている(26)。さらに六月二八日の電報では、フランスの新聞では、日本の批准を歓迎するとともに、日本の宣言は留保に当たらないと報道されていることを伝えてきている(27)。

「其ノ各自ノ人民ノ名ニ於テ」という字句問題は日本固有の、しかもかなり歪曲された側面のある議論であった。不戦条約をめぐる、より重要な法的論点としては、既存の国際連盟規約やロカルノ条約との関係、条約違反国に対する対処の仕方、第二条の平和的解決の意味などがあった。もっとも重要な論点はしかし、自衛権の範囲であった。不戦条約には自衛権についての直接的な記述はいっさいないが、自衛権そのものが肯定されていることは明らかであった。問題は、自国領土の防衛に限定されるのかという点であった。英国は、一九二八年五月一九日の第一次対米回答においても、同年七月一八日の第二次対米回答においても、国家の平和・安全に重大な特殊利害関係のある諸地域が攻撃されたときにこれを防護することは英国にとっての自衛手段とみなすという意見を表明していた（いわゆる「特殊地域留保(28)」）。なお、この第一次対米回答の特殊地域留保については、六月八日に安達はジュネーヴで英国のチェンバレン（Sir Austin Chamberlain）外相と面談し、ケロッグ（Frank Billings Kellogg）国務長官に誤解があるようなので、駐英米国大使に委細を説明し、ケロッグに伝えるようにしてもらったという情報を得ている(29)。

日本政府は、批准する前までの間に、この点に関する意見表明をすることはいっさいなかった。ところが、一九二九年五月の日付けの入っている、外務省亜細亜局第一課作成の調書「自衛権ニ付イテ」では、とくに満蒙との関係で自衛権の範囲が詳細に検討されている。そして、①在支臣民保護のための出兵、②満蒙における我権益擁護、さらに③満蒙における治安維持が、不戦条約で禁止されていない自衛権に該当すると結論づけている(30)。この調書が当時部外にどれほど知られていたかは不明であるが、日本政府が自衛権の範囲を広くとらえていることについて中国が懸念を表明していたことがわかるのが、一九二九年七月一九日のペック（W. R. Peck）米国国務省極東部副部長の覚書である。このなかでペックは、駐米中国大使が七月二四日に行われた国務長官との会談のなかで、枢密院での議論からして、日本政府は日本の領域外でも特殊利益が関わる場合には自衛権を行使できると考えている、との懸念を伝えたとのことであるが、この問題についての枢密院における審議に関する、信頼できる資料は手元にはないと記している。そのうえで、主要国の交換公文を参照した結果として、自衛権は自国領土に限定されないという判断を示している。[31]安達が外務省亜細亜局作成の調書を知っていたのか、また、中国側の懸念を知っていたのかについて判断できる資料は見当たらない。

不戦条約そのものについては、戦間期における、日本の国際法学者の大半が否定的な評価であった。東京帝国大学国際法教授の立作太郎は、一九三〇年一二月の日付けの入っている、『戦時国際法論』の「序」のなかで、「国際連盟の成立及発達竝に不戦条約の締結等の事情ありと雖も、不幸にして戦争の実際に起るの虞を杜絶するを得ないのである」と明言している。「締約国は、其間の紛争につき必ず平和的解決を致すべきを約したのであるが、此事実に拘はらず、所謂自衛権に基く戦争は黙示的に認められ、而して所謂自衛権の定義を与ふることは、故に之を避けた」のであり、また、同条約の違反に対する制裁は不確実であると記している。[32]この著作そのものは一九三一年四月に出版されており、同年九月に勃発する満州事変以前の著作である。[33]

安達峰一郎記念財団が現在保管している安達の蔵書のなかには、立の、この『戦時国際法論』（初版、一九三一年四月）が含まれており、安達が同書を読んでいた可能性はかなりあるとみなされる。[34]いずれにしろ、不戦条約に対する否定的な評価が日本の国際法学者のなかで一般的であったという事実は知っていたであろう。[35]そうしたなかで勃発した満州事変にどのように対処するかは、一九三一年一月以降常設国際司法裁判所所長を務めていた安達にとって、はなはだ困難な作業となっていった。

四　満州事変

国際紛争のすべてを仲裁裁判にかける義務を認めるか、あるいは、常設国際司法裁判所の応訴義務を受諾するかという問題は、戦間期の日本においてさまざまな機会に何度も議論された。一九二四年のジュネーヴ議定書（国際紛争平和的処理議定書）が審議されている過程においてもこの問題が議論された。そのおりに外務省が作成した「平和議定書調印ニ付テノ考量」という文書（日付不明）のなかでは、「日支ノ紛争ヲ他国ノ裁判ニ供スルコト其レ自身不得策ニシテ」とされている(36)。当時具体的な紛争として想定されていたのが中国との間のものであったということは、容易に推測されるところである。

中国との関係のなかでもとくに問題となるのが満州問題であるということは明白であった。この点で注目されるのが、一九三〇年八月六日付けの、ジュネーヴ在住の杉村陽太郎（国際連盟事務局次長兼政治部長）から安達に宛てた書簡である。安達が約三カ月間の日本滞在の後、アメリカ大陸経由でヨーロッパへ戻る途上の七月七日にヴァンクーヴァーから送った書簡(37)に対する返信である。杉村はこのなかで、「応訴義務問題に付きては昨年末帰朝の際、乍微力各方面の注意を喚起し、兎に角、問題の重要性たけは学会其他に認めしめたりと被存候得共、満州問題を実地に調査し、満州の事態か未た力の時代にして法の時代に進み得ず。而して今急に仲裁々判の義務を負担するときは、満州に在る帝国の利権は殆と根底より覆さるへきを確認し、留保の点に付ては深甚詳密の注意を要すへきを識認致候。……日本の対支、殊に対満政策の根本的立て直しある迄は応訴義務受託も、実は偽善の行為たる嫌有之」と記している(38)。ここには、「法の時代」に対比される「力の時代」が満州の事態には当てはまっている、という厳しい現状認識が示されている。この書簡に安達が返信をしたかは不明である。

この杉村の書簡の約一年後の、一九三一年九月一八日に柳条湖事件が起き、満州事変が勃発した。満州事変をめぐる日本の情勢については、九月二二日の高澤源一郎〔妻鏡子の甥〕からの書簡[39]、一〇月一日の武富敏彦〔長女功子の夫〕からの書簡[40]、同日の渡辺千冬〔法務大臣〕からの書簡[41]などでも安達に伝えられていた。この間国際連盟理事会は、九月三〇日、一〇月一一日と決議を重ねていった[42]。

さらに、一二月一五日には駐日ベルギー大使バッソンピエール（Albert de Bassompierre）が、「我々の友人である幣原〔喜重郎〕氏は内閣と共に追い込まれてしまいました〔一二月一三日に若槻礼次郎内閣、辞職〕。犬養〔毅〕氏は幣原氏の後任として、犬養氏ご令嬢の婿殿[43]を任命したいと考えておられると言われています」という情報とともに、「幣原氏は未だ若槻氏が、氏の失脚の原因である、同姓の人〔＝安達謙蔵内相〕を除いて、かれの内閣の改造をするだろうと考えておられるように見受けられました。満州事変に関しては、中国が十分な解決法を承認するまでにもう一揺れも二揺れもありそうです」と伝えてきた[44]。

幣原になお期待されていた若槻は、一二月二五日付けの安達宛の書簡で、「欧米諸国カ満州ニ於ル日本ノ地位ニ付、稍アキラムル様相成候場合ナリシコトハ、内閣ノ更迭ニハ割合ニ都合好カリシコトヲ考ヘ慰メ居申候。反対党ノ攻撃ニ依ラス、身方ノ内訌ニ依リ崩壊シタルコト返ヘス〱モ小生ノ不行届ノ致ス所申訳無御座候。裏面ニハ幾多ノ事情存スルヤニ被存候得共、裏面ノコトハ考ヘサルコト宜シカルヘクト存候。退官致候モ少シモ気楽ニ相成ラス。遠カラス議会ノ解散之総選挙ニ臨マサルヘカラス」と書き送ってきている[45]。

安達は当時裁判所所長として多忙であったようだが[46]、一九三一年一〇月一二日に駐オランダ松永直吉公使から幣原外相に送られた公電のなかに、満州問題の常設国際司法裁判所付議に関する安達所長の内話が記してある。それによると、連盟理事会に、西・仏・中国・ユーゴスラヴィアなどが満州問題を法律的形式で裁判所に諮問することを画策し、米国もこれに好意的である（英国はまだ同意していない）との情報を安達所長はたしかな情報源から得た。安達所長は、裁判所判事は満州問題については「殆ト無智ナルニ付日本ノ立場ヲ了解セシムルコト極メテ困難ナルヘク」とみなし、満州問題が裁判所に廻付されると「我方ハ極メテ不利ナル立場ニ陥ルヘキ」旨を松永公使に内話したことをこの公電は伝えている[47]。柳条湖事件が起きて一カ月も経たない段階で、安達は常設国際司法裁判所への付議が日本にとり不利であるという判断を示していたことがこの公電からは読み取れる。

もう一つこの時期のものとして注目されるのは、一一月一日のオランダの新聞「デ・テレグラフ」に掲載された、ルイ・ラーマーカース（Louis Raemaekers）の挿絵である。右側の完全に武装した武士が日本軍の軍人、そして左の非武装の武士が所長の安達である。オランダの風刺漫画家であるラーマーカースは、満州事変が常設国際司法裁判所で解決されることを期待して――安達が非武装であることからして、「淡い」期待であることをかれ自身が自覚していたようにうかがえるが――、「常設国際司法裁判所所長安達閣下に捧げる」という文章を挿絵の上の部分に記している。安達はこの挿絵に興味を引かれたようで、これまでに判明しているところでは、下村宏[48]と徳富蘇峰[49]の二人にこの挿絵を送っている。ただ、挿絵だけが送られ、コメントはなにも付されていないので、安達がどのように感じていたのかを直接示すような資料は今のところ見つかっていない[50]。

翌年になると、二月二九日にはリットン調査団が東京に到着して調査を開始する。その翌日には満州国の建国宣言が出され、三月九日には元清国皇帝溥儀が執政となった。さらに、五・一五事件が起き、犬養内閣に代わり五月二六日には斎藤実内閣が発足した。安達は斎藤に大きな期待を寄せていたようで、翌日の五月二七日には首相就任のお祝いの書簡を送っている。そのなかで安達は、「日支問題、或ル形ヲ以テ当法廷ニ来ルヘシトハ、当地寿府及各方面ニ於ル一般ノ信念ニ有之、今年、大休暇ノ権利アル南北両米人判官連モ、此権利ヲ棄テ、右問題ヲ待構居候。日支問題ハ政治問題トシテ、大キク広ク取扱ハレ候ハヽ、有終ノ美ヲ収メ得ヘキモノニ有之候半モ、連盟規約第十五条、又ハ満州ニ於ケル権利尊重等ノ法律問題トシテ当法廷ノ判決ニ付セラレ候ハヽ、徒ラニ各員ノ一笑ヲ買フニ過キサル事明白ニ有之候間、此儀、予メ御内聞ニ達シ置候。……此空前ノ国難ヲ排セラレ、世界的大日本ノ前途ニ光輝アル運命ヲ御確保被下度、千祈万禱ノ至ニ不堪。妄言ノ罪ハ、何卒御広キ御心ヲ以テ御許ニ被下度御懇願申上候」と記している。この書簡は宛名書きの横に「私信、親展」と書いてあるほかに、本文の欄外にも「私信」と大書してあり[51]、重要な書簡と安達がみなしていたのは間違いない。書簡の冒頭で安達は、満州問題を常設国際司法裁判所で審査すべきという意見がハーグでもジュネーヴでも多方面で一般の信念になっているという事実を指摘する。そのうえでこの問題を政治問題として処理すれば「有終ノ美」を収めることができるが、法律問題として処理すれば「徒ラニ各員ノ一笑ヲ買フニ過キサル事明白ニ有之候」という考えを伝えている。前年一〇月の松永公使への内話と趣旨は同一である。斎藤からの返信は見あたらないので、斎藤がどのように受け取ったのかはわからない。

この書簡を送った、約一カ月後の六月二二日の日付けで、若槻が再度書簡を送ってきた。「日支事件ニ付、貴兄ノ指導セラル、法廷ノ判決ヲ受クルカ如キハ我国民ノ欲セサル所、特ニ軍部ハ最モ強ク之ニ反対スベキカ」と伝えてきている[52]。また、リットン調査団の報告書が公表された一〇月二日の後の、一一月七日付けの書簡で、石黒忠悳[53]は次のように書き送ってきた。「当方、満蒙事件已来、殆と戦国人気。但出征兵之強勇と国内一般の憤興とには実に感心。
……其上、近日は、大官巨商之暗殺や電源破壊を企候団体も有之、実ニ面白からざる世態ニ候。斯る世態故、いかに宸念を悩し玉ふこと恐懼ニ不堪候も、聖上御健康頗る御宜しく、御精励被為遊候御事は、臣民之愁眉を開候所にて、右御疎音申上居、御わび申上候[54]。」

安達はリットン報告書が欧米人にどのように受けとめられるかを非常に気にかけていた。一〇月一日付けのオーケ・ハマーショルド（Åke Hammarskjöld）宛ての書簡で、ハマーショルド、さらにはかれの友人たちの、報告書についての印象を尋ねている[55]。

翌年一九三三年の二月二七日付けの書簡で、大学の同級生で鉄道大臣を務めたこともある小川平吉[56]は、次のような国内情勢を伝えてきた。「裏面ニ在りてハ相当、満州問題ニ微力相尽シ来リ候次第ニ御座候。……国際連盟とはいよ〳〵決裂脱退と相成候。今後如何様相成可申哉。日本之対支態度ニより相当変化致候事と存候。……我国の当面する対国際連盟関係ハ、今後、中々重大の場合到来可致、国民一般も覚悟致居候。幸ニ今日ハ軍界、政界、経済界、共ニ一致団結、国難ニ膺るの決心確固不抜ニ候ヘバ、欧米之圧迫は却て薬石と相成可申と存候。」[57]

この書簡で予想されていた通り、ちょうど一カ月後の三月二七日に日本は連盟脱退を通告した[58]。

この書簡への返信を安達は、約半年後の八月二三日に送っている。冒頭で「今春以来国際紛争事件蝟集の為め、小生殊に多忙を極め、去二月下旬の御懇書は常に机上に在り、幾度となく拝誦致居りたるに不拘、今日まで御無音に相成居候段、誠に不本意の至り」と記しており、小川の書簡を繰り返し読んだことを伝えている。そのうえで、「満州の基礎を固め、南京政府を始め、重立たる各国をして正式に之を承認せしめ、以て東亜永遠の平和を確立する事、正に本邦将来の国策たるべきは御来示の通りにて」と伝えている[59]。さらに、一二月一八日付けの小川平吉宛の書簡のなかでも、「一般平和破滅の兆、世界各処に満つる此際、本邦同胞の一心協力、帝国の光栄ある運命を開拓せらるる様にと遙かに朝夕東天を仰ぎ祈居候」と書き送っている[60]。

以上のように、松永公使への内話、また斎藤や小川宛の書簡を見ると、安達は満州の事態を国際裁判によって解決することに消極的であった。さらにいえば、満州国を承認し、日本帝国の繁栄を達成していくという、高揚した気持ちさえもが感じ取られる書簡も存在する。

ところが、同時期の、一九三三年一二月二〇日に安達が常設国際司法裁判所判事のケロッグ（Frank Billings Kellogg）[61]に送った書簡には、常設国際司法裁判所への、大きな期待が表明されている。「地球上の至る所で、政治的・経済的に困難な状況にあり、国際連盟は、わたくしが想像していた以上に深刻な危機に直面しています。それでもわたくしは、ケロッグ条約〔＝不戦条約〕の精神を見事に体現している常設国際司法裁判所は、こうした、あらゆる騒擾に耐えうるものであると思っています。」[62]
安達が、国家間紛争は戦争によってではなく、国際裁判によって解決すべきであり、常設国際司法裁判所はその役割を十分に果たしうる存在であると、一九三三年暮れの段階においても確信していたことは間違いない。そのなかで、満州事変を常設国際司法裁判所へ付託することについては、日本の敗訴がほぼ確実であるという情勢分析のうえに、友人らへの書簡も含めて、すくなくとも表面的には、消極的な態度を取らざるをえなかった。祖国を、国際法を知悉しそして遵守する一等国とするために全力を尽くしてきた安達と、国際社会における正義と平和の実現を目指してきた安達との間に、修復不可能な亀裂が生じてしまったのである。安達の苦悩はいかばかりであったろうか。

五　おわりに

安達の死後に妻の鏡子が、日本の国際連盟脱退に関する安達の苦悩を詠んだ歌や随筆を含んだ歌集を出版しようとしたが、大きな困難に直面したということは、第一章「安達峰一郎の生涯」のなかですでに紹介した。これらの歌や随筆は立作太郎に送ったと推測されるが、憲政資料室や安達峰一郎記念財団所蔵の諸文書のなかにも見いだせず、現在行方不明である。

鏡子はまた、一九三七年一月一日付けの、ハマーショルド夫妻に宛てた書簡のなかで、常設国際司法裁判所が誇り高い存在でありうることを強調し、「ある人〔峰一郎?〕の深い言葉（les mots profonds de quelqu'un)、その人の最後をいつも思い出しています。正義と平和についての純粋な考えをわたくしのような、まったくなんの変哲もない女性も持てるのです。正義と平和は、世間がますます変転している時代にあってはとくに、そうした考えから導き出されなければなりません」と記している。[63]「仁によって正を持し、もって萬邦の平和を期」すというのが、夫・峰一郎の生涯を通じての目標であったことは間違いない。

最後に紹介したいエピソードは、一九二八年から一九二九年にかけてのセルビア人・クロアチア人・スロヴェニア人王国をめぐる情勢に関するものである。同王国では、一九二八年六月二〇日に議会内暗殺事件が起き、翌年一月六日には独裁制への移行がなされ、さらに一〇月三日には、ユーゴスラヴィア王国に改称されるなど、混乱を極めていた。こうしたなかで安達は、ベルグラード在住のアブラモヴィッチ（Avramovitch）に宛てて何通かの書簡を送っている。一九二九年七月五日付けの書簡のなかで安達は、「大戦が終了してすぐに始めた事業の実現に務めるつもりであることについて確信してください。わたくしは、ヨーロッパの平和、ひいては世界全体の平和を揺るぎないものとするために、いつでも貴兄と協力する用意があります。[64]」

ここで安達が書き記している「大戦が終了してすぐに始めた事業（les oeuvres que j'ai commencées dès la fin de la Grande Guerre）」が具体的になにを指しているのかは、かならずしも明瞭ではない。しかし、常設国際司法裁判所のことも含めているのは間違いないであろう。一九三四年六月七日付けの、水野錬太郎宛の書きかけの書簡のなかにはつぎのような一節がある。「過去十二年間ノ実験ニ基キ国際訴訟法改正事業丈ハ小生ニ於テ引続キ主宰スル事ヲ懇望セラレ候結果、今尚之レニ没頭致居候。国際司法ニ一身ヲ捧グル事ト決候上ハ忠実ニ之ニ竭ス事、是レ則チ国家ニ報ズル所以ト信ジ専心之ニ強メ居候。[65]」また、安達とハマーショルドとの間の、一九三四年のいくつかの書簡のやりとり（四月一七日、六月八日など）からも、安達がいかに常設国際司法裁判所の改正議定書や裁判所規則の改正に関心を持ち続けていたのかがうかがえる。[66] 最晩年に至っても、国際裁判に一生を捧げ、紛争を戦争によってではなく、平和的に解決しようという安達の決意は揺るぎないものであった。

（1）後藤禮三「資料　安達峰一郎博士（二）」『研究山邊郷』（山辺町郷土史研究会報）第三号（二〇〇一年三月）一一頁参照。

（2）安達は一八九六年三月に「明治二十七八年事件ノ功ニ依リ金五百円ヲ賜」っているが（安達鏡子『歌集　夫　安達峰一郎』〔光和出版社、一九六〇年〕三七三頁）、日清戦争についてのどのような功績であるかは不明である。

（3）この点の詳細は、柳原正治「紛争解決方式の一つとしての戦争の位置づけに関する一考察」『小田滋先生古稀祝賀　紛争解決の国際法』（三省堂、一九九七年）二一―二三頁参照。

（4）三牧聖子『戦争違法化運動の時代――「危機の二〇年」のアメリカ国際関係思想』（名古屋大学出版会、二〇一四年）四〇―一一五頁。

（5）Hersch Lauterpacht, "The Absence of an International Legislature and the Compulsory Jurisdiction of International Tribunals," *British Year Book of International Law*, Vol. 11 (1930), pp. 134-138; Id., *The Function of Law in the International Community* (Oxford: Clarendon Press, 1933), esp. pp. 9-16, 423-438.

（6）James Brown Scott, "Judicial Proceedings as a Substitute for War or International Self-redress," *Maryland Peace Society Quarterly*, Vol. 1 (1910), p. 16.

（7）James Leslie Brierly, *The Law of Nations: An Introduction to the International Law of Peace* (Oxford: Clarendon Press, 1928), pp. 184, 190. これらの議論の詳細は、柳原正治「紛争解決方式の一つとしての国際裁判――戦争との対比において」『世界法年報』第三五号（二〇一六年三月）一六―一七頁参照。

（8）易平『戦争と平和の間――発足期日本国際法学における「正しい戦争」の観念とその帰結』（北京：Torkel Opsahl Academic Epublisher、二〇一三年）一一頁。

（9）山田三良は、かれの東大での講義の記録である『平時国際公法　完――大正一五年度東大講義』（非売品、文信社）（覆刻版、信山社、二〇一一年）の第五編において、国家間紛争の平和的処理方法と強制的処理方法を扱い、後者のもっとも顕著なものとして戦争がありうるかを議論している。もっとも、ある箇所では、強制的処理方法の一つであるとし、他の箇所ではそうではないとしており、明らかに矛盾した説明をしているように受け取られる（五七〇、五九一頁）。

（10）パテルノストロー（講述）、安達峰一郎（通訳）、中村藤之進（筆記）『国際公法講義　完』増訂第三版（明治法律学校講法会、一八九七年）五五六―五六八頁。

（11）同右、五七〇―五七六頁。

(12) 同右、五七六―五七七頁。

(13) 安藤正楽が明治法律学校を卒業後、国際法をさらに研究するにはどのような書物を読むべきかを安達に尋ねている。安達は、一八九三年三月三一日付けの書簡のなかで、まずイタリアのフィオレ（一八九〇年の仏訳版）が良いと勧めている。安達峰一郎書簡集編集委員会編『国際法にもとづく平和と正義を求めた安達峰一郎――書簡を中心にして』（安達峰一郎顕彰会、二〇一一年）四一頁（以下でこの著作を引用する場合には、『書簡集』と略記する）。そのフィオレの jus ad bellum の考えは以下のようなものであった。フィオレは、戦争の目的は、権利を維持し防衛すること、違法行為の賠償を得ること、そして一般的にいえば、公法上の問題を解決することにあるとする。そして、国家間のいざこざを平和的に解決するために許されている、外交的、法的、強制的手段がすべて尽くされた後にのみ、国際法上の問題に決着をつけるための武力の使用が正当とみなされるとする。Pasquale Fiore, *Le droit international codifié et sa sanction juridique*, traduit par A. Chrétien (Paris: Chevalier-Marescq, 1890), p. 303.

(14) 安達峰一郎（講述）『欧州の近情並に世界当面の重要諸問題』（日本経済連盟会・日本工業倶楽部、一九三〇年六月）二〇―二二頁。

(15) 「常設国際司法裁判所応訴義務受諾に関する決議」は以下に掲げる通りである。「……昨年の連盟総会以来、英仏伊其他続々該裁判所の応訴義務を認めた結果、今日に於ては、連盟の常任理事国にして、此の義務を認めざるもの独り我国あるのみとなって居る。故に吾人は茲に前年の要望を繰り返すと共に、吾人の要望を達成せんが為め、我が政府に於て、速かに適当の方途を講ぜられんことを希望するものである。」『国際知識』第一〇巻六号（一九三〇年六月）六頁。

(16) 「安達大使の演説」（「安達峰一郎関係文書（書類の部）」〔国立国会図書館・憲政資料室所蔵〕一〇八四）一九―二〇頁。もっとも、義務的管轄権については、「わたくしは即座に之に応ずべきもので無いと考へて」と、若干否定的な発言をしている講演もある。安達峰一郎「世界大戦後の外交と二箇の重要事件」『銀行通信録』第八九巻五三二号（一九三〇年五月）一二頁。

(17) 『書簡集』一六二頁。また、前年の山川端夫とのやり取りも注目される。一九二九年四月一八日付けの書簡で、山川は以下のように安達に書き送った。「蓋シ仲裁々判制（広義）カ兎角我国人ニ同情ヲ以テ迎ヘラレサル現状ニ歎タラサル感有之。適当ノ措置ヲ執ルニ於テハ理事会及国際司法裁判所ノ実例ニ徴スルモ少シモ我国ノ不利益ニモ無之却テ我国トシテハ之ヲ我国ノ為有利ニ導クノ覚悟ト準備トヲ要スルモノニシテ又国際間ニ於ケル趨勢ヲ見テモ平和的処理ノ手段ハ今後益進展スルモノト認メラレ候ニ付我国輿論ヲ啓発スルノ目的ノ一トシテ実ハ先日ヨリ我連盟協会ニテ仲裁々判委員会ヲ作リ我国ノ学者ヲ網羅シ General Act ノ研究ニ着手致居候。

如何程我国論ニ影響ヲ与ヘ得ヘキヤ予言モ出来兼候ヘトモ此方面ニ対シ努力スルモノ少シニテモ有之候コトハ無ニ優ル万々ナリト存シ折角尽力中ニ御座候。右委員会ハ目下立〔作太郎〕博士山田〔三良〕博士神川〔彦松〕教授信夫〔淳平〕博士林〔毅陸〕博士、米田〔実〕博士横田〔喜三郎〕帝大教授高柳賢三博士松原一雄博士松永〔直吉〕条約局長等ニ有之。……御承知ノ通目下当地ニテハ不戦条約問題カ仲々面倒ト相成候。小生ハ病気前ニモ外務省ニ対シ内々工合悪シキ点ハ潔ク是正ノ適当ナル措置ヲ執リ速ニ批准ノ手続ニ進ム様勧誘致候モ仲々簡単ニハ参ラヌモノト見ヘ今日ニテハ一寸行詰リノ感ナキニモアラズ。然シ何トカ此事態ヲ打開スルニ至ルヘシト期待致居候。」「安達峰一郎関係文書（書簡の部）」（国立国会図書館・憲政資料室所蔵）七〇六―二。これに対する返信とみなされる、同年八月二日付けの書簡で安達は、「仲裁裁判制度案についての貴兄の見解に、とても興味を持ちました。実際に実施される前に変更すべき点がいくつかあるという点は、貴兄と同じ考えです」（原文はフランス語）と記している。「駐仏当時大使館関係紅ファイル」（安達峰一郎記念財団所蔵）五―九九。

(18)　『書簡集』一九四頁。

(19)　柳原正治『国際法先例資料集（一）　不戦条約（上）』（信山社、一九九六年）二九〇―二九一頁。

(20)　『書簡集』一五〇頁。

(21)　ブリアン・フランス外相は、調印式の四日前の八月二三日に、条約の英仏正文の仮刷を安達に送ってきて、形式上の意見があるかを問い合わせてきた。日本外務省では安達とも協議し、締約国元首名の記載順、前文や第二条の表現ぶりなどに英仏文に一致しない点があるものの、「概ネ字句行文ノ末節ニ係リ其ノ主旨ニ於テ従来表明セル我見解ニ合致シ実質上毫モ支障ナキモノト認メタル」とし、フランス側には指摘しないことにした。『不戦条約（上）』二七六―二七七頁。

(22)　同右、一三三―一三五頁。

(23)　同右、八六頁。

(24)　柳原正治『国際法先例資料集（二）　不戦条約（下）』（信山社、一九九七年）五五九頁。

(25)　同右、五六〇頁。このフロマジョの談話は、吉田茂外務次官が、四月一三日に当該字句は憲法違反であると強く主張していた、金子堅太郎枢密顧問官を説得する材料としても使われた（当時外務省欧米局第二課長を務めていた山形清の手稿「山形手記」の四月一三日の記述）。同右、七六七頁。

(26)　同右、五六四―五六五頁。枢密院の宣言案についても六月二一日の電報で安達はベルトロには異存がない旨を伝えている。同右、五七一頁。
(27) 同右、七四九頁。
(28) 『不戦条約（上）』一五二―一五七頁、一六二―一六六頁。
(29) 同右、九六―九七頁。九、一五四―一五五、一五七頁も参照。
(30) 同右、三六一―三六六頁。
(31) 『不戦条約（下）』七五六―七六〇頁。
(32) 立作太郎『戦時国際法論』（日本評論社、一九三一年）序二―四頁。
(33) 立は、死後に出版された最後の改訂版では、連盟規約や不戦条約は、「兵力的加害行為の行はれることを禁止するを得ずして、却て国際法上の戦争状態を発生せしむること無くして兵力的加害手段の行はるること頻繁なるを致す一原因となつた」と記している。立作太郎『戦時国際法論』（日本評論社、一九四四年）一二頁。なお、不戦条約に対する、もう一つの批判点は、かりにすべての戦争が禁止されたとしても、戦争に代わって、国際法の違反者に対する国際的共同体の制裁が整備されていないということであった。田岡良一「不戦条約の意義」『法学』第一巻二号（一九三二年二月）三二―三四頁。
(34) 立作太郎「安達博士を悼む」『国際法外交雑誌』第三四巻三号（一九三五年三月）八一頁。
(35) 国際連盟が設置した「不戦条約ト調和セシムルタメノ規約改正委員会」（一一人委員会）が、一九三〇年二月二五日から三月五日まで行われ、活発な議論がなされた。安達はこの委員会の委員に任命されていたが、同年二月一三日に一時帰国のためパリを発っているため、この委員会には、国際連盟帝国事務局長代理伊藤述史が代理で出席した。そこでの主要な論点は、自衛権の行使であるかの決定は不戦条約の場合と連盟規約の場合とで相違があるのか、自衛権の行使は各国の自由判断によるべきなのかということであった。結局、各国の意見は一致せず、規約改正は実現しなかった。伊香俊哉『近代日本と戦争違法化体制――第一次世界大戦から日中戦争へ』（吉川弘文館、二〇〇二年）五三―五九頁、篠原初枝『戦争の法から平和の法へ――戦間期のアメリカ国際法学者』（東京大学出版会、二〇〇三年）一三七―一三九、一四九―一五〇頁など参照。
(36) JACAR（アジア歴史資料センター）Ref. B04122321000（第九六画像目から）、国際紛争平和的処理条約関係一件 第二巻（B.10.3.0.3）（外務省外交史料館）。
(37) この書簡そのものの所在は不明である。

(38)　安達尚宏氏所蔵。安達峰一郎顕彰会理事安達尚宏編『安達峰一郎関係書簡　解読済み書簡目録――国立国会図書館所蔵書簡を中心にして』（安達峰一郎記念対賢堂、二〇一一年）二一頁参照。杉村が、一九三〇年四月に選択条項の留保条件を起草し、松永直吉条約局長に送付していたことについては、番定賢治「国際司法制度の形成と日本外交――常設国際司法裁判所の応訴義務と仲裁裁判条約を巡って」『国際関係論研究』第三一号（二〇一五年三月）四九―五〇頁。

(39)　「萬寶山、中村大尉事件を導火線とせる九月一八日未明の満鉄沿線の日支衝突事件は、漸次拡大の模様にて、在朝鮮師団も間島方面に動員に決定の様子に有之候。……日支衝突事件に就いては、割合に東京方面の人心は静穏に御座候。鉄道大臣、病気静養の為め江木大臣辞職、原拓務大臣転任。青木次官も辞職。局長級にも多少移動有之候も、経理方面には移動無之候。」「安達峰一郎関係文書（書簡の部）」三五八―五二。

(40)　「目下日本ハ満州問題ニて朝野の視聴を集め居り候。幣原外交も軍部の独断的運動ニてメチャメチャに破壊せられたる気味有之候得共、連盟や米国方面の空気険悪ならざるハ今日迄の幣原外交の信用、相当与りて力あるものかとでも自慰する外無之、左るニても軍部ハ勿論、軍人関係者の強硬論ハ、今日の処、世間ニハ大ニ歓迎せられおり、上ハ枢密院の御老人より、下ハ市井の無名漢迄、支那ハ武力ニて圧服せバ、権益ハ擁護保全し得べしとの気勢旺ニして、内閣の閣僚中ニすら共鳴者ある由。心ある者ハ、一体、日本を何処へ持ちゆくものかと心配しおるも無理ならぬ次第ニ候。此の内外の情勢の裡ニ隠忍自重して、一歩一歩確実なる途ニ惹付け行かむとする幣原大臣の苦心ハ、同情と敬服ニ不耐候。（予て御憂慮中の応訴義務問題ハ今回の事件ニテ少くも十年ハ日本内部の解決ハ遅延すべしと申すもの有之候）満州の形勢も今日迄の処ニてハ、最早一段落なるも、新しい事変ニても加ハらバ更ニ重大なる出来事ハ容易ニ発生すべく、国際的ニハ日本ハ難局ニ立つの覚悟を要し候ハ、勿論なるが、国内的ニも世界的不況ニ悩む経済界が、英の金本位抛棄を中心とする欧州、乃至世界的の悪影響と、今後久しきニ亘るべき支那との経済絶交状態とニ堪へ得べきやの難問題あり、甚だ多事多難と被存候。」『書簡集』二〇四頁。

(41)　「目下支那問題の為め連日閣議。挙措を誤らざる様注意致居候。各国新聞論調、我が精神を諒解致居候様にて、これのミは一同欣喜致居候。」「安達峰一郎関係文書（書簡の部）」七五五―一。

(42)　横田喜三郎「満州事変と国際連盟――寧ろ当然の干渉」『帝国大学新聞』一九三一年一〇月五日。

(43)　犬養内閣発足当初は、犬養が外相を兼務していた。その後、一九三二年一月一四日から芳沢謙吉（妻が犬養の長女）が外相となった。

(44)「安達峰一郎関係文書（書簡の部）」八三六―一三。バッソンピエールは回想録のなかで、幣原は「とても親しい友人」であると記している。Le Baron Bassompierre, *Dix-huit ans d'Ambassade au Japon* (Bruxelles: Libris, 1943), p. 131.

(45)「安達峰一郎関係文書（書簡の部）」七四三―一〇。

(46) 安達が常設国際司法裁判所所長として多忙であったと認識していたことはいくつかの書簡からうかがえる。たとえば、一九三一年六月三〇日の徳富蘇峰宛の書簡（『書簡集』二〇二頁）や一九三三年八月二三日の小川平吉宛の書簡（同右、二一三頁）など参照。

(47)『日本外交文書』満州事変第一巻第三冊、二五七―二五八頁。

(48) 一九三一年一一月五日付けの書簡。「下村宏関係文書（その一）」（国立国会図書館・憲政資料室所蔵）一五一―一。

(49) 一九三一年一一月六日付けの書簡。『書簡集』二〇五頁。挿絵の上下にあるオランダ語の文章を英訳してタイプされた新聞の切り抜きが送付されている。なお、下村にも同様にタイプされた英訳が付加されたものが送付されているが、タイプされた英訳の位置が微妙に異なっている。

(50) 一九三二年五月二七日付けの斎藤実宛の書簡（同右、二〇六―二〇七頁）、一九三三年八月二三日付けの小川平吉宛の書簡（同右、二一三―二一四頁）など参照。安達がラーマーカースと個人的な交流があったことは、一九三四年六月六日付けのラーマーカースからの書簡でうかがえる。ラーマーカースの娘の婚約式に安達が祝辞を届けたことへの礼状である。「安達峰一郎関係文書（書簡の部）」一二三六。もっとも、二人の交流がいつごろからのものであるのかは不明である。

(51)『書簡集』二〇六―二〇七頁。

(52) 同右、二一〇頁。

(53) 陸軍の軍医で、日本赤十字社社長などを務め、当時枢密顧問官であった。

(54)「安達峰一郎関係文書（書簡の部）」六一―二。

(55) Kungliga Biblioteket [National Library of Sweden], Stockholm, Sweden: Hammarskjöldska arkivet, vol. 477. 一〇月四日付けのハマーショルド宛ての書簡では、報告書についての検討についてのお礼が述べられている。*Ibid.*, vol. 477. ただ、リットン報告書についてのハマーショルドのメモは見たらない。

(56) この書簡の当時は、五私鉄疑獄事件で多忙を極めていたことがこの書簡の最初の部分に記されている。

(57)『書簡集』二一一―二一二頁。

（58）四月一五日付けのハマーショルド宛ての書簡のなかでは、「デ・テレグラフ」紙が日本の常設国際司法裁判所からの脱退を伝えてきたことを踏まえて、常設国際司法裁判所規程の批准はいつでも取り消すことができるのかについて、あらゆる点から検討してほしい旨をハマーショルドに依頼している。Hammarskjöldska arkivet, vol. 477. 周知の通り、日本が同裁判所を脱退することはなかった。

（59）『書簡集』二一三頁。

（60）同右、二一五頁。

（61）当時ケロッグ判事は病気療養のため米国に滞在中であった。

（62）Minnesota Historical Society, St Paul, Minnesota, USA: Frank Billings Kellogg Papers, Reel 48, Frame 335. "Partous dans les divers continents, les conditions de la vie politique et économique sont bien troublées; La Société des Nations traverse elle-même une crise plus aiguë que je ne me l'imaginais. J'espère tout de même que la Cour internationale, expression vivante de l'esprit du Pacte Kellogg, pourra résister à toutes ces tempêtes." 英文の翻訳も付されているが、内容は仏文とほぼ同一である。*Ibid.*, Reel 48, Frame 336.

（63）Hammarskjöldska arkivet, vol. 449.

（64）「在仏当時大使館関係紅ファイル」五—四五。

（65）『書簡集』二一八頁。

（66）Hammarskjöldska arkivet, vol. 449.

あとがき

わたくし個人が安達峰一郎博士に学問的な関心を持ったのはそれほど古いことではない。記録を確認したかぎりでは、二〇一〇年七月三日に韓国・ソウルで開催された韓中日国際法学会合同シンポジウムで「一九四五年以前の国際裁判と日本——裁判嫌いの神話」という報告を行ったが、そのなかで安達博士のことを取り上げたのが、対外的に研究成果を発表した最初である。その後、二〇一二年六月一一日に山形大学人文学部・松尾剛次教授のご招待を受けて「安達峰一郎の国際法観——国際裁判論を中心として」という講演を行った。その機会に知己を得た山形大学北野通世理事（当時）から、山形大学安達峰一郎研究プロジェクトへのお誘いを受けた。二カ月後の八月であったと記憶している。それは実に壮大で、魅力あふれるプロジェクトであった。国際司法裁判所所長を務められた小和田恒氏が二〇一二年四月に山形大学の入学式において「これからの世界を担う若い人たちへ」という特別講演をされ、そのおりに山形大学安達峰一郎研究プロジェクトの成功を目指す県民の集いも同時に開催された。小和田氏のご助言も得て、結城章夫学長（当時）が本プロジェクトの立ち上げを決断されたと伺っている。

本プロジェクトは、山形県のみならず、日本が誇るべき「世界的偉人」である安達峰一郎博士の業績を正当に評価し、山形県民の誇りとなるように、その偉人の足跡を学問的な立場から検討しようとするものである。具体的には三つの目的を持つプロジェクトとされた。一つは、二〇世紀初頭より戦間期にかけての国際関係・国際政治および国際法（理論）の展開について、思想史をも視野に入れて、統合的に研究することである。もう一つの焦点は安達に置き、常設国際司法裁判所の開設、国際連盟の開設に至る議論、その後の運営などにおいて安達が果たした役割、さらには安達の活動のバックボーンをなす彼の国際法理論について研究することである。そして、第三の目的は内外に所在する安達関連の一次史料を収集し整理することである。国際政治・外交史の研究者六名と国際法の研究者四名が参加することとなった。本書の執筆者一〇名がこのプロジェクトのメンバーである。

二〇一二年一一月に正式に発足した本プロジェクトは、二〇一七年三月までの四年五ヶ月を研究期間として設定していただいた。国際政治・外交史グループは篠原初枝氏、国際法グループはわたくしがグループリーダーとなり、それぞれにグループごとの研究会を重ねるとともに、年二回は合同での研究会を開催してきた。ことに合同研究会での議論は分野を超えて実り多いものとなり、そこで得られた知見ははなはだ多い。それらの成果は本書に示されていると確信している。

本プロジェクトの第三番目の目的であった、安達博士関連の一次史料の収集・整理には、メンバーの多くが直接に海外の史料館にも出向いてくれた。巻末の一次史料リストはこうしたご尽力の賜である。史料収集にあたっては、安達博士の奥様の鏡子さんが全財産を投げ打って一九六〇年に設立された（公財）安達峰一郎記念財団（東京都新宿区）の大岩直子さんと戸谷好子さんにもずいぶんとお世話になった。また、山形県立図書館の神藤幸子さんにも史料収集で助けていただいた。

さらに、安達博士の地元・山形県山辺町に一九六一年に設立された安達峰一郎博士顕彰会のかたがたにもいろいろな面でご助言を得た。ことに顕彰会の理事であられた安達尚宏氏とは何度か直接お会いする機会があり、本当に初歩からと言って良いぐらい、いろいろなことでご指導を受けることができた。尚宏氏は安達博士の本家筋の方で、ご自身でも、とてつもなく多くの史料収集をされていた。また、安達博士の書簡の解読にも尽力され、その成果は二〇一一年に『国際法にもとづく平和と正義を求めた安達峰一郎――書簡を中心にして』（安達峰一郎書簡集編集委員会編）として刊行された。これは書簡を中心として一四一点の文書を収集した、画期的な史料集である。尚宏氏は、同書に収録されていない史料も、惜しげもなくコピーして何度もわたくしに送ってくださった。本プロジェクトの遂行過程を暖かく見守ってくださっていたが、残念ながら二〇一五年一月三〇日に逝去された。生前にいただいた最後の手紙は二〇一三年七月一四日付けのもので、そこには「世界が第二次世界大戦に向かって喧しくなった頃の安達博士の苦悩（鏡子夫人の歌集出版時の日本の状況）を浮き彫りにして頂きたく」と記されていた。

尚宏氏の願いがどれだけ本書で実現されたかは読者のご判断に任せるしかない。本書の刊行により安達博士の真意を山形県民のみならず、広く伝達できることを執筆者一同は願っている。

このようなプロジェクトを立ち上げられ、物心両面で支えてくださった結城・前学長、北野・前理事、現在の執行部の小山清人学長、阿部宏慈理事、北川忠明教授、それに山形大学総務部のかたがたに、メンバー全員を代表して感謝の意を表したい。

また、本書の刊行にあたっては、東京大学出版会編集部の山田秀樹氏と奥田修一氏にひとかたならぬお世話になった。ことに山田氏には、二〇一六年七月二日に山形市内で行われた、本プロジェクトの成果報告シンポジウム、それに引き続く研究会にも参加いただき、本書の構成についても貴重なアドバイスを与えていただいた。心からお礼を申し上げる。

二〇一六年一二月二八日

柳原正治

安達峰一郎　日本の外交官から世界の裁判官へ

2017年2月27日　初　版

[検印廃止]

編　者　柳原正治・篠原初枝

発行所　一般財団法人　東京大学出版会

代表者　吉見俊哉
153-0041 東京都目黒区駒場 4-5-29
電話 03-6407-1069　Fax 03-6407-1991
振替 00160-6-59964

印刷所　株式会社暁印刷
製本所　誠製本株式会社

ISBN 978-4-13-036259-7　Printed in Japan

執筆者一覧（執筆順）

篠原初枝（しのはら はつえ） 1959年生まれ。1996年シカゴ大学大学院博士課程修了。Ph.D（歴史学）。現在，早稲田大学大学院アジア太平洋研究科教授。〔主要著作〕『国際連盟——世界平和への夢と挫折』（中公新書，2010年），*US International Lawyers in the Interwar Years: A Forgotten Crusade*（Cambridge University Press, 2012）。

柳原正治（やなぎはら まさはる） 1952年生まれ。1981年東京大学大学院法学政治学研究科博士課程修了。法学博士。現在，放送大学教養学部教授。〔主要著作〕『ヴォルフの国際法理論』（有斐閣，1998年，安達峰一郎記念賞受賞），『グロティウス 人と思想［新装版］』（清水書院，2014年）。

井上寿一（いのうえ としかず） 1956年生まれ。1986年一橋大学大学院法学研究科博士課程単位取得満期退学。法学博士。現在，学習院大学法学部教授。〔主要著作〕『危機のなかの協調外交——日中戦争に至る対外政策の形成と展開』（山川出版社，1994年，吉田茂賞受賞），『終戦後史 1945-1955』（講談社選書メチエ，2015年）。

明石欽司（あかし きんじ） 1958年生まれ。1986年慶應義塾大学大学院博士課程中退。法学博士（ユトレヒト大学）。現在，九州大学大学院法学研究院教授。〔主要著作〕*Cornelius van Bynkershoek: His Role in the History of International Law*（Kluwer Law International, 1998，安達峰一郎記念賞受賞），『ウェストファリア条約——その実像と神話』（慶応義塾大学出版会，2009年，義塾賞受賞）。

牧野雅彦（まきの まさひこ） 1955年生まれ。1984年名古屋大学大学院博士課程単位取得満期退学。博士（法学）。現在，広島大学法学部教授。〔主要著作〕『ヴェルサイユ条約——マックス・ウェーバーとドイツの講和』（中公新書，2009年），『ロカルノ条約——シュトレーゼマンとヨーロッパの再建』（中公叢書，2012年）。

黒田俊郎（くろだ としろう） 1958年生まれ。1991年中央大学大学院博士課程単位取得満期退学。現在，新潟県立大学国際地域学部教授。〔主要著作〕『世界システムとヨーロッパ』（共著，中央大学出版部，2005年），『国際地域学入門』（共編著，勉誠出版，2016年）。

三牧聖子（みまき せいこ） 1981年生まれ。2010年東京大学大学院総合文化研究科博士課程単位取得満期退学。博士（学術）。現在，関西外国語大学英語キャリア学部助教。〔主要著作〕『戦争違法化運動の時代 ——「危機の20年」のアメリカ国際関係思想 』（名古屋大学出版会，2014年，アメリカ学会清水博賞受賞），『歴史の中のアジア地域統合』（共編著，勁草書房，2012年）。

植木俊哉（うえき としや） 1960年生まれ。1983年東京大学法学部卒。現在，東北大学理事・大学院法学研究科教授。〔主要著作〕「国際組織の国際責任に関する一考察——欧州共同体の損害賠償責任を手がかりとして（1）～（7・完）」（『法学協会雑誌』105巻9号～110巻11号, 1988-1993年，安達峰一郎記念賞受賞），『ブリッジブック国際法［第3版］』（編著，信山社，2016年）。

後藤春美（ごとう はるみ） 1960年生まれ。1994年オクスフォード大学大学院博士課程修了。Ph.D（近現代史）。現在，東京大学大学院総合文化研究科教授。〔主要著作〕『アヘンとイギリス帝国——国際規制の高まり 1906～43年』（山川出版社，2005年），『国際主義との格闘——日本，国際連盟，イギリス帝国』（中公叢書，2016年）。

李 禎之（り よしゆき） 1974年生まれ。2004年神戸大学大学院法学研究科博士課程修了。博士（法学）。現在，岡山大学大学院社会文化科学研究科教授。〔主要著作〕『国際裁判の動態』（信山社，2007年，安達峰一郎記念賞受賞），「国際司法裁判所における救済方法と紛争解決——本案判決における行為命令の意義と限界」（『世界法年報』第35号，2016年）。

人名索引

ア　行

カ　行

サ　行

タ　行

ナ　行

ハ　行

マ　行

安達峰一郎関連の一次史料

Ⅰ　国立国会図書館・憲政資料室

1 「安達峰一郎関係文書」——1992年に（財）安達峰一郎記念館（現，〔公財〕安達峰一郎記念財団）が整理を依頼し，1998年の整理完了時に寄贈した文書。6747点

a 「安達峰一郎関係文書（書類の部）」——国際連盟・常設国際司法裁判所・常設仲裁裁判所などの資料，万国国際法学会や国際法協会関連の資料，日記・メモ・手帳・著作類などの個人関係の資料など1248点（枝番号あり）

b 「安達峰一郎関係文書（書簡の部）」——日本人や外国人からの書簡など1803点（枝番号あり）

2　安達峰一郎発信の書簡［憲政資料室作成の「憲政資料書簡発信者別索引」による］——「伊藤博文関係文書（その1）［書翰の部］」18（2通），「大隈重信関係文書（MF：早稲田大学蔵）」R138-B263（1通），「小川平吉関係文書」1（17通），「小幡酉吉関係文書」704, 705（2通），「木戸家関係文書　木戸幸一関係（MF1：国立歴史民族博物館蔵）」R27-5（1通），「憲政史編纂会収集文書」624-89巻（2通）［伊藤家関係文書］，「斎籐実関係文書（その1）［書簡の部1］」270（5通），「下村宏関係文書（その1）」15（2通），「立花小一郎関係文書」2（1通），「辻新次関係文書（寄託）」1（3通），「寺内正毅関係文書」3（11通），「牧野伸顕関係文書［書翰の部］」5（2通），「松井茂関係文書」4〜6（3通），「山岡萬之助関係文書（MF：学習院大学法学部・経済学部図書センター蔵）」R107（1通），「渡辺千冬関係文書」1（1通）

Ⅱ　外務省外交史料館

1 「安達峰一郎記念館よりの寄贈図書」——1992年に（財）安達峰一郎記念館（現，〔公財〕安達峰一郎記念財団）が整理を依頼し，1994年の史料リスト作成時に寄贈した図書。272冊（法学関係和洋図書）

2　安達発出および安達宛の公電などの文書（アジア歴史資料センターでの検索によれば，267点）

3 「個人履歴（人事記録）」［非公開］［参照　「夫　安達峰一郎　外務省略歴」安達鏡子『歌集　夫　安達峰一郎』（光和出版社，1960年）373-380頁］

Ⅲ　国立公文書館

条約締結，勲章などに関する文書（アジア歴史資料センターでの検索によれば，26 点）

Ⅳ　防衛省防衛研究所戦史研究センター

銃器に関する条約，仏国関係などの文書（アジア歴史資料センターでの検索によれば，5 点）

Ⅴ　（公財）安達峰一郎記念財団（東京都新宿区）

http://www.ab.auone-net.jp/~m.adachi/material01.html に保存資料一覧が掲載されている

1 「遺品（レコード）」，「遺品（公文書）」，「遺品（書籍）」，「遺品（その他）」

2 「永久保存書類」[「昭和 19 年 8 月 26 日武府にて安達鏡子　参個中の第弐　永久保存」と箱に表書き]。807 点

3 「駐仏当時大使館関係紅ファイル」――大使館関係発翰書簡ファイル（タイピング複写）。2637 点

4 「駐仏当時大使館関係青ファイル」――大使館関係受信書簡ファイル。685 点

5 「駐仏当時大使館関係紙バサミ」――大使館関係受発信書類，名刺，電報等紙バサミ。64 点

6 「駐仏当時大使館関係　無綴（バラ）」――大使館関係受発信書類，名刺，電報等無綴。471 点

7 「所蔵写真」。378 点

8 「安達博士没後鏡子夫人保管の書簡・メモ等」。125 点

9 「安達博士没後鏡子夫人による業績等記録」。39 点

Ⅵ　安達峰一郎博士展示室（山形県東村山郡山辺町）

家族写真・家族書簡・修学関係資料など

Ⅶ　慶應義塾大学図書館

安達筆記の『法律講義案集』（全 16 冊）［参照　法文化研究会「帝大生・安達峰一郎の『法学』ノート――『法律講義案集』の伝える明治中期法学教育」『法学研究』第 73 巻 10 号（2000 年 10 月）73-120 頁］

Ⅷ League of Nations, Archives, Geneva, Switzerland

1 League of Nations, Official Journal

2 League of Nations Secretariat (1919-1946)

3 Collections (1919-)

Ⅸ Library of the International Court of Justice, The Hague, The Netherlands

安達峰一郎の書簡や文書などが所蔵されていると推測されるが，現在非公開

Ⅹ Archives diplomatiques, Bruxelles, Belgique

1 10.584: Japon - Belgique 1914-1927

2 10.659: Cour Permanente de Justice Internationale. Élection des membres candidatures 1921-1930

3 10.701: La Ligue des Nations et le Japon 1918-1930

4 11.533: Japon Divers

5 13.584/I: Légation et Ambassade du Japon: Chefs de Mission 1878-1955

a S.Exc.M.Adatci nommé Ambassadeur extraordinaire et plénipotentiaire 1921

b Mr. Adatci Envoyé Extraordinaire et Ministre Plénip. 1917, 1920

6 13.584/II: Ambassade du Japon: Membres du Personnel 1878-1955

7 [caisse politique 24 & 25] Correspondance politique, Japon, 1916-1920, 1921-1927, 1928-1932

Ⅺ Archives générales du Royaume, Bruxelles , Belgique

Inventaire des Papiers Carton de Wiart I 223, No.118: Adatci à Carton de Wiart 14 novembre 1922

Ⅻ Bibliothèque royale de Belgique, Bruxelles, Belgique

1 Ms. II 7.133/7: Adatci à Paul Lambotte 11 février 1922

2 Ms. II.7.133/8: Adatci à Paul Lambotte 20 mars 1928

XIII Archives diplomatiques, La Courneuve, France

1 Correspondance politique et commerciale, Série E Asie, Sous-série Japon 1918-1940 (39 CPCOM)

a Tome 48: Corps diplomatique japonais et étranger, 1922, juin-1929, déc

b Tome 99: Corps diplomatique japonais, 1930, jan-1938, juin

2 Société des Nations, Cour permanente de Justice Internationale (242QO)

a 2400A

b 2400C

3 Protocole 1814-1975, Série A, Corps diplomatique (1814-1975) (123SUP)

Tome 40: Ambassades du Japon à Paris (1915-1939)

XIV Algemeen Rijksarchief, The Hague, The Netherlands

1 Archiev van prof.jhr.mr.W.J.M. van Eysinga [2.21.060]

2 Archiev van E. van Raalte [2.21.134]

XV Tresoar [Frisian Historical and Literary Centre], Leeuwarden, The Netherlands

1 Toegangsnr. 323.612: Briefe van M. Adatci aan W.J.M. van Eysinga, 13 maart 1922, 8 augustus 1922

2 Toegangsnr. 323.613: Brief van M. Adatci aan W.J.M. van Eysinga, 4 januari 1924

3 Toegangsnr. 323.678: Brief van M. Adatci aan W.J.M. van Eysinga, 5 mei 1931

XVI Kungliga Biblioteket [National Library of Sweden], Stockholm, Sweden

Hammarskjöldska arkivet: 560 volumes: (5) Åke Hammarskjöld, vols. 449-534

1 Privata brev, huvudserie, A-Ö. 1897-1937

Vol. 449

2 Offentlig verksamhet, korrespondens, A-Z. 1919-1937

Vols. 477, 479

3 Korrespondens, organisationer. 1920-1937

Vols. 486, 488

4 Amnesordnade hanlingar: forhandlingar ang Oresund, Institut de Droit International, International Law Association, Briand-Kellogpakten. 1919-1936

Vol. 491

XVII The National Archives, Kew, United Kingdom

1 FO 371 General Correspondence from 1906-1966: Political

2 FO 800/281, 800/282 Foreign Office, Private Offices: Various Ministers' and Official Papers, vols. 1 & 2, 1930

XVIII Georgetown University Library Special Collections Research Center, Washington, D.C., USA

James Brown Scott Papers, 1891-1967, 86 boxes

General Correspondence 1894-1942: Box 1: Correspondence: "A" 1898-1939

XIX Harvard Law School Library, Harvard University, Cambridge, Mass., USA

Manley O. Hudson Papers, 1894-1960, 168 boxes, 15 Paige boxes

1 Contingent I: Series I Correspondence: Subseries B: Period 2: 1919-1944: Box 5, Folder 5 Adachi 1922-1924

2 Contingent I: Series IV: Box 39, Folder 11 Dissenting Opinion of Adachi *et al.* relating to Austrian question

3 Contingent II: Series VI: PERMANENT COURT OF INTERNATIONAL JUSTICE: Box 130, Folder 6 Permanent Court Judges; list of 1932 Judges and corr. etc. regarding successor to Judge Adachi, 1935

XX Manuscript Division, Library of Congress, Washington, D.C., USA

Elihu Root Papers, 66,000 items; 256 containers (boxes) plus 9 oversize

1 General Correspondence, 1870-1937

Boxes 138-140, 143-145

2 Subject File, 1895-1936

Box 192: League of Nations

Box 195: World Court, 1927-1936

XXI Minnesota Historical Society, St Paul, Minnesota, USA

Frank Billings Kellogg Papers, 1916-1937, 54 microfilm reels

1 Reel 43 (April 1931 - Oct 5, 1931)

2 Reel 46 (June 16 1932 - Nov 20, 1932)

3 Reel 47 (Nov 21, 1932 - June 1933)

4 Reel 48 (July 1933 - May 15, 1934)

5 Reel 49 (May 16, 1934 - April 1935)

XXII その他

1 安達峰一郎書簡集編集委員会編『国際法にもとづく平和と正義を求めた安達峰一郎

――書簡を中心にして』(安達峰一郎顕彰会，2011年）に掲載されている書簡
「山形県教育資料館」，「暁雨館」，「徳富蘇峰記念館」，「結城富太郎記念館」，「早稲田大学図書館」，「個人蔵」（安達甲子夫）

2　安達峰一郎顕彰会理事安達尚宏編『安達峰一郎関係書簡　解読済み書簡目録――国立国会図書館所蔵書簡を中心にして』（安達峰一郎記念対賢堂，2011年）に掲載されている書簡
「福島県歴史資料館」，「山形県立図書館」，「学習院大学法学部図書館」，「個人蔵」（安達実，奥山吉雄，安達尚宏）

3　本野盛幸氏所蔵
1904年10月22日付けの安達峰一郎から本野一郎宛書簡 ［参照　千葉功『旧外交の形成』（勁草書房，2008年）556頁］

【参考文献】

安達峰一郎顕彰会理事安達尚宏編『安達峰一郎関係書簡　解読済み書簡目録――国立国会図書館所蔵書簡を中心にして』（安達峰一郎記念対賢堂，2011年）
安達峰一郎書簡集編集委員会編『国際法にもとづく平和と正義を求めた安達峰一郎――書簡を中心にして』（安達峰一郎博士顕彰会，2011年）
岩谷十郎「安達峰一郎」伊藤隆・季武嘉也編『近現代日本人物史料情報辞典』（吉川弘文館，2004年）9-10頁
浮村直光編『世界の良心　安達峰一郎博士――生涯百年・その生涯と足跡』（安達峰一郎記念館，1969年)。「付録」（遺品図書リスト〔和書〕，遺品図書リスト〔洋書〕，資料）
後藤禮三「資料　安達峰一郎博士（一）（二）」『研究山邊郷』（山辺町郷土史研究会報）第2号，第3号（1998年3月，2001年3月）11-22，1-12頁
法文化研究会「安達峰一郎関係資料目録および略年譜」『法学研究』第72巻7号（1999年7月）57-99頁

「文献目録：人物編：安達峰一郎」（山形県立図書館）　http://e-library.gprime.jp/lib_pref_yamagata/

（柳原正治作成）

関連略年表

西暦	和暦	月	年齢	出来事（字下げで始まる事項は歴史的背景など一般の出来事）
1869	明治2	7	0	羽前国村山郡高楯村（現　山形県東村山郡山辺町）に生まれる（7月27日／明治2年6月19日）
		8		職員令により外国官を廃し外務省設置
1873	6		4	寺子屋「鳳鳴館」で和漢を習い始める
1879	12	5	10	山野辺学校上等小学第8級卒業
		7		東子明塾入門
1880	13	10	11	山野辺学校の教師助手となる（翌年3月まで）
		10		関山新道開削反対運動
1881	14	1	12	高澤佐徳，重野謙次郎らが山形法律学社を創設
		4		山形法律学社入塾
1882	15	9	13	山形県中学師範学予備科入学
1884	17	6	15	同科廃校により中退
		10		司法省法学校予科入学（正則科第4期生）（同校は何度かの変遷の後，第一高等中学校へ改称された）
1886	19	10	17	英船ノルマントン号事件
1889	22	2	20	大日本帝国憲法発布
		7		第一高等中学校卒業
		9		帝国大学法科大学法律学科（第2部）入学
1891	24	5	22	大津事件
1892	25	6	23	パテルノストロの「国際公法講義」終講
		7		帝国大学法科大学法律学科（仏法専攻）卒業
		8		高澤鏡子（1870 - 1962）と結婚（入籍は9月13日）
		9		外務省試補となる
		11		千島艦事件
1893	26	7	24	公使館書記生としてイタリア在勤を拝命
		11		外交官補となる
1894	27	7	25	日英通商航海条約改正
		8		日清戦争はじまる
1895	28	4	26	日清講和条約調印。三国干渉
1896	29	1	27	駐伊臨時代理公使に任ぜられる
		3		日清戦争における功績により金500円を賜わる
1897	30	1	28	日西修好交通条約調印
		2		フランス在勤を命じられる
		7		パリ万国博覧会事務官を拝命
1899	32	5	30	第1回ハーグ国際平和会議開催（7月まで）
1900	33	4	31	パリ万国博覧会開幕（11月まで）
		9		パリ日仏協会設立
1901	34	3	32	辛丑条約（義和団事件最終議定書）
		10		パリ万国博覧会の功績により双光旭日章を授与される
1902	35	1	33	日英同盟協約調印（1905年8月第2次，1911年7月第3次）
		2		公使館一等書記官となる
1903	36	10	34	フランス在勤を免ぜられ，外務省の事務に従事

西暦	和暦	月	年齢	出来事
1904	37	2	35	日露戦争はじまる
		2		外務省参事官を兼任。佐世保捕獲審検所評定官となる
		3		横須賀捕獲審検所評定官となる
		8		第1次日韓協約調印
1905	38	5	36	家屋税事件，常設仲裁裁判所判決
		5		日本海海戦でバルチック艦隊を撃滅
		7		日露講和全権委員随員としてアメリカへ派遣
		7		桂・タフト協定調印
		9		日露講和条約調印。日比谷焼打ち事件
		11		第2次日韓協約調印
		12		外務省取調課長兼人事課長に就任
1906	39		37	東京高等商業学校講師として外交史を講義し，領事科学生に国際法を研究指導（1908年まで）
		4		日露戦争における功績により勲三等旭日中綬章および年金260円を賜わる
		11		外務省参事官専任となる
1907	40	6	38	第2回ハーグ国際平和会議準備委員会委員となる
		6		博士会より法学博士の学位を受ける
		6		第2回ハーグ国際平和会議開催（10月まで）
1908	41	5	39	条約改正取調委員を命じられる。ロンドンにおける海戦法規会議準備委員および戦時処分求償事件調査委員となる
		10		フランス大使館参事官を拝命
		11		高平・ルート協定調印
1909	42	10	40	伊藤博文，ハルビンで射殺される
1910	43	8	41	韓国併合，朝鮮総督府設置
		10		メキシコ革命はじまる
1911	44	1	42	大審院，大逆事件に判決を下す
		8		日仏通商航海条約調印
		10		駐仏臨時代理大使に任ぜられる
		10		中国で辛亥革命はじまる
1913	大正2	1	44	特命全権公使メキシコ駐在を拝命
		7		メキシコに着任
		8		ハーグに「平和宮」（常設仲裁裁判所）設立
1914	3	6	45	軍艦出雲訪問の帰途，列車襲撃事件に遭遇
		7		第1次世界大戦はじまる
1915	4	1	46	日本，中国に21カ条の要求
		10		帰国
		12		ロシア皇族ミハイロウィッチ大公来航，接伴員を拝命
1916	5	3	47	メキシコ駐在を免じられ，外務省の事務に従事することを命じられる
		4		第1次世界大戦（大正三四年事件）における功績により金900円を賜わる
		8		閑院宮載仁親王のロシア差遣随行を仰せつかる
1917	6	2	48	外務省臨時調査部の事務に従事
		5		特命全権公使ベルギー駐在を拝命
		9		ベルギーに向け東京を出発
		11		石井・ランシング協定
		11		ロシアで10月革命起きる
		11		フランスのル・アーヴルに到着。ブロックヴィル首相兼外相と面談（9日）
		11		ベルギーのドゥ・パンヌにおいてベルギー国王に国書奉呈（11日）

西暦	和暦	月	年齢	出 来 事
1918	7	11	49	ドイツ，休戦協定調印
		11		日本公使館，ル・アーヴルからブリュッセルに移動
1919	8	1	50	パリ講和会議開催（6月まで）
		2		パリ講和会議全権委員随員（代表代理）となる
		6		ヴェルサイユ講和条約調印
1920	9	1	51	国際連盟発足
		1		ヴェルサイユ講和条約実施委員となる
		6		常設国際司法裁判所規程起草のための法律家諮問委員会委員となる（7月まで）
		9		ヴェルサイユ講和条約締結および第1次世界大戦の戦後処理の功績により金5000円を賜わる
		11		第1回国際連盟総会に日本代表随員として出席
		12		常設国際司法裁判所規程採択
1921	10	3	52	国際連盟「交通会議」（バルセロナ）副議長となる
		4		万国国際法学会の準会員となる
		5		駐白大使となる
		6		皇太子裕仁親王ヨーロッパ外遊の接伴員となる
		6		バッソンピエール，初代駐日ベルギー大使となる
		8		第2回国際連盟総会日本代表となる（第10回まで）
		11		原首相，東京駅頭で暗殺される
		12		日英米仏の四カ国条約調印（日英同盟条約終了）
1922	11	1	53	常設国際司法裁判所発足
		2		国際連盟国際紛争調停手続研究委員会議長となる
		2		ワシントン海軍軍縮条約調印。九カ国条約調印
		7		ドイツ賠償問題会議の日本代表となる
		8		第4回国際労働総会の日本政府代表委員となる
		10		イタリアでムッソリーニ政権成立
		12		ベルギー・アカデミー準会員となる
		12		ソヴィエト社会主義共和国連邦成立
1923	12	3	54	ダンチッヒ問題のための国際連盟の会議に出席
		4		ハンガリア・ルーマニア会議議長となる
		8		万国国際法学会ブリュッセル会期の副議長となる
		9		関東大震災
		9		関東大震災支援をベルギー国民に呼びかける
		10		第5回国際労働総会の日本代表委員となり，議長を務める
1924	13	2	55	コルフ島問題法律家委員会委員長となる
		4		万国国際法学会の正会員となる
		4		ドイツの賠償支払案「ドーズ案」成立
		5		ハーグ国際法アカデミー教授となる
		5		アメリカ議会，新移民法可決
		6		日白通商航海条約調印
		10		常設仲裁裁判所裁判官となる
		10		国際連盟総会，ジュネーヴ議定書採択
1925	14	3	56	治安維持法，普通選挙法可決
		6		帝国学士院会員となる
		6		『戦争と平和の法』300年記念のブロンズ製メダルを授与される
		6		ポーランド・エストニア・ラトヴィア・フィンランド国際紛争仲裁常設委員

西暦	和暦	月	年齢	出来事
		6		会委員長となる
		12		ロカルノ条約正式調印
1927	昭和2	6	58	ルーヴェン大学法学部の名誉博士となる
		7		駐ルクセンブルグ特命全権公使兼任となる
		8		国際連盟理事会の日本代表となる
		12		特命全権大使フランス駐在を拝命
		12		ヴェルサイユ講和条約実施委員長となる（1930年6月まで）
1928	3	2	59	パリに着任
		6		張作霖爆殺事件
		8		パリでの不戦条約調印式に参列
		12		少数民族に関する国際連盟理事会に出席
1929	4	4	60	上部シレジア少数民族問題小委員会議長となる
		6		国際連盟理事会（マドリード会議）議長となる
		6		ドイツ賠償に関する「ヤング案」成立
		8		対ドイツ問題に関する会議の日本代表となる（茶会事件）
		9		イギリス，フランス，イタリアなど15カ国が常設国際司法裁判所の選択条項の受諾を表明
		10		ニューヨーク株式市場大暴落。世界恐慌はじまる
		12		少数民族のための学校に関するドイツとポーランド間の交渉を司会
1930	5	3	61	帰国（神戸港着）
		4		ロンドン海軍条約調印
		5		日本工業倶楽部での講演「欧州の近情並に世界当面の重要諸問題」（8日）など合わせて5回の講演を行う
		6		フランス駐在を免ぜられる
		6		離日（横浜港発）。アメリカ経由でヨーロッパへ向かう
		9		常設国際司法裁判所判事選挙で最高点当選
		10		常設仲裁裁判所裁判官に重任される
		12		依願により特命全権大使を免ぜられる
1931	6	1	62	常設国際司法裁判所所長となる（任期3年）
		4		アメリカ国際法学会名誉会員となる
		9		満州事変はじまる
		12		国際連盟理事会，満州問題調査委員会設置。若槻礼次郎内閣総辞職
1932	7	2	63	リットン調査団来日
		3		満州国建国宣言
		5		アメリカ芸術科学アカデミー名誉会員となる
		5		5.15事件。斎藤実内閣成立
		10		リットン報告書公表
1933	8	1	64	ドイツにヒットラー内閣成立
		2		国際連盟総会，リットン報告書を採択
				オランダ科学協会会員となる
		3		日本，国際連盟脱退を通告
		10		ドイツ，国際連盟脱退を声明
1934	9	1	65	常設国際司法裁判所所長の任期が満了し，同裁判所判事となる
		8		ベルギーの保養地スパで病に倒れる。アムステルダムの病院に移送
		8		ヒットラー，総統となる
		12		アムステルダムにて永眠（28日）
		12		日本，ワシントン海軍軍縮条約破棄を通告

西暦	和暦	月	年齢	出 来 事
1935	10	1		オランダ国と常設国際司法裁判所の合同葬（3日）
1936	11	2		2.26事件
1937	12	7		「安達峰一郎博士生誕之地」碑建立
		7		盧溝橋事件（日中戦争の発端）
1938	13	8		鏡子夫人の歌集出版（1941年6月にかけて計5冊）
1939	14	9		第2次世界大戦はじまる
1940	15	9		日独伊三国軍事同盟調印
1941	16	12		日本軍，マレー半島に上陸開始。ハワイ真珠湾空襲開始
1945	20	8		日本，ポツダム宣言受諾。第2次世界大戦終結
1958	33	3		峰一郎と長男太郎（1896-1944）の遺骨，鏡子夫人と共に日本に帰る
1960	35	6		鏡子夫人，（財）安達峰一郎記念館を横浜に設立
1961	36	11		横浜市鶴見区の総持寺に葬られる
		12		山辺町に安達峰一郎博士顕彰会発足

＊ 略年表作成にあたり，安達峰一郎書簡集編集委員会編『国際法にもとづく平和と正義を求めた安達峰一郎――書簡を中心にして』（安達峰一郎博士顕彰会，2011年）所収の「安達峰一郎年譜」（285-303頁）を参考とした。